本书属于国家社科基金项目"中部地区新生代农民工返乡置业研究"（课题编号：14BSH037）结项成果

Research on the New Generation of
Migrant Workers Returning Home to Buy Property
in Central China

中部地区
新生代农民工返乡置业研究

聂洪辉◎著

人民出版社

前　言

　　2012年9月,李克强同志在省部级领导干部推进城镇化建设研讨班学员座谈会上提出,怎样找出有效的办法,积极挖掘现有中小城市发展潜力,更好发展小城镇,把有条件的东部地区中心镇、中西部地区县城和重要边境口岸逐步发展成为中小城市,也是一项紧迫的课题。2014年3月,李克强总理在《政府工作报告》中再次提出,要推进以人为核心的新型城镇化,解决"三个一亿人"问题,即到2020年实现1亿农业转移人口落户城镇,改造约1亿人居住的城镇棚户区和城中村,引导约1亿人在中西部地区就近城镇化的目标。2019年《中共中央、国务院关于坚持农业农村优先发展做好"三农"工作的若干意见》(中央一号文件)再次提出要加快农业转移人口市民化。事实上,与老一代农民工在家乡盖新房不同,返乡置业已经成为新生代农民工融入城市的新形式。近年来,中部地区已经有大量新生代农民工回到家乡城镇购买商品房。他们已经变成了新市民,在乡村振兴中起到了"领头雁"的作用,为发展现代农业,延伸农业产业链,带动乡风文明建设,实现农村现代化发挥着重要而特殊的作用。他们有的居住在城市又回家乡从事"互联网+农业"、乡村旅游等,成了新型职业农民和现代农业产业的主力军,是农民代际继替的重要主体。他们正在用自己从城市学习来的技术和积累的经验反哺农村。可见,本课题的研究非常重要和迫切。

　　所谓新生代农民工返乡置业主要是指新生代农民工在家乡县城购买商品房且作为居住地的现象。新生代农民工由"打工城市——农村"二栖式生活变成了"打工城市——家乡县城市买房居住——农村"三栖式流动的新模式。新生代农民工返乡置业本质上是融入城市的一种新形式,挑战了学界以往关于农民工城市融入的研究模式,但契合了城乡一体化和中央发展中小城市的战略,有可能深刻影响我国城乡结构和城乡关系。新生代农民工已经融入了家乡城市,但又在外地打工,农村还有土地权益和亲属,这种三栖式的生活模式如何协调与管理? 作为主要财产的住房人们会格外关注,新生代农民工返乡置业问题没处理好,势必会影响当地社会的稳定,也事关新生代农民工能否真正融入城市。新生代农民工在县城买房是城市融入的最好模式吗? 如果是,当地社会管理如何创新,相关政策如何制定? 如果不是,那他们又该何去何从? 这些问题都需要在理论上深入研究。

在国外研究中,马克思认为资本主义生产关系、现代技术和农业革命会加速人口流动。1938 年赫伯尔认为,人口流动是在二元经济社会劳动力迁移是由迁出地的"推力"和迁入地的"拉力"引起的,即所谓的推拉理论。刘易斯在论文《无限劳动供给下的经济发展》中构建了两部门劳动力迁移模型,认为在发展中国家的工业化过程中,农业部门过剩劳动力对于城市工业部门存在一个类似无限供给的情况,一直到农业过剩劳动力不存在为止,即所谓的刘易斯拐点。以上学者虽然没有明确提出劳动力是否往返于城乡之间,但根据历史背景、政府政策、流动与迁移的宏观机制和土地政策等的情况分析,欧美各国人口流动是无障碍的、自由的,城乡管理体制也是一元的。流动人口融入于流入地,他们的权利、工作和管理是合为一体的。[1] 发达国家农民流动具有五个特点:一是流动是自发的,少有人为干预和阻碍;二是流动进程与工业化、城市化基本同步;三是农民的社会流动是职业、身份和地位的变化,且改变彻底;四是农民流动是因为科技水平的提高而不是破产或农村的衰落;五是农民流动与土地资本化是统一的过程。农民流出以后基本不能返回,最后变成了城市中各群体的成员,实现了身份的非农化转变。[2]

由于我国从 20 世纪 50 年代实行城乡二元管理政策,人口的流动有诸多限制,多年来在此基础上形成了地方利益。因此,流动人口何去何从和应该如

---

[1] 朱力:《中国民工潮》,福建人民出版社 2002 年版,第 357 页。
[2] 朱力:《中国民工潮》,福建人民出版社 2002 年版,第 381 页。

何管理,不但在实践上经历过波折,学者们也存在争论,而且至今没有得到很好的解决。

那么,针对新生代农民工在家乡市县买房的现象,有必要追问的是:

什么原因导致了新生代农民工处于"打工城市——家乡市县城市——农村"三栖的生活之中?他们为什么要返乡置业?动机又是什么?是哪些类型或阶层的新生代农民工返乡置业?对新生代农民工返乡置业的影响还有待于现实的验证,因为当年费孝通主张的小城镇模式也曾经流行过,但时间最终证明存在诸多缺陷。因此,如果新生代农民工返乡置业是主动选择则可能是新形式的城乡一体化路径;反之,如果是被迫选择,则可能会像小城镇模式一样不会持久。不管如何,一定会影响我国城乡关系和城乡结构。那么,新生代农民工返乡置业的家乡市县城市在社会管理方面如何应对这种现象?从哪些方面提升管理水平,改进管理意识,创新社会管理体制?本课题的任务就是在实践调查与理论探讨基础上回答以上问题,并从社会管理体制创新视角提出解决的路径与办法。

近年来,中部地区越来越多的新生代农民工在县城买商品房。一是孩子可以在城市上学;二是发达地区房价高且不容易融入当地,家乡县城则为了促进经济发展鼓励民工返乡置业;三是对家乡的认同。但是也存在不少问题,如在城市中生活方式转型,返乡置业后的农村权益以及就业问题等。新生代农民工返乡置业本质上是市民化的一种新形式,挑战了学界以往关于农民工城市融入的研究模式,但契合了中央发展中小城市战略。从现在研究看,不但研究者少,文献数量少,而且研究不深入,需要进一步系统地研究。更为重要的是,在目前的研究中,新生代农民工城市融入研究忽视了他们在农村的利益,而对土地流转的研究又忽视了他们融入城市的现实性,二者之间缺乏衔接,实际上新生代农民工要融入城市,就无法回避农村权利的转移置换问题。本课题的任务就是在实践调查与理论探讨基础上对此做系统的研究,并提出解决的路径与办法。

目　　录

第一章　绪　论

本章先说明新生代农民工返乡置业问题的缘起，再介绍本研究的主要内容、主要框架、基本思路、研究方法、基本观点、所用的基本理论和创新之处，为以后的研究作铺垫。

20世纪80年代的改革是激进式改革，农民的流动也是显示着同样的路径。由开始的分田到户，再到洗脚上岸办乡镇企业，离土不离乡成了当时解决农村所谓剩余劳动力的最大的亮点，农民流动到外地并不是主流。直到20世纪90年代末，中央政策文件中仍然有限制农民盲目流动的规定，农民工进城仍然受着多重限制，就业岗位等一系列权利都是空白。21世纪初农民工问题才逐渐得到解决，自由流动基本成了现实。现在，农民工的孩子入学、就业和社会保险等问题基本得到解决，住房权、参与权等各种权利仍然存在困难，只有有能力的农民工才能在打工城市落户而融入城市。农民工相关问题，如留守老人、留守妇女、留守儿童和流动儿童，以及异地高考都成了农民工最后融入城市的最大障碍。农民工何去何从，农民工问题最终如何得到解决，渐进式解决问题的终点在何时和在哪里，是值得继续研究的重要问题。笔者出生于20世纪70年代初，适逢改革开放。幸运的是，父母再辛苦也培养了家里唯一男孩的笔者，而笔者的大妹妹由于家里困难，成了江西农村第一代外出的打工妹。身边绝大多数同龄的同学、朋友和亲戚成了农民工，笔者也一直在见证他们的生活。笔者很幸运通过高考改变了命运。因此，本课题的研究也来自内心深处的关怀，也来自笔者长期的田野观察，即本研究是笔者长期跟踪调查农民工问题再到新生代农民工问题的结果。笔者在读研究生时就一直关注农民工问题。随着时代变迁,又出现了新生代农民工,他们的境遇自然也又成了笔者关注的中心问题。其实,关注他们就是关注自己的亲朋好友,并表达自己的底层关怀。

第一节　问题的提出

第一代农民工进城打工主要是为了得到经济上的改善,他们大多数人也愿意面对现实回到农村。但他们的城市融入问题或市民化问题仍然没有得到彻底解决。到新生代农民工则由存在原则上升为生活原则,不单单只寻求生活的改善,而是提高到了实现公民权利的高度。只是2000年后,中央政府仍然选择比较容易解决的社会保障和孩子受教育的问题,而阻力较大的落户和住房问题还是没有根本解决。新生代农民工生活方式已经城市化了,又没有务农的经验,回不了农村,想融入城市又面临诸多困难,住房问题是最大的困难。因为新生代农民工要求解决的不再是自己的市民化,而是希望解决家庭的市民化问题,不再出现留守老人、留守儿童、留守妇女以及流动儿童问题。可是,在大城市和沿海城市户籍限制仍然非常严格,入学和异地中高考问题还是新生代农民工的孩子将要面对的问题。那么,有没有一条道路既满足他们家庭在城市生活的愿望,又有经济承受能力来享受城市生活呢?学者对此提出了不同的解决方案,新生代农民工自己则探索出了一种融入城市的方法——返乡置业,即在家乡地级市、乡镇,主要是县城购买商品房。从目前来看,新生代农民工返乡置业可以解决农民工相关的大多数问题,是他们的理性选择。

事实上,"80后"的新生代农民工到2014年已经30多岁了,基本成家,大多数"90后"即将结婚成家,如果是20世纪90年代早期出生,那么有的已经结婚了。因此,他们已经和即将成为建房或买房结婚的重要群体,而他们在何处买房建房,影响因素有哪些,直接关系着新生代农民工的城市融入问题,甚至影响我国城市化路径选择和住房政策走向,显然有非常重要的研究价值。更为重要的是,2010年中央一号文件提出要"着力解决新生代农民工问题",

这是党的文件中第一次使用"新生代农民工"这个词,显示中央高度关注占农民工总数 60% 左右的"80 后""90 后"新生代农民工。① 因此,本研究具有十分重要的意义。

第二节 研究意义

2012 年 9 月,李克强同志在省部级领导干部推进城镇化建设研讨班学员座谈会上提出,怎样找出有效的办法,积极挖掘现有中小城市发展潜力,更好发展小城镇,把有条件的东部地区中心镇、中西部地区县城和重要边境口岸逐步发展成为中小城市,也是一项紧迫的课题。

一、理论意义

该课题研究有利于深化理解和切实落实党的十八大有关完善城乡发展一体化体制机制的精神。第一,对新出现的新生代农民工在家乡市县购买商品房现象进行分析,可以从理论上回答新生代农民工何去何从问题,为相关争论提供新的视角与理论补充;第二,探讨新生代农民工返乡置业现象是否是我国城市化的一条可行路径,丰富新生代农民工城市融入问题的研究;第三,学界对我国城市化道路一直存在发展大城市、中等城市还是小城镇的争论,还有学者提出大、中、小城市协调发展的调和式观点。本课题的经验调查可以为以上争论的相关城市化路径提供理论支撑,甚至提出自己的城市化道路主张,并且,在理论上对认识未来我国城乡关系和城乡结构的变动有较为重要的学术价值。

二、现实意义

第一,为中央政府特别是中部地区政府解决新生代农民工市民化问题提供参考;第二,为中部地区加强社会管理和城市化路径提供政策依据,为政府

---

① 《中央一号文件首提"新生代农民工"》,《重庆晚报》2010 年 2 月 1 日。

解决新生代农民工市民化制定就业、社会保障政策和其他措施提供参考;第三,为内地实现城乡一体化提供政策参考和设计思路。

第三节　本研究的理论依据

本研究采用社会管理理论、理性选择理论和社会政策理论等解释新生代农民工返乡置业问题。采用这些理论主要是因为这几个理论能非常好地解释新生代农民工返乡置业问题。地方政府对新生代农民工返乡置业要制定相关的社会政策,进行社会有效管理,使他们顺利融入城市,完全实现由农民变市民身份的转化。新生代农民工之所以返乡置业主要也是理性选择的结果。当然,其中的文化因素也不容忽视,将理性选择理论与文化结合分析返乡置业现象也十分必要。

一、社会管理理论

社会学家斯宾塞最早提出了社会管理问题,他认为,相互依赖的社会各部分之间需要协调各部分行动的管理系统,伴随复合集合体的形成,就会出现越来越复杂的各级管理中心。① 郑杭生认为,社会管理有广义和狭义之分,广义上的社会管理,是指整个社会的管理,包括政治、经济、文化和社会生活四个子系统在内的整个社会的管理。狭义的社会管理,则着重指狭义社会中的管理。② 我们一般用狭义的社会管理概念。社会管理是针对社会整合、社会融合、社会保障、社会服务、社会工作、社会控制六大社会运行机制而建构的制度体系。③ 有学者梳理了党中央提出社会管理的过程和关注点。1998 年国务院的机构改革方案就最早提出了社会管理是政府的四大职能之一,然后,在党的

① 包晓霞:《社会学关于现代社会管理和社会建设的理论》,《甘肃社会科学》2010 年第 5 期,第 197 页。
② 郑杭生:《社会学视野中的社会建设与社会管理》,《中国人民大学学报》2006 年第 2 期,第 1 页。
③ 何增科:《我国社会管理体制的现状分析》,《甘肃行政学院学报》2009 年第 4 期,第 101 页。

十六届四中全会、十六届六中全会和十七大先后提出了加强社会建设和管理，推进社会管理创新，提高社会管理水平和完善社会管理的要求。社会管理主要包括两个方面，即维护公民的社会权利和组织多元化社会实现国家与社会互动的结构化。① 我国学者主要从公共管理和社会政策两个视角对社会管理进行研究。两个视角的共同点是实现社会和谐和促进社会秩序。② 当然，我国社会管理还存在很多困境，具体表现在管理与定位、制度机制、管理主体与方式等方面。③

近年来，我国学者对社会管理创新进行了探讨，大多借助市民社会理论、治理理论和新公共管理理论提出基于我国现实的分析框架。④ 学者认为，社会管理创新的本质是实现社会管理的现代化，是指政府和社会组织根据社会运行与发展的规律，依据政治、经济和社会发展趋势，运用新的社会管理理论、知识、技术和方法，创新社会管理理念、体制机制和方法，从而实现善治的活动。⑤ 本研究采用社会管理概念并借鉴社会管理创新相关研究成果，不过有必要指出的是，目前，社会上很多人，包括一些学者也认为用社会治理概念比较好。事实上，社会治理在这几年确实是一个比较热门的词，似乎有将社会治理取代社会管理的意思。笔者认为，也许在国家治理层次上用社会治理比较合适，但在微观的社区层面最好还是用管理一词较贴切，在社区层面，社会管理主要着重公民服从相应的管理规则与相关制度，即使他们也会通过社会组织制定社区规则。并且，社会治理与社会管理也不矛盾。社会治理本身也包括社会管理内容。正如郑杭生所指出的，现代意义上的治理包含管理的要素，

---

① 张明军、陈朋：《社会管理研究在中国：进路与焦点》，《学术界》2012年第1期，第209页。

② 张秀兰、徐晓新：《社区：微观组织建设与社会管理——后单位制时代的社会政策视角》，《清华大学学报(哲学社会科学版)》2012年第1期，第31页。

③ 张开云、张兴杰：《社会管理体制的困境及其未来框架建构》，《江海学刊》2012年第1期，第120页。

④ 李友梅：《中国社会管理新格局下遭遇的问题——一种基于中观机制分析的视角》，《学术月刊》2012年第7期，第13页。

⑤ 刘旺洪：《社会管理创新：概念界定、总体思路和体系建构》，《江海学刊》2011年第5期，第138页。

是更有效和更成熟的管理,包括管理的方面。① 新生代农民工返乡置业问题主要限于社区层面,因此,本研究仍然用社会管理概念。

新生代农民工返乡置业首先面对的是社会管理问题,比如,购房制度、社区管理制度和户籍制度等。他们在县城居住以后生活方式的转型和社区自治、遵守社区规则等都离不开社会管理。因此,社会管理理论对新生代农民工返乡置业有很好的解释力,非常适合用来解释由农村居住改为城市居住的转型过程。

二、理性选择理论

霍曼斯是最早在社会学中用理性选择解释行动者的交换行为的。理性选择理论成为社会学借用经济学理论与方法研究问题的重要范式,其核心观点是行动者以理性的行动满足自己的偏好并实现效用最大化。② 科尔曼的理性选择理论以理性概念为基础,他认为理性选择是指个体行动者总是依据最大限度地获取效益的原则,在不同的行动或事物之间进行有目的的选择。③ 以科尔曼为代表的理性选择理论是从微观的个人行动出发,解释宏观社会系统,以及众多个体行动者的行动产生出制度结构。也有学者认为,理性选择理论中的理性核心层次是形式理性,认为行动者是实现目的最大化者,符合目的与手段的一致性,也是其他理性的基础。④ 社会学的理性选择理论与经济学的理性选择有所不同。多数社会学家更倾向于认为,现实中行动者的社会行为有非常复杂的原因,除经济因素以外,还有很多非经济因素决定着人们的行动,应该从更广泛的社会因素中去寻找行为背后的动因。⑤ 理性选择理论对

---

① 郑杭生:《"理想类型"与本土特质——对社会治理的一种社会学分析》,《社会学评论》2014 年第 3 期,第 5 页。

② 周长城:《理性选择理论:社会学研究的新视野》,《社会科学战线》1997 年第 4 期,第 224 页。

③ 谢舜、周鸿:《科尔曼理性选择理论评述》,《思想战线》2005 年第 2 期,第 70 页。

④ 徐兴祥:《理性选择理论的演变与法经济学的发展》,《吉林师范大学学报(人文社会科学版)》2008 年第 6 期,第 22 页。

⑤ 李培林:《理性选择理论面临的挑战及其出路》,《社会学研究》2001 年第 6 期,第 43 页。

处理个人与制度的关系具有重要启示,理论选择理论将既有的制度结构看做个人行动的边界,强调个人选择的理性选择理论引入强调制度约制的社会学,可以为社会学方法论中个体主义与集体主义、微观与宏观,以及行动与结构的连接提供思路。①

新生代农民工返乡置业不完全是逼迫的结果,其实也有现实考量的因素。在打工城市,生活压力大、就业层次低、房价高、孩子升学困难,甚至在生活方式方面并不习惯。他们有故土情结和家乡观念、宗族意识和亲属羁绊,家乡县城房价较低,居住环境变化不大,返乡置业是实现城市生活的现实选择。其实,新生代农民工也知道希望在打工的大城市或沿海生活是一回事,现实则是另一回事。他们也明白,不是每个人的希望都能变成现实,不是每个人都想在哪里生活就能在哪里生活,政府都应该满足他们的愿望,自身的责任与能力也应该是决定自己能否融入城市的重要因素。因此,理性选择理论对新生代农民工返乡置业会有很好的解释力。

三、社会政策理论

社会管理与社会政策密不可分。社会管理是社会政策的执行过程,是社会政策达到目标的手段。社会政策使社会管理有依据和保障。社会政策学科创始于 19 世纪后期,社会政策的基本价值理念是以公平为基础、效率为导向,基本伦理是关注社会福利中收入以外的因素的作用,构建福利权利观,强调公民的权利意识和参与意识。②

一般而言,社会政策是指国家运用公共权力发挥配置和供给公共福利产品的一系列规则的总称,通常包括社会保障、就业、教育、住房、医疗卫生、扶贫和社会服务等政策内容。③ 社会政策也可以看做是政府和社会组织处理社会

---

① 丘海雄、张应祥:《理性选择理论述评》,《中山大学学报(社会科学版)》1998 年第 1 期,第 122 页。

② 杨团:《社会政策研究范式的演化及其启示》,《中国社会科学》2002 年第 4 期,第 135 页。

③ 王川兰:《重新理解社会管理——基于社会政策与社会组织的视角》,《探索与争鸣》2011 年第 2 期,第 43 页。

问题的公共行政或社会治理,是与社会福利相关的利益配置和不同社会结构之间的互动,以及同经济手段或政策相呼应的国家政策,它还是一个政治过程和政治实践。其目的是协调阶层关系,实现社会和谐;其核心是社会福利。在某些国家或地区,老年人照顾、儿童照顾与残疾人保护也属于社会政策领域。① 鉴于社会政策作为保证公民福利和公平的规则,具有促进社会发展和维护社会秩序的功能,有研究者通过引入国外学者的研究,强调了公众的政策偏好对福利国家社会政策制定会产生显著影响。② 有学者认为,今后我国社会政策的发展要以提升公平性为目标,加强公平性建设,消除导致社会政策不公平的不合理因素,实现我国社会政策的公平、平等和高效。③ 有学者认为,可以从政策规范、价值选择、福利制度和行动体系四个维度理解社会政策,其中政策规范是表现形式,价值选择是灵魂,福利制度是基础,行动体系是目标保证。④ 建构中国的社会政策要发挥政府的主导作用,加强政府政策能力建设,支持社会力量进行创新研究,还要公众公平地承担社会责任。⑤

由于原来社会政策科学范式忽视了行动者的主体性,学者又提出了发展型社会政策概念。所谓发展型社会政策,又称为社会发展、发展性福利、社会投资和包容性自由主义,以及能动国家等。发展型社会政策关注与经济政策的相互协调与促进,关注社会政策的经济产出,强调社会的投资取向,试图通过社会项目促进政策对象的经济参与并获得回报。特别强调提高政策对象的人力资本,促进就业,主张政府、社区和个人共同参与的发展模式。⑥ 发展型社会政策的内容包括四个组成部分,即社会政策嵌入于经济发展之中,直接涉

---

① 熊跃根:《社会政策的比较研究:概念、方法及其应用》,《经济社会体制比较》2011年第3期,第18页。

② 克莱姆·布鲁克斯、杰夫·曼扎:《发达的民主国家中社会政策的回应性》,季蕾译,《经济社会体制比较》2011年第3期,第53页。

③ 关信平:《朝向更加公平、平等和高效的社会政策——对我国社会政策公平性的理论思考》,《广东工业大学学报(社会科学版)》2013年第3期,第5页。

④ 徐道稳:《社会政策的四维视角》,《社会科学研究》2005年第3期,第114页。

⑤ 杨团:《中国社会政策演进、焦点与建构》,《学习与实践》2006年第11期,第79页。

⑥ 方巍:《发展型社会政策:理论、渊源、实践及启示》,《广东工业大学学报(社会科学版)》2013年第1期,第5页。

及政府提供的社会福利、收入政策和通过社会保险影响收入保障。[①] 有关农民工的社会政策具有非常重要的社会意义。中国农民工社会政策经历严格控制到促进融入的整体变迁,可分为三个阶段:流动控制阶段、生存保护阶段和发展促进阶段。[②] 有学者认为应该将反社会排斥作为农民工社会政策建设的目标,要注重保护农民工的生存权和发展权。[③] 有学者建立了农民工社会政策"两维四分"的结构框架,即生存政策(就业)、发展政策(小孩入学、权益保护和户籍)、生存福利政策(社保)、发展福利政策,包括住房和关怀等。[④] 还有学者认为,应该从问题取向、福利取向转变为发展取向和社会整合取向,实现从生存型社会政策向发展型社会政策转变。[⑤] 有学者认为,西方发展型社会政策对我国农民工发展型社会政策有启示意义。发展型社会政策具有社会目标,主张对劳动力的人力资本投资,促进其能力发展,我国社会政策的理念也应像西方福利国家那样从再分配性社会政策转变为发展型社会政策。[⑥]

新生代农民工返乡置业一方面是满足了城市生活的愿望,变成了市民;另一方面又使自己的小孩有了更好的成长环境和学习环境。但在家乡县城购房后将面临就业、社会保障、社区福利等问题,而这些问题和社会政策以及社会发展政策密切相关。因此,社会政策和社会发展政策对新生代农民工返乡置业能够有较强的解释力。

---

① 　向德平:《发展型社会政策及其在中国的建构》,《河北学刊》2010 年第 4 期,第 115 页。

② 　喻名峰、廖文:《城市化进程中农民工社会政策的变迁与建构逻辑》,《湖南社会科学》2012 年第 4 期,第 86 页。

③ 　李迎生、刘艳霞:《社会政策与农民工群体的社会保护》,《社会科学研究》2006 年第 6 期,第 100 页。

④ 　童星、张海波:《"两维四分"与"三位一体"——关于农民工社会政策的建构》,《学习与实践》2006 年第 8 期,第 111 页。

⑤ 　潘泽泉:《中国农民工社会政策调整的实践逻辑——秩序理性、结构性不平等与政策转型》,《经济社会体制比较》2011 年第 5 期,第 55 页。

⑥ 　沈君彬:《促进新生代农民工城市融入的积极社会政策体系:理念・特征・实践》,《中共福建省委党校学报》2011 年第 11 期,第 63 页。

四、生命历程理论

在社会学和人类学中,生活史、生命周期和生命历程理论是对个体生命轨迹的分析,三个理论具有一定的内在逻辑。生活史着重分析个体对生命事件或生活经历的描述;生命周期理论则重在分析个体在社会情境中的角色转换,从社会关系特别是家庭关系角度分析个体世代转换过程中的角色变化;角色转化成了生命历程理论批判继承生命周期理论的出发点,生命历程理论认为处于不同生命周期的人即使是同一个行为对整体生命意义也是不一样的,处于不同生命周期的个体预期也不一样,个体对生活选择也会不同,强调个体生命与社会的关系、重大事件对生命历程的影响等,个体具有一定的能动性。所谓生命历程是指人的一生中随时间变化出现的,受文化和社会变迁影响的不同年龄的角色和生命事件的序列,关注的是具体内容、时间的选择和影响个人的重要事件的顺序,是属于个体层面的概念。而生命周期是世代概念,与个体老化、家庭生命周期有关。[1] 总之,生命周期认为生命是随着个体的发展,社会关系或社会角色变化的过程,生命历程理论则强调个体与社会的结合点,关系个体生命意义。[2] 时间维度则是个体与社会联结的重要维度。有学者研究了生命历程与居住选择问题,认为生命历程成为居住选择研究的重要方法,不管是住房权、住房质量还是流动与否都与生命历程相关。个体的教育、工作、生小孩等生命轨迹会影响居住轨迹。生命历程理论不仅分析经济因素,也分析非经济因素,分析这些重大事件对居住的影响。个体居住选择,包括住房权属既与社会经济相关,也与个体生命历程和家庭生命周期密切相关。特别需要指出的是,当个体自己购买住房以后,流动的可能性会变小。[3]

新生代农民工返乡置业和家庭有关,可以用生命历程理论解释,比如,低

[1] 李强、邓建伟、晓筝:《社会变迁与个人发展:生命历程研究的范式和方法》,《社会学研究》1999 年第 6 期,第 1—2 页。
[2] 包蕾萍:《生命历程理论的时间观探析》,《社会学研究》2005 年第 4 期,第 121—124 页。
[3] 刘望保:《国内外生命历程与居住选择研究回顾和展望》,《世界地理研究》2006 年第 2 期,第 101—103 页。

福利的发展模式以及受限制的流动等。生命历程理论可以解释新生代农民工的婚姻会对其人生选择有影响,角色转换大,人生抉择会和以前不一样,特别是家庭周期的变化导致新生代农民工要返乡,一方面是要照顾小孩,另一方面是要孝敬老人。生命历程还可以解释新生代农民工在社会结构约束下,突破结构限制,实现居住城市的梦想。

第四节　研究方法和研究思路

因为新生代农民工返乡置业是一个比较新的现象,他们处于流动之中,春节期间在家乡,其他时间在打工城市,要大规模地问卷不太现实。因此,考虑资料的可获得性,本研究主要采用实地调查和访谈法,结合问卷法。经过初步研究,笔者认为实地调查法和访谈法也是本研究最适合的方法,随机抽样和滚雪球抽样最适合选取新生代农民工样本。

一、研究方法

主要通过实地观察法和深度访谈法、问卷法以及政策咨询获取资料。

1.文献法和访谈法。综合分析现有文献,制定本课题的研究思路;查找中部地区对农民返乡置业的优惠政策;对房管局人员和返乡置业的新生代农民工进行访谈,了解新生代农民工买房状况、地方政府的态度和相关政策;对村委会干部访谈了解新生代农民工在农村的利益,是否愿意有条件放弃这些利益;对县城社区居委会干部访谈了解新生代农民工居住模式、享有的权益和承担的义务、市民化方面存在哪些障碍等。

2.社会调查。实地调查与问卷调查相结合,本课题组计划在中部地区的江西、河南、安徽、湖南和湖北等地,选取部分县城,对新生代农民工购买商品房状况进行调查。对他们返乡置业意愿、原因、动机、满意度和需要哪些政策支持等进行调查,并了解他们购房以后对农村土地的处置意愿等。

3.实证分析。用滚雪球抽样获取访谈对象。采用随机抽样进行问卷调查,利用统计与计量方法,对调查数据或典型案例进行分析处理,分析影响新生代农民工返乡置业的因素和趋势,给他们自身带来的益处和还有哪些需求,对当地社会管理带来的问题,地方政府应该从哪些方面提高管理水平,改进社会管理体制等。

二、研究思路

在大量社会调查基础上,紧紧围绕新生代农民工在家乡县城买房的返乡置业现象,给当地社会管理带来的机遇与挑战展开。从宏观的国家政策,中观的发达地区农民工政策及实施情况,中西部地区相关政策的引导;微观的新生代农民工现实选择入手,用社会学相关理论和公共政策理论为理论框架,剖析新生代农民工返乡置业现状与趋势,并探讨使他们融入城市的可操作性对策,内容既包括城市管理和社区建设方面,也包括利用新生代农民工在农村的承包地和商品房都在同一地方的契机,探索顺利实现新生代农民工市民化和农村"第二次飞跃"的路径。

本研究理论框架:

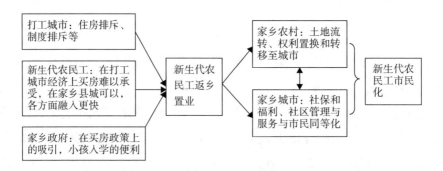

第五节　主要内容

一、梳理新生代农民工城市融入的研究成果

新老农民工融入城市模式的差异性研究;农民工流入地和流出地政府对农民工管理的政策和措施的总结与分析;理论准备:社会管理理论、理性选择理论、社会网络理论、公共政策理论等。

二、新生代农民工返乡置业基本情况调查

课题组将在中部地区的湖北、江西、湖南、河南和安徽等地的县城进行调研,具体包括:新生代农民工选择返乡置业的基本状况、影响因素、动机及趋势;新生代农民工买房后的流动状况、居住状况;中部城市对新生代农民工返乡置业的政策,对新生代农民工返乡置业的社会管理状况。本课题组还将对课题组成员长期调查的浙江省几个县城进行调研,在此基础上进行发达地区与欠发达地区的新生代农民工返乡置业的比较研究。

三、新生代农民工返乡置业机制及存在的问题分析

中部地区购房政策分析,探讨对新生代农民工贷款的具体政策;返乡置业的新生代农民工类型分析,探讨有哪些类型的新生代农民工返乡置业,具体包括创业、就业、职业类型,是否有代际支持或其他财产收入保证返乡置业;居住模式分析,返乡置业后新生代流动成了"打工城市—家乡市县城市—农村"的三栖模式,或者是回乡创业、就业形成了"家乡市县城市—农村"二栖模式,或是全家都进入县城工作和生活的居住模式。新生代农民工返乡置业的评估分析,探讨他们的生活方式面临哪些方面的转型及可能存在的问题,分析权利义务关系与农村的异同,提出使他们顺利适应城市生活的对策。另外,本课题组初步调查显示,中部县城没有产业支撑这种人口城市化,并将新生代农民工返乡置业作为经济发展的手段,这可能导致伪城市化,这也引起了学界的关注,本研究将从实践和理论上进行深入分析。

四、城乡生产要素自由流动的社会管理解决城市融入问题

针对我国城乡二元结构的现实,新生代农民工融入打工城市面临重重困难,返回农村又必须面对不会务农和不愿回农村,处于进退失据的尴尬情形之中,而返乡置业则是他们努力实现向上流动的理性选择。先描述新生代农民工返乡置业状况,分析其中的原因和机制,再提出解决新生代农民工返乡置业的措施。顶层设计上仍然要坚持农民享受平等公民权、自由流动权,社会保障

全国对接,发达地区有条件接受新生代农民工落户。本研究将探讨新生代农民工返乡置业后可能存在的问题,中部地区城市政府应如何制定公共政策,加强社区管理和社会服务的具体措施,解决新生代农民工及家属就业问题的措施;探讨引导新生代农民工有条件流转自己的土地,将权益从农村转到城市的具体方法与路径,提出对新生代农民工农村社区管理的公共政策;提出中部地区城乡公共政策之间衔接与配套的可操作性对策,探讨中部地区工业化与人口城市化的协调路径,最终实现新生代农民工的市民化。

五、中部地区城市化路径

学者对我国的城市化道路选择还存在争论,是发展大城市、中等城市还是小城镇,抑或是大、中、小城市协调发展,还没有一致的结论。根据中部地区的实际情况,本课题试图从调查结果中寻找答案,提出建基于经验研究的城市化道路选择。

第六节　创新之处和基本观点

一、创新之处

新生代农民工返乡置业是市民化的新路径,他们既融入了城市又照顾到了农村,这种现象的研究本身就具有内容上的创新性和现象上的创新性。在理论上还可以回答我国到底是发展大城市、中等城市或是小城镇的争论,有极大的创新空间和意义。将新生代农民工城市融入与农村土地流转结合起来推进新生代农民工城市融入和土地流转研究,目前还没有学者将二者结合起来研究,但结合研究又十分必要。在以上基础上探讨实现城乡一体化的措施,也是本研究的创新之处。

二、基本观点

新生代农民工返乡置业是由发达地区政策挤压和内地政策引导,以及家乡认同等多种因素导致。由于注重经济发展,中部地区城市政府对新生代农民工返乡置业的社会管理、公共政策等方面没有做好应对,需要尽快调查清楚各地新生代农民工返乡置业的状况,需要制定切实可行的政策,加强社会服务,引导他们实现市民化。新生代农民工返乡置业后,中部地区需要有工业化作为支撑,否则这种城市化成果难以巩固。新生代农民工返乡置业说明他们已融入城市,应该有条件地让其放弃农村土地权益,在居住地和土地权益同属一地方政府管理的情况下,这种协调是可行的。

第二章　新生代农民工返乡置业研究现状

本章定义了本研究的几个核心概念,即新生代农民工和返乡置业等,系统梳理了新生代农民工城市融入和返乡置业的现有文献,指出了既有研究取得的成果和有待进一步研究的方面,探讨了新生代农民工返乡置业研究的分析视角、实证研究和研究趋势,明确了本研究的研究方向和重点。

第一节　基本概念的界定

本节涉及的基本概念包括新生代农民工和返乡置业。先对这两个概念进行界定,然后再梳理新生代农民工返乡置业的研究现状。

一、新生代农民工概念

新生代农民工的概念有多种,学界没有达成一致。王春光是最早提出新生代农民工概念的学者,他认为,新生代农村流动人口有两层含义:一是年龄在25岁以下,在20世纪90年代外出打工或经商的人,与第一代农民工相比在社会阅历上有所不同。二是他们是处于第一代和第二代之间过渡性的流动人口,其中,在认同、生活期望和行为方式方面与第一代不同。[1] 在全国总工会《关于新生代农民工问题的研究报告》中,新生代农民工是指出生于20世

---

[1]　王春光:《新生代农村流动人口的外出动因与行为选择》,《中国党政干部论坛》2002年第7期,第30页。

纪 80 年代以后,年龄 16 岁以上,在异地以非农就业为主的农业户籍人口。[1]
着力解决新生代农民工问题也首次出现在 2010 年的中央一号文件中。[2] 在
中央一号文件中,新生代农民工是指"80 后"和"90 后"外出的农民年轻人。
这群人总数有将近 1 亿,并且成为农民工的主体,占 1.5 亿农民工的 60%。[3]
新生代农民工与上一代不一样,有的没有务农经验,还有的从出生就在城市根
本就没有农村生活经历,对农村的土地、村庄不熟悉。大多数新生代农民工一
般上学上到初中、高中、职业高中和技校就进城工作,适应了城市生活,喜欢现
代城市文明,生活方式现代化。有的研究者分析问题时,将 1980 年以后出生
的、14 周岁以上的农村外出务工人员称新生代农民工。[4] 大多数研究者和新
闻报道则一般采用官方标准,将"80 后"和"90 后"的农村外出务工的年轻人
称为新生代农民工。本研究根据官方标准,将新生代农民工定为"80 后"和
"90 后"的农村年轻人,调查对象也确定为这两个群体。

二、返乡置业

置业就是指购置产业,如土地和房屋等。[5] 新生代农民工返乡置业,按照
各地习惯用法,是指新生代农民工在家乡的城市买房或在集镇购买土地建房,
主要是指地级市和县级市买房。[6] 中部地区人们日常生活中也这样用,是约
定俗成的用法,在中部地区县城新建小区开发商每年春节期间打出的广告就
是"欢迎农民工返乡置业",而在地级市不会出现这样的广告语,乡镇极少有

---

① 全国总工会新生代农民工问题课题组:《关于新生代农民工问题的研究报告》,人民网,
2010 年 6 月 21 日,http://acftu.people.com.cn/GB/11921899.html。
② 2010 年中央一号文件:《国务院关于加大统筹城乡发展力度　进一步夯实农业农村发
展基础的若干意见》,新华网,2010 年 1 月 31 日,http://news.qq.com/a/20100131/001379.htm。
③ 王彤:《中国一亿新生代农民工首次进入中央正式文件》,中国新闻网,2010 年 2 月 1
日,http://news.qq.com/a/20100201/002590.htm。
④ 郑卫东:《农民工维权意愿的影响模式研究——基于长三角地区的问卷调查》,《社会》
2014 年第 1 期,第 122 页。
⑤ 中国社会科学院语言研究所词典编辑室编:《现代汉语词典》,商务印书馆 2011 年版,第
1760 页。
⑥ 聂洪辉、周斌:《新生代农民工返乡置业动因及评析》,《科学社会主义》2014 年第 2 期,
第 12 页。

这样的广告语——乡镇商品房也非常少。限于研究主题,本书着重研究新生代农民工在地级市和县城买房问题,在集镇买地建房、在省城买房及买店面等只在调查数据中显示出来,并不做主要问题进行分析。

第二节 返乡置业的研究现状

一般而言,农民工返乡置业是指他们在家乡的乡镇购买土地建房,在县城或家乡地级市买房,以及省城买房的现象。根据中部地区人们返乡置业的习惯用法,本研究所谓的新生代农民工在县城购买商品房居住现象,主要是因为绝大多数新生代农民工返乡置业是在家乡的县城买房。许多研究显示,与老一代农民工在家乡盖新房不同,近年来大量新生代农民工回到家乡县城购买商品房。比如,2013年清华大学中国经济数据中心"城镇化全国入户调查数据"显示,就定居地点而言,80%以上的新生代农民工选择在县城及以上层级的城市定居。同时,在农业户口的流动人口中21.6%的家庭在城镇拥有住房;最近五年流动人口内有购房(或建房)打算的比例高于本地居民。新生代农民工返乡置业是市民化的新形式,挑战学界对农民工市民化研究的现有观点。

在国外的劳动力流动研究中,马克思和恩格斯分析人口流动时认为资本主义生产关系、现代技术和农业革命等加速人口流动。也有学者提出了劳动迁移的"推拉力"模型,认为社会劳动力迁移是由迁出地的"推力"和迁入地的"拉力"引起的。刘易斯在《无限劳动供给下的经济发展》中构建了两部门劳动力迁移模型,认为在发展中国家工业化过程中,农业部门过剩劳动力对于城市工业部门存在一个类似无限供给的情况,直到农业过剩劳动力不存在为止。① 以上学者虽然没有明确提出劳动力何去何从,隐含的假设仍是不可逆的流动。从历史背景、流动与迁移的机制和土地政策等情况看,欧美各国人口

---

① 聂洪辉、周斌:《新生代农民工返乡置业动因及评析》,《科学社会主义》2014年第2期,第121页。

流动是无障碍的,城乡管理体制是一元的。所以,国外学者并没有对农民或者移民的返乡购房进行研究。

我国由于从 20 世纪 50 年代实行城乡二元管理政策,人口的流动有诸多限制。学界对农民工市民化进行了探讨,主要认为市民化途径有两种。另外,还有一种观点认为,部分农民工可以留在城市,大多数农民工流回农村。总的来说,可以说是有三种归宿。第一种观点认为,新生代农民工要融入打工城市主要是沿海城市。以王春光、秦晖和朱力等人为代表。王春光认为,新生代农民工越来越强烈的市民化和城市化倾向,希望获得城市居民的地位和身份,但现实情况却只能是在农村与城市之间流动,处于"半城市化"状态。"半城市化"状态下的新生代农民工生活工作都在城市,但权利并没有得到体制的保障,被排斥在主流城市之外,甚至形象被妖魔化。国家应该制定社会福利和社会保障政策以促进他们早日融入城市社会。[①] 王春光随后的研究也一直坚持所有农民工融入城市的观点,不断提出相应的对策。比如,建议抓住中小城市放宽户籍的机会化解农民工市民化问题,并且大城市也应该向农民工放开户籍,满足新生代农民工城市融入的需求。[②] 他认为,新生代农民工城市融入面临三大张力:一是国家政策碎步化与新生代农民工城市渴望和要求之间的张力;二是新生代农民工对城市的向往与实现能力的张力;三是中央城市化政策与地方政府的落实城市化措施的张力。国家应该全面改革城乡体制,实现城乡一体化管理解决新生代农民工市民化问题。[③]

秦晖主张新生代农民工应该留在流入地城市,应该给他们建经济适用房和廉租房,要给他们公平的居住权。他多次在不同场合和不同文章中强调,即使新生代农民工住在"城中村"、棚户区和"违章建筑"中也应该允许他们融入城市,因为这是一个过渡阶段。经过梳理西方和南非城市化的历史和现实,他

---

① 王春光:《农村流动人口的"半城市化"问题研究》,《社会学研究》2006 年第 5 期,第 110 页。

② 王春光:《对新生代农民工城市融合问题的认识》,《人口研究》2010 年第 2 期,第 34 页。

③ 王春光:《新生代农民工城市融入进程及问题的社会学分析》,《青年探索》2010 年第 3 期,第 5 页。

认为西方城市化阶段也经历过贫民窟时期,贫民窟也会出很多优秀人才,这是移民必经的一个阶段。那种将新生代农民工排斥在城市保障性住房体系之外,又不允许他们自搭棚户居住的政策,不利于新生代农民工融入城市。秦晖同时指出,将农民工排斥在城市之外,或隔离在城市之中都会造成社会不稳定。当年南非的种族隔离就造成了索维托不稳定。只有像美洲一样开放的体制才有利于边缘人群融入城市,从而实现权利上的平等,也能化解矛盾。在此基础上,还要注意外来人口与主流社会的文化互补,帮助外来人口形成有意义的公共生活。① 他还认为,政府在公共住房领域的责任不能推卸给市场,即是在自由市场体制的国家也不会这样做,因此,应该强调问责机制,建立具有现代公共权力性质的公共服务部门。② 并且,在买不起商品房的情况下,也许他们只能流回农村,显然,这对他们不公平,他们的住房权应该得到保障。③

通过分析新生代农民工的城市适应问题,朱力间接地支持新生代农民工融入工作城市的观点。④ 他认为,新生代农民工城市适应包括经济、社会和心理层面上的适应,三者是递进关系。但新生代农民工的城市适应只限于经济层面,制度性因素成为他们更深入地适应城市的障碍。新生代农民工进城是现代化意义上的文化移民,反映的是城市化的进程,对我国城市化和现代化意义重大。他还认为,与上一代农民工被动地适应城市不同,新生代农民工在主动或半主动地适应当地城市生活。大多数新生代农民工是半主动性适应城市,他们中的精英是建构型适应,其适应更为主动和积极。鉴于新生代农民工在主动适应城市,与城市联系越来越紧密,如果政府决策和城市既得利益者仍然将他们排斥于城市之外,势必会使城乡断裂,还会影响社会和谐。应该使他

---

① 秦晖:《使"进城农民"融入城市的社会发展过程中》,《探索与争鸣》2003 年第 5 期,第 12 页。

② 秦晖:《关于穷人住房问题的思考》,《乡音》2006 年第 9 期,第 12 页。

③ 秦晖:《城市新贫民的居住权问题——如何看待"棚户区""违章建筑""城中村"和"廉租房"》,《社会科学论坛》2012 年第 1 期,第 195 页。

④ 朱力:《论农民工阶层的城市适应》,《江海学刊》2002 年第 6 期,第 82 页。

们成为城市中的市民阶层,因为他们是城市和社会发展的重要力量。①

　　第二种观点是农民工融入小城镇。以温铁军为代表。他认为,新生代农民工应该回到小城镇去生活工作。在金融危机后,农民工返乡创业的研究者主张就地城镇化实质是与农民工留在小城镇的主张相呼应。最早提出发展小城镇主张的是费孝通,他指的小城镇是指乡镇。1983 年"江苏省小城镇研究研讨会"上,他在《小城镇　大问题》一文中有一句话非常明确地表达了这个观点:"今年的春末夏初,我在江苏省吴江县住了一个月,对该县十来个小城镇的历史与现状做了初步探索。此后打算写一篇关于小城镇的类别、层次、兴衰、布局和发展的文章。"②他认为小城镇化是中国农村城市化道路。后来在《小城镇·再探索》中又提出了经济发展模式的概念,一定地区在一定历史条件下会形成具有自身特色的经济发展模式。③ 在这篇文章中他再次明确提出小城镇的定位。他主张小城镇应该归为农村的中心,他倡导的小城镇建设就意味着强调农村城镇化。他提出的"苏南模式"基本也是遵循此思路。当时提这个观点其实有个重要的政策前提,就是中央政策规定农民"离土不离乡"。因此,这个思路在当时是正确的,也是符合实际情况的。后来,温铁军一直坚持此观点,不过他虽然用小城镇概念,但内涵在不断发生变化,开始他和费孝通一样指的是农村集镇,后来发展为中心镇和城关镇,而事实上,城关镇是县城的所在地,那么发展小城镇就应该指县城了。观点前后矛盾,有待修正。温铁军在最早由他执笔的文章中提出以"县以下城镇建设用地制度应与大中城市在目标和方法上相区别"的政策建议来发展小城镇。④ 显然,这个时候他指的是农村集镇,后来温铁军的观点有所变化。经过多年的发展,"苏南

---

　　① 朱力、赵璐璐、邬金刚:《"半主动性适应"与"建构型适应"——新生代农民工的城市适应模型》,《甘肃行政学院学报》2010 年第 4 期,第 4 页。

　　② 费孝通:《小城镇　大问题》,1983 年,http://www.71.cn/2013/0328/708152_2.shtml。

　　③ 费孝通:《行行重行行》,宁夏人民出版社 1992 年版,第 539 页;转引自宋林飞:《费孝通小城镇研究的方法与理论》,《南京大学学报(哲学·人文科学·社会科学)》2000 年第 5 期,第 13—16 页。

　　④ 温铁军:《中国农村的小城镇建设》,香港中文大学中国研究服务中心网,1997 年,http://www.usc.cuhk.edu.hk/PaperCollection/Details.aspx? id=459。

模式"和乡镇企业发展问题慢慢显露,温铁军认为,由于小城镇经过近20年的发展,只有数量的增加但人口规模严重不足,因此,他认为,发展小城镇要限制一般乡镇,应该发展县级城关镇和中心镇。① 再后来,他将发展中心镇和城关镇的观点进一步深化。他认为,要在县市以下增加农村投入,以优惠政策吸引农村人口向城关镇在内的中心镇集中,降低农村城镇化的成本,这也有利于解决"三农"问题。② 他还认为,城镇化不等于城市化,城镇化就是将县级以下的城镇化,这也是一个去城市化的过程。他甚至还提出了非常明确的指标,认为中国城镇化重点立足于县域范围的中心镇和城关镇等建制镇,就是人口30万以下的小城镇。③ 这种概念的不断变换,外延与内涵的模糊使得发展小城镇的主张缺乏一定的说服力。

第三种观点是主张农民工往返城乡之间,最后还是回到农村去生活。贺雪峰是这个主张的代表人物。他认为,除少数能留在城市的新老农民工之外,他们的大多数人在年龄大了以后回到农村去。他是从积极意义上看农民工在城乡之间的来回流动,认为农民工既可以自由进城,又可以自由回乡;既可以从城市化中得到好处,又能避免其不利后果;这是当前农村稳定的重要基础,也是中国从容应对全球化危机的根本;农民工回流农村仍然是中国现代化的稳定器,并起着蓄水池的作用。④

如果说第一种观点是应然的判断,确实符合理论上和西方现实的发展,也应该是农民工转移的路径,但发达地区出于地方利益和承载力等方面的原因,农民工融入存在政策、制度和现实上的障碍。笔者认为,学者提出让农民工留在打工城市,特别是发达地区的大城市,这是保障农民工权利的必要选择,也

① 温铁军:《中国的城镇化道路与相关制度问题》,《开放导报》2000年第5期,第23页。
② 温铁军、温厉:《中国的"城镇化"与发展中国家城市化的教训》,《中国软科学》2007年第7期,第28页。
③ 温铁军:《推进新型城镇化重点要发展县域经济》,中国经济导报网,2013年12月12日,http://www.ceh.com.cn/llpd/2013/12/281265.shtml。
④ 贺雪峰:《中国式城乡二元结构与农民工返乡》,社会学视野网,2010年11月13日,http://www.sociologyol.org/yanjiubankuai/fenleisuoyin/fenzhishehuixue/nongcunshehuixue/2010-11-13/11462.html。

是发达国家城市化的正常发展过程。但我国的城市化不像西方是内生性的，在很大程度上是外生性和政府推动的，发展时间短和进程快。因此，要在短期内解决所有农民工在发达地区城市居住问题，多少带有理想化色彩。学者们这种理想化包括情感化和绝对化。所谓情感化就是认为农民工应该融入打工的大城市和发达地区城市。实际上，不是每个人想留在哪个城市就应该留在哪个城市。除了自身因素外，农民工打工的当地城市考虑其纳税能力、工作期限和居住时间长短等多方面的因素是可以理解的，否则就会对长期为城市发展作出过贡献的当地居民不公平，公平要兼顾双方而不是满足所有有居留意愿的人。所谓绝对化是不顾条件和不管城市接纳能力，认为农民工就应该留在打工城市。实际上，由于我国长期以来的城乡分治，导致城乡发展程度悬殊，如果发达地区的城市放开限制，则会使各地人口蜂拥而来，特别是只有某一个或几个城市首先放开的话，后果尤其如此。郑州放开户籍最后失败就是最明显的例证。即使考虑现在农民工的居住问题，农民工打工城市所需成本也十分巨大，再加上教育、医疗、社会保障以及其他设施的投入，所需要的经费也不能在短期内解决。不能以应然代替实然。另外，这种观点目前还存在两个问题。一是只注意了农民工留在打工城市的经济状况和权利因素，而一个人选择居住在哪个城市，还有文化因素、家庭因素和自身因素等的影响。各种观点本质上是学者们在代替农民工选择，没有体现在此过程中农民工的主体性，没有考虑农民工的理性选择问题。二是目前的新生代农民工留城意愿的问卷调查没有考虑新生代农民工随年龄增长而留城意愿的变化，无法反映新生代农民工随着年龄变化、家庭周期变化导致的居住地选择的变化。并且留城意愿一项没有区分大城市和家乡城市，如果作出此项区分，结果可能会不一样。年龄变化、自我定位的变化和家庭周期的变化，都会导致新生代农民工留城意愿的变化，居住城市的选择会越来越现实和理性。学者们提出的新生代农民工在努力适应大城市、工作的沿海城市，但适应工作城市的生活似乎和最终是否愿意或能够留在那里，并不是同一个问题。不过学者们保证农民工迁徙自由等各种权利的观点是值得肯定的，富有洞见的。一定要保证有意愿、有能力和有条件的农民工留在工作城市，实现工作地与居住地融合。同时，也必须承认,对无愿望和条件不具备的农民工则可以自由选择适合自身情形的城市或农村居住。

第二种观点是在我国农民工转移的现实制约基础上提出来的,但为20世纪90年代后农民工"离土又离乡"的现实所否定。从温铁军文章的观点和相关论述中可以看出他小城镇观点的实质内涵,即先是继承费孝通的观点,小城镇是指乡镇的集镇,后来观点变为县城(城关镇)。概念的模糊与不确定导致发展小城镇的观点存疑。如果还是指原来的小城镇,他的观点又为事实所否定;如果是指中心镇,人口在30万以下,那不符合国家城市的划分标准,成了小城市甚至是中等城市,那又不是发展小城镇了。实际上费孝通自己也清楚地认识到,当时要发展小城镇的原因,即这种方式既有当时大中城市发展的不充分,无法吸纳农村人口进城的无奈,又是城市化分阶段推进,人口逐级进城的必然。① 实际上现在也有不少学者在反思小城镇问题,认为小城镇的提出是基于中国工农业互赖的历史传统,可以实现工农互惠,以工补农。但是,到了20世纪90年代后,特别是邓小平南方谈话后中国整个经济的发展趋势已经完全不同于费孝通的设想,并且,小城镇问题凸显,比如,集约化程度低、效益低、能耗高和吸纳人口有限,它只能是中国城市化进程中的过渡阶段,要重新思考费孝通的小城镇观点。② 其实,费孝通小城镇理论是建基于"离土不离乡"、户籍制度和社会保障等权益不能接转的现实,在当时确实有积极意义,反映了当时的社会现实,并且他明确指出"如果我们的国家只有大城市、中城市而没有小城镇,农村里的政治中心、经济中心、文化中心就没有腿"。费孝通的小城镇理论仍然对我国的城市化道路有十分重要的启示意义。因此,笔者认为,并不是说小城镇不重要了,而是随着时代的发展,国家政策的改变,户籍制度障碍消除,社会保障权能异地对接,人口的自由流动的实现,城市扩张和郊区化、高铁时代的到来,我国城市化道路应该有新的思路。这些更多地取决于农民和农民工自身的选择——不完全由政治、经济因素决定,还有文化因

---

① 李培林、沈关宝等:《小城镇关系大问题》,《光明日报》2013年12月8日。
② 王小章:《费孝通小城镇研究之"辩证"——兼谈当下中心镇建设要注意的几个问题》,《探索与争鸣》2012年第9期,第44—48页。

素等。

第三种观点是实然判断,是贺雪峰在农村调查时的思考,是他对农民工去向的主张,但这主要是老一代农民工的现实选择,并不是新生代农民工的选择,新、老一代农民工有诸多的不同,因此,随着时间的推移,这种观点会失去应有的洞察力。更为重要的是,农民工特别是新生代农民工并不愿意回到农村去。事实上,贺雪峰自己也发现有新现象会推翻自己的主张。他发现,很多农民工已经在县级以上城市买房了,并且总结了几种类型:一是政府政策的鼓励,比如,重庆市就鼓励农民工在县城买房;二是结婚的条件,农村的女方常常以在县城买房作为嫁给男方的条件;三是农村年轻人不愿意回农村去,常常会将多年打工积蓄在城市购房;四是农村人将在城市买房作为一种投资。① 可以说,他自己都在一定程度上否定自己的主张——说是主张是因为这并不是实际情况或事实,而是指贺雪峰解决农民工问题的思路或理想。

与贺雪峰调查到的情况类似,近年来,新生代农民工返回家乡县城和地级市购房成为市民化新形式,但以上研究没有关注,也无法解释此现象。一些学者对此的研究大致可以分为以下几个方面。

1.经济发展角度分析新生代农民工返乡置业

这方面是学者最早关注到的问题。学者认为这是新二元变局和财富回流现象。有学者认为,新生代农民工返乡置业是一种新的二元变局,缓解了一二线城市的人口压力、住房压力和交通压力,以及住房价格上涨的压力,有利于缓解二元结构矛盾,返乡置业并没有减少商品房的总需求量,如何满足返乡新生代农民工住房要求是值得考虑的问题。② 也有人认为这是财富回流,据《国际金融报》在 2006 年 2 月 6 日的报道,在江西很多县城以按揭贷款方式购房者 50% 以上是进城务工人员,二手房的 90% 买主也是进城务工人员,这些现

---

① 贺雪峰:《中国式城乡二元结构与农民工返乡》,社会学视野网,2010 年 11 月 13 日,http://www.sociologyol.org/yanjiubankuai/fenleisuoyin/fenzhishehuixue/nongcunshehuixue/2010 - 11 - 13/11462.html。

② 李志江:《"返乡置业"背后的新二元变局》,《城市开发》2012 年第 1 期,第 36 页。

象都预示着部分社会财富开始回流到欠发达地区或小城市。农民工返乡创业然后在家乡城市购买住房形成了财富回流,城市的财富和经济职能在向内地中小城市转移,返乡置业农民工是在对就业机会、家庭关系等因素权衡后作出的福利最大化的选择性迁移,有必要重新审视学界对城市化内涵和机制的探讨。① 也有人从农民工返乡置业对内地房价的影响进行了分析,认为在中央严格控制房价的楼市调控政策,一线城市的人口,特别是农村流动人口在向家乡城市转移,返乡置业会降低大城市住房需求,并且有信心认为返乡置业的人会越来越多,大城市房价会受到抑制。②

2.返乡置业的实证调研与分析

有些学者已关注到了新生代农民工县城市买房居住的现象并做了初步调研。李培林发现浙江农民(工)已不在农村建房而在城市买房居住,居住偏好发生了改变。他指出,在一些发达地区的农村,过去农民是在农村将旧房子翻新,但现在农村富裕的人多数开始在城市购房并搬离农村到城市居住。③ 现在一些农村三分之二的住房处于闲置状态,旧房子没人居住导致村落变得萧条和没有人气,形成产业空、住房空的乡村衰落与凋敝,造成了乡村空心化,因此,城镇化非常重要。也有研究者认为新生代农民工返乡置业是对生活于大城市边缘化的一种反思,在家乡县城购房是生存理性过渡到社会理性,经济理性变化为发展理性,为获取城乡两地资源利益最大化的理性行为,是从个人与家庭两个层面为起点既有理性又有感性因素,宏观上对社会结构、社会变迁有重要影响,对城乡一体化战略具有十分重要的现实意义。县城连接着大城市和乡村,新生代农民工县城购房构成了城乡一体化的新机制,当然,也存在一定的风险,需从户籍改革、发挥社会工作者作用等多层面构建新生代农民工县

---

① 黄盛、胡晓鸣、马佳:《城市化进程中的财富回流现象》,《城市问题》2010 年第 5 期,第 7 页。

② 申革联:《返乡置业:梦里不知身是客》,《城市开发》2012 年第 1 期,第 46 页。

③ 李培林:《城市化与我国新成长阶段——我国城市化发展战略研究》,《江苏社会科学》2012 年第 5 期,第 44 页。

城定居的社会支持系统。①

　　3.新生代农民工返乡置业的趋势分析

　　有学者在分析新生代农民工现阶段住房状况时,采用抽样调查数据得出结论,购房支出占总收入的 20%左右,46%左右的新生代农民工有打算在家乡城市购房,大概有 26%的人有意愿购买,只有少数新生代农民工没有这个想法。总体来说,新生代农民工在家乡购买商品房趋势是人数会越来越多,到 2026 年将有 80%的新生代农民工会返乡置业。② 申端锋通过"80 后"农民工进县城买房现象的分析,认为新生代农民工返乡置业现象修正了中国的城市化模式。这势必对国家城乡一体化战略和县城的发展定位产生重大影响,可以实现大城市、县城和农村相互协调的城乡一体化。③ 但是,也存在一定的问题。沿海城市对农民工已经出台了许多有利政策,在建设新农村背景下,农村也有了许多优惠政策,如果家乡县城对新生代农民工购买商品房没有相应的政策支持、社会管理和服务的跟进,新生代农民工就可能会到沿海城市买房或回到农村生活。我国中西部地区今后着力打造县城使县城成为一个生活单元非常重要,因为新生代农民工回乡购房是"农民工造大城"的中国的城市化之路,也突破了费孝通提出的发展小城镇的城镇化模式。

　　本课题组在江西和湖南等地调查也发现,近年来越来越多的新生代农民工在县城买商品房。一是孩子在城市上学;二是发达地区房价高且不容易融入,家乡县城则为了促进经济发展鼓励农民工返乡置业;三是对家乡的认同。但是也存在不少问题,如在城市中生活方式转型,返乡置业后的农村权益以及就业问题等。新生代农民工返乡置业本质上是市民化的一种新形式,挑战了学界农民工城市融入的模式研究,契合了中央发展中小城市战略。但是,从现在研究看,不但研究者少,文献数量少,而且研究不深入,需要进一步系统地研

---

　　① 潘华、卓瑛:《理性与感性的双重变奏:新生代农民工定居县城行为研究》,《兰州学刊》2010 年第 5 期,第 65 页。

　　② 严双唯:《农民工在城市购置商品房的趋势分析——以湖北省为例》,《中国集体经济》2012 年第 18 期,第 192—194 页。

　　③ 申端锋:《从大都市到小县城:80 后农民工返乡的一个路径》,《学习与实践》2009 年第 3 期,第 128 页。

究。更为重要的是,在目前的研究中,新生代农民工城市融入研究忽视了他们在农村的利益,而对土地流转的研究又忽视了他们融入城市的现实性,二者之间缺乏衔接,实际上新生代农民工要融入城市,就无法回避农村权利的转移置换问题。本课题的任务就是在实践调查与理论探讨基础上对此做系统的研究,并提出解决的路径与办法。

那么,针对新生代农民工在家乡市县买房的现象,要回答几个问题:什么原因导致了新生代农民工处于"打工城市——家乡市县城市——农村"三栖的生活之中? 他们为什么要返乡置业? 动机又是什么? 是哪些类型或阶层的新生代农民工返乡置业? 申端锋等人对新生代农民工返乡置业给予了高度评价,但还有待于现实的验证,因为当年费孝通主张的小城镇模式也曾经流行过,但时间最终证明存在诸多缺陷。因此,如果新生代农民工返乡置业是主动选择则可能是新形式的城乡一体化路径;反之,如果是被迫选择,则可能会像小城镇模式一样不会持久。不管如何,一定会影响我国城乡关系和城乡结构。那么,新生代农民工返乡置业的家乡市县城市在社会管理方面如何应对这种现象? 从哪些方面提升管理水平,改进管理意识,创新社会管理体制? 新生代农民工返乡置业的事实已经发生,本课题的任务就是在实践调查与理论探讨基础上回答以上问题,并从社会管理体制创新视角提出解决的路径与办法。

第三章　新生代农民工返乡置业基本情况

本章介绍了课题的抽样、调查组织与实施和新生代农民工返乡置业的基本情况。在中部地区县城,高档小区新生代农民工业主大约占10%,中低档小区新生代农民工业主高的占90%以上,低的占30%左右,大多在60%—80%之间。当然,也有些地方新生代农民工会跨过县城直接到地级市购房。距离县城远近不同的村庄,新生代农民工在县城买房的状况也会有所不同。总体而言,新生代农民工是中部地区县城购房的主要群体,是县域城市化水平的重要推动力量。

2014年7月,课题申报成功后,课题组立即开始着手调查。在前期预调查的基础上,设计了调查问题,根据课题研究主题确定了调查地点,组织实地调查,文献调查和访谈,调查结束的截止日期是2017年9月30日。

第一节　调查基本情况介绍

一、调查对象的确定

在县城小区进行调查时,根据新生代农民工定义确定"80后""90后"新生代农民工业主为调查对象,即2010年中央一号文件使用了"新生代农民工"一词,主要是指"80后""90后"。本章采用中央一号文件标准,即新生代农民工指"80后""90后"的农民工。

二、调查地点的选取

本课题是中部地区新生代农民工返乡置业,因此,调查地点是县城小区。采用概率抽样方法,根据各县人口数量和经济社会程度综合考虑,将各省县的完整名单进行排序建立完整的抽样框,再将抽样框分 3 个等级,每个等级随机抽取 3 个县,每个县抽取 3 个小区作为调查点。中部地区县城不像大中城市,县城的扩张呈某个方向且集中在某一区域,即新城区,极少数县因高铁发展建了高铁新区,但还没有成型,因此,调查较为方便,按小区建成年份进行调查科学合理。根据本课题组成员的调查及相关资料,在中部县城最早买房的新生代农民工出现在 2005 年,与各县建新城区的时间相差不大,此时新生代农民工年龄最大为 25 岁,符合现实情况。即使以前有新生代农民工买房人数也不会太多,因此,本课题调查点的选取依据是,小区建成在 2005 年 12 月到 2017 年 8 月期间。在此期间建成的小区都是本课题的调查点。调查时根据物业提供的资料,出生在 1980 年后和 1990 年后,文化水平在大专及以下的农村业主都算调查对象或样本。另外,情况不明或资料不全的业主都排除在外,不计入样本。当然,新生代农民工购房实际出资者可能为其父母,或得到了父母的大量资助。这在中国是普遍状况,正如费孝通所说,中国家庭是个事业组织,只要业主是新生代农民工,不管其购房款来自其父母或由其父母购买,都算新生代农民工返乡置业。这也有一定的内在合理性。根据调查情况,即使是新生代农民工的父母购买,他们的父母大多还是会回农村居住。现在居住在一起多是为他们带小孩。而且中部地区农村基本没有无打工经历的"80 后"和"90 后",所以这样确定符合现实情况和具有可操作性。

三、调查的组织与实施

根据课题组成员的分工以及所在高校有覆盖全国的生源,且以地级市、县城和农村学生为主的优势,专门聘请了 60 位中部地区家在县城和农村的学生,分别在自己的村庄和家乡的县城进行调查,调查时间在 2015 年、2016 年和 2017 年新生代农民工回家过春节期间。对资料不全的业主可采取滚雪球抽样去调查核实。因 2015 年春节期间调查情况,学生反映非常好,有的还在调查基础上完成了本科毕业论文。所以,有很多原先没有参与调查的中部地区学生也志愿加入调查行列。这样,很多学生在课题组成员指导下完成了对原先没有纳入调查的县和小区以及村庄的调查。后来,有很多非中部地区的学生加盟调查,专门调查了浙江、甘肃和陕西等地新生代农民工返乡置业情况,他们的调查属立意抽样或简单随机抽样,虽不具有代表性,但可作为参照。最后,除对山西调查了四个县外,本课题组实际上完成了中部地区各省三分之一以上的县的调查,对江西的调查基本包含了所有的县。结合原有本课题组成员相关课题调查的资料,可以说,本次调查既保证了抽样调查的科学性,又扩大了调查地点和增加了调查样本。

　　课题组在学生调查前都进行了系统的培训,考虑到新生代农民工文化水平低,为避免问卷中问题的歧义,每一份问卷都是由学生逐一发放给新生代农民工,并解释问卷内容和指导他们回答,即所有的问卷都是由学生与调查对象共同完成的。在中部县城完成问卷 300 份,回收率 100%,去除填答不全或只配合填写部分问题的情况,有效问卷为 90.8%。为了增加调查的有效性,了解在县城购房的新生代农民工在农村地区的分布情况,课题组还让有些来自农村的学生在自己的村庄和附近村庄做了调查,共完成 100 份问卷。课题组还组织上过《社会调查原理与方法》课程的学生,对部分新生代农民工做了访谈。课题组对中部地区部分县做了调查,也对学生调查的县进行了复核式、补充式调查。课题组共访谈了 120 位新生代农民工,在部分县城小区对新生代农民工家长进行了访谈,有的以大家聚集在一起,类似于集体焦点访谈形式进行,共进行了 7 次,因为每次人数不固定,所以没有统计。

　　为了对中部地区新生代农民工返乡置业情况有更深入的研究,在对各县调查的基础上,2017 年 4 月初,课题组成员在浙江金融职业学院和附近高校学生支持下,对杭州新生代农民工大型聚居区白杨社区进行了问卷与访谈。白杨社区聚集了周边企业来自各地的新生代农民工,管理规范且井然有序。学生在社区共发放 300 份问卷,由学生指导新生代农民工完成,课题组成员对21 位新生代农民工进行了长时间深入的访谈。

总之,本课题对新生代农民工返乡置业进行调查,既包括了中部县城,也包括了农村,还有发达地区农民工聚居区,基本可以准确地描述和分析新生代农民工返乡置业情况。

第二节　中部地区新生代农民工返乡置业的调查

本课题主要调查中部地区新生代农民工在县城的购房情况,并分析内在机制,讨论积极和消极影响,提出相关对策建议。因此,重点是在中部地区县城调查新生代农民工返乡置业情况。为了了解在县城购房新生代农民工在农村的分布,本课题特别对中部地区农村进行了调查,为了对比,还对欠发达地区和发达地区农村新生代农民工返乡置业情况进行了调查;为了深入挖掘新生代农民工返乡置业的意义,本课题还在杭州一个大型新生代农民工聚居区进行了调查。

一、中部地区县城新生代农民工返乡置业的调查

实地调查的问卷对象是中部县城商品房小区已经买房的新生代农民工夫妇一方,课题组成员在县城小区访谈了70人。总体情况是,中高档小区业主以县委县政府及职能部门中的公务员、乡镇公务员和县级职能部门下属行政事业单位人员、乡镇中小学教师和卫生院医护人员为主。也就是说,县域各级行政事业单位人员多在县城位置好、学区房等中高档小区买房。中档小区内面积大、楼层好和位置好的商品房以城市居民和富裕的农村居民购买为主。低档小区或位置较偏的小区,新生代农民工业主占比最高,有的高达90%以上。房价高、位置离城市中心近的高档小区,则占比较小,最多只占30%。除以上两极端情况外,新生代农民工在中低档小区一般占70%—80%。也就是说,新生代农民工购房是推动县城城市化的重要动力,是购房的重要群体。比如,2016年10月,课题组成员在山西壶关县调查发现,新生代农民工买房没有公积金贷款,一定程度上影响了新生代农民工购房能力,但购买者仍然众多。其中,"日月星辰"小区共150余户,70.3%是新生代农民工业主(调查时

此小区还有小部分没出售)。另一个小区"阳光名邸"一梯四户,23 层 5 个单元,共 500 户,80.2%为新生代农民工业主。湖北嘉鱼县商品房小区新生代农民工业主占 70%以上,有的达 80%。在上饶万年县城的上海映象小区,620 户中,85%是新生代农民工业主,2%是老一代农民工业主。调查也发现,山西芮城县古魏镇因为城区新建小区特别多,只有一个小区新生代农民工业主只占 3%,为唯一一个新建小区新生代农民工业主占比极低的情况,其他小区仍占 60%—70%。

不过,在整个调查过程中,只发现了 3 位女性且未婚的新生代农民工在县城购房,她们年龄在 28 岁左右,大中专学历,都在上海等大城市打工,收入较高,买房主要是投资。即使女性新生代农民工婚前自己买了房,那也是为了投资,结婚时仍需要男方购买住房。其余均为男性新生代农民工购房(婚前婚后不做区分)。在 2014—2017 年调查期间,中部县城新城区中低档商品房房价在 3000—4000 元每平方米,90 平方米的一套住房加上装修需要 40—50 万元。因在外地打工等,按揭贷款买房非常难,基本需要一次性付清房款。虽然可以商业银行贷款,但无论婚前还是婚后,新生代农民工夫妇都难以承担,需要男性新生代农民工家庭支持,买房后仍然需要父辈在经济和抚养小孩上给予支持。

在 200 份问卷中,新生代农民工返乡置业的原因依次为,小孩入学(92.4%)、结婚(80.2%)、农村环境差无法居住(10.1%)——是多选,所以超过 100%。这些数据的背后都反映新生代农民工愿意居住在城市,而且大多数人购房主要是为了小孩上学。近三年来,中部地区农村青年人结婚时,女方提出的条件是在县城要有住房,并且已经形成攀比之风,以后新生代农民工在县城小区占比将会继续增加。农村环境差无法居住也是一个重要原因,越是山区的村庄、离县城越远,买房的越多,甚至是整个村庄都"搬"到了县城小区。离城市越近的新生代农民工买房越少,因为小孩上学就在新城区的学校,非常近。即使是结婚也不必买房,因为离城市近交通又便利,在村庄上可以做别墅,比买房更好。比如,阳新县 100 多万人口。近三四年,在乡镇买房的 70%是农村人(2017 年 7 月调查时,以有业主已经居住的小区为调查点,对在建的商品房小区没有调查）。房价在3000—3500元每平方米，城东新区要4000元以上每平方米。山水绿洲小区1万户左右，70%以上是新生代农民工业主，有2户温州人，是在这里做生意。金色华府小区600多户，70%为新生代农民工买房。以上小区业主大多是为了小孩上学买房。访谈对象中就有一位奶奶带孙子在此居住，其子在温州打工。这些年阳新县乡村小学人数不断减少，教育质量下降，县政府可能有意在县城小区新建学校，一方面可以提高学校教学质量，另一方面可以推动城市化。有访谈对象说，农村老师教学水平确实低，很多民办老师转正后水平并没提高，家长对老师要求却在不断提高。不过，访谈对象都表示，不会卖农村的土地和房子。另外，城东新区有的小区90%是新生代农民工业主，锦绣明珠小区，也达70%左右。

新生代农民工购房后，由夫妇一方带着小孩居住的占13.2%；由其父母带着小孩在县城家里居住的占总数的78.6%；住房空置的占2.8%；买房后从外地回来工作全家住在一起的占5.4%。从陪同小孩居住的情况看，现在新生代农民工夫妇比较注重夫妇关系，都会在同一个地方打工，大多不选择一方在家陪小孩居住。买房后回家的主要原因是，创业、就业和小孩处于如高考的关键期等。中部地区稍有区别，某些地方县域经济发展快，能提供更多的就业机会，新生代农民工回乡创业就业的人就会多一点。根据课题组为中部某县作"十三五"经济社会发展规划的情况看，全县工业园区能解决劳动力就业的人数基本呈饱和状态，这和企业采用人工智能和生产自动化等有关。根据其他县的调查，现在中部地区很多县工业园区注重引进现代企业，在车间都用机器人实现生产智能化，工业园区在扩大，但对劳动力的需求在减少。只有那些县域乡村旅游和现代农业发展快的地方，农民工回乡就业和创业的人数较多，如婺源、恩施及其下属各县等。

新生代农民工及家属对居住在县城满意度非常高，达90.6%，不满意主要集中在城市生活成本高、交物业费、老人不习惯城市生活等方面。特别是老年人习惯了农村生活，虽然有时种地、种菜比较辛苦，但也是一种打发时间的方式，他们在县城打发时间的方法却相当缺乏。县城各小区因业主不交物业费而退出的物业公司占94.2%，那些还没有退出的是刚建不久的小区，因为开发商还会支付部分物业费。商品房小区建立时间越长,物业公司退出的比例越高,并且几乎全部会陷入失治状态,没有物业,无人管理。与在大城市不同的是,新生代农民工居住在县城没有一个被调查对象认为受到了城市居民的歧视。据访谈显示,这和县城就是自己家乡有很大关系,文化、生活习惯、生活方式相近,方言更是当地人的一种证明,无人敢歧视。因此,新生代农民工及家属与原县城居民之间无交往障碍,即使无交往也不会受歧视。大城市居民文化方面的优越感,经济地位与新生代农民工相差大,是新生代农民工在大城市社区居住受歧视的重要原因。

在享受城市社区公共服务的意识方面,200 份问卷中,97.4%的人对享受城市社区服务并不关心,也不了解。因为主要权利如农医保、低保等都在农村,与县城没有关系或关系不大。与城市普通居民一样都要交养老保险,农医保在县城医院看病虽然报销比例不一样,但看病就医的方便程度和手续都一样,小孩可以在县城享受一样的权利。这是他们对社区服务不关心也不去了解的重要原因,即权利没有区别就没有歧视,也就不会去了解。

新生代农民工与农村的联系仍然紧密,问卷中 98.5%的人表示与农村亲戚有交往,其主要人情往来和社会网络还在农村,受居住在县城的影响不大。县域范围不大,走亲访友比较近可能是一个重要原因。事实上,新生代农民工父母暑假和寒假都会回农村去居住,因为有的新生代农民工的爷爷奶奶仍居住在农村,而且新生代农民工过春节都会回去。访谈表明,在山区自然环境差的地方,整个村庄都"搬"进了县城小区,只有在春节期间全村才会聚集在一起,参加祭祀,开展各种娱乐活动和走亲访友。

新生代农民工对土地流转的态度基本持赞成态度,问卷中占 92.4%,除非无人愿意耕种土地,无法流转。访谈显示,山区土地流转并不容易,因为粮食产量低,交通不便,只有农业公司去开发才可以实现流转。但是,要是永久流转出土地,即有条件放弃农村土地承包权,则持反对态度的占 98.9%,在访谈对象中只有一例表示可以有条件永久放弃土地承包权。值得注意的是,78.2%的新生代农民工却赞成以征地形式实现永久转让土地承包权,这主要是因为现在征地拆迁补偿多,"拆迁暴发户"一词就显示了这种既羡慕又嫉妒的心态。因此,宅基地或农村老屋,无论在问卷中,还是访谈中,都没有人愿意私下买卖,而是表示留在那里,以期待征地拆迁获益。在交通便利的地方,宅基地价格更高,自己还可以建楼房;交通不便利的地方,价格相对便宜,卖与不卖对新生代农民工的收入影响不大,他们自然就会让宅基地放在那里。

二、在杭州大型新生代农民工聚居区的调查

如果说在县城小区调查对象是购买了住房的新生代农民工,那么在杭州白杨社区的调查对象是已经购买、有意愿购买和不愿意购买的新生代农民工,调查对象更为广泛。发放问卷 300 份,有效问卷 97.7%,210 人为男性,83 人为女性,已婚占 40.9%,未婚占 58%。调查对象月收入在 3001—4000 元的占 35.7%,4000 元以上的占 46.2%,也就是说,大多数新生代农民工收入不算低。月支出 1001—2000 元的占 29.3%,2001 元以上的占 29.2%,500—1000 元的占 15%,有更低消费的主要原因是单位包吃住。与中部县城的房价 3000—4000 元每平方米相比,新生代农民工月收入和月支出抵消后,所剩积蓄还是比较多的,如果是夫妻都有收入存款会更多,再加上家庭支持或贷款,确实可以承担县城房价,有经济实力买房。如果考虑人们买房后会在消费方面稍微节俭,那买房就不存在什么大问题。问卷结果印证了这种推理。有人回答凭自己的收入和家庭支持可以在中部地区县城买房的占 56%,已经购房的占 16.2%,有意愿回县城购房的占 40.8%,其他的则希望在农村建楼房,或在其他城市购房,以及还没有想过买房的事情。

在访谈中,女性新生代农民工表示,结婚前男方最好在县城有房,没有也要买。大多数表示决定结婚后也愿意出资共同购房。

在县城购房但没有迁户口的占 63.2%,成人户口迁到县城的为 0.6%,只把小孩户口迁移到县城的占 3%。这和实地调查状况基本一致,说明在县城一级行政区域户口不如大城市的含金量,户口基本没有优势。相反,不迁移户口的新生代农民工还可以保留农村的土地权利。在中部地区,县城购房后仍在外打工的新生代农民工比例仍然很高,回到县里就业或农村创业只占此次问卷的 7.3%。日常生活中,在县城与打工城市两头跑的占 30%,在农村、县

城和打工城市三边跑的占9%,剩下的基本是一年回去一次。很多人对"买房后生活状态是在农村、县城和打工城市之间是两头跑还是三边跑"问题不是非常清楚,因为他们回家频率极低,寒假和暑假都是小孩到他们打工的城市相聚,与第一代农民工子女的留守情况不一样。

在农村土地流转的情况是,没有流转承包地的占4%,给亲戚无偿耕种的占23.4%,由父母耕种的占12%,流转出去的占6%,回答"其他"的是家里土地被征用已经没有土地的新生代农民工。宅基地已经转让给他人的只占2%,87.9%的人表示自己留着,4%的人表示有机会就会卖,其他的人还没有想好或不清楚。这和在县城调查数据有点偏差,县城回答愿意的更少。但总体相差不大,大多持保留宅基地的态度。其原因可能是已经购房的新生代农民工基本稳定下来了,买房的支出已经支付了,而且农村收益不是主要收入,且占的比重非常小,比较利益小,土地收益无足轻重,因而宁愿留着。另外,还有可能是绝大多数新生代农民工的父母想老了以后回农村,对土地的处置权也掌握在父母手中,未婚的新生代农民工确实不好回答。在回答"县城买房后是否希望回家工作或创业"时,35%的人选择愿意,明确表示不愿意的占8%,表示家乡没有合适的岗位或创业条件的占9%。可见,有意愿回乡的人并不太多,也许这些人不回去会促进中部地区农业的规模化。不过,不愿意回去或维持现状的多,他们城市融入的意愿又对国家相关政策方面提出了创新的要求。

三、在中部地区、欠发达地区和发达地区农村的调查

通过对中部地区村庄的调查,基本也可以说明各地新生代农民工县城购房已成趋势。现在农村家庭是一个男孩、一个女孩的占比非常高,基本可以说1户就是一位新生代农民工家庭(包括其父母),以户为单位是遵从农村的用法习惯,也说明购房在农村是整个家庭的事情。江西广丰大南镇某村17户中有8户在县城买房了,主要是因为农村居住不方便;赣州宁都县某村有3户在县城买房,主要是为了小孩上学;南昌县某村有21户买房,主要是为了男孩结婚;余干县杨埠乡塔层村2%的新生代农民工在县城买房,主要是为了小孩上

学。山西长子县某村有 1 户在县城买房;芮城县古魏镇某村 10% 的新生代农民工在城市买房。安徽宿州某村有 8 户在县城买房,主要是为了小孩上学;安庆某村有 2 户在县城买房,也是为了小孩读书;寿县炎刘镇上岗村桥头队有 10 户在省城买房了,主要为了更好地发展和小孩上学方便。湖北省长阳县某村有 1 户在县城购房;武穴莲花村,全村 40—50 户,有 5—6 户在县城买房;天门市横林镇高台村,全村 61 户有 2 户在城市购房,主要是为了小孩读书,其中还有一户业主回县城工作了。另外,湖北省荆州市监利县周老嘴梦桥村无人买房,都在自己家盖房。河南周口郸城县汲水乡某村有 17 户为了小孩上学买房;闽泉县某村 70% 是为了结婚和小孩上学而买房;巩义市石扳沟村有 10 户在县城买房,也是为了小孩读书和改善居住条件;平顶山鲁山县五庙某村有 3 户在县城购房;南阳方城县桃园村全村 100 多户,8 户在县城买房,村上还有 1 户在地级城市南阳市买房;商丘某村大概 50% 的新生代农民工在县城买房,附近村庄也差不多,因为离商丘近也有 2 人在商丘买房;虞城县利民镇南关村和利民镇很多村庄的新生代农民工在县城买房。还有一种新情况,就是女孩找了外地男朋友后,女孩常常也会选择在自己家乡县城买房,只是比例低。一位河南女孩在杭州打工时认识了甘肃西河县西河村的男朋友,结婚后她说服丈夫在其家乡河南的县城买房;河南平顶山某村约 20% 的新生代农民工在县城买房,有的是为了做生意,有的是为了小孩上学。近几年,河南安阳市龙安区龙泉镇东平村,因城区规模不断扩大农民工在县城买房的非常多,有的村庄比例高达 60%;许昌市长葛市(县级市)也有很多新生代农民工在县城买房,基本上是为了小孩读书。湖南省湘西土家族苗族自治州吉首市保靖县阳朝乡猛科村有 60 多户,有 20 多个新生代农民工在县城买了房,原因依次为孩子读书、结婚和打工赚钱后改善居住环境;醴陵市房价近几年平均在 3400 元每平方米,某村新生代农民工买房比例占 10%,并且已经出现返乡创业的新生代农民工因创业成功而在城里买房的案例;娄底某村近四年每年有 1—2 人在县城购房,也表明新生代农民工县城购房比例在增加。

我们通过简单随机抽样的方法对发达地区农村也进行了调查,基本上也显示是相同机制。浙江淳安县瑶山乡幸福村有 6 户在县城买房,他们在村庄也有房子,主要是方便小孩上学和在县城上班;海盐县庄家村有 7 户因结婚和小孩上学在县城买房;湖州某村有 25 户为结婚在县城买房;衢州龙游县沐尘畲族乡庆丰村,有 20% 的人在县城买房,主要是为了结婚;温州市永嘉县某村,有 3 户人家在县城买房;苍南县江苏村村民绝大多数在县城买房且在村庄有房,主要原因是要在县城经商;丽水缙云县某村有 2 户为小孩读书在县城买房,而且在农村也盖了楼房;青田县船寮镇高市乡里村,有 5 户在县城买房,主要是往外移民及为了结婚。福建福州闽清梅溪扶山村 4% 的新生代农民工在县城买房,主要是村庄太偏僻了,很多人富裕后就选择在县城购房;莆田市仙游县某村有 15% 的人在县城购房,有些没有土地的就直接在县城买房,因为村庄条件不好而选择在县城买房;武夷山桐木村基本在县城及以上城市买房了。江苏盐城阜宁县吴滩镇,某村有 7 户在县城买房,因为城镇发展快,他们打算在经济条件变得更好后在农村盖房。特别注意的是,这些发达地区不全是新生代农民工,有的是经商者,有的是小老板,这里主要是为了对比,旨在说明,农村居民在县城购房的人确实非常多,比例在逐年增加,与中部地区农村新生代农民工在县城购房有相似之处。

　　课题组组织了另外一些欠发达地区农村学生对自己所在村庄进行调查。广西贵港龙山太平村有 24 个新生代农民工为结婚在县城买房。陕西咸阳市乾县注泔镇东注泔村,有 9 个新生代农民工在县城买房;榆林某村有 2 个新生代农民工买房,主要是为结婚和更好的发展。贵州安顺普定县石板村有 3 个新生代农民工为小孩上学买房。四川泸州护国镇乾隆村有 11 个新生代农民工为结婚而在县城买房。欠发达地区在外地打工的非常多,和中部地区相似度更高。可见,在全国其他非发达地区新生代农民工买房也逐渐增多,买房主要是为了小孩上学、结婚、改善居住条件以及为了更好的发展等。

　　对发达地区和欠发达地区的调查也显示,家中有土地的会流转或让亲属耕种,有少数地方特别是山区的土地因为无人耕种没办法流转,还有少数人不愿意流转而让土地荒芜的。差别主要表现在,土地流转费不同,买房比例不同。发达地区在县城买房的农村居民不一定是打工者,更多的是经商者和小老板,而欠发达地区更多的是打工者。因为对以上地区没有经过严格科学的抽样调查,不一定有代表性,所以只能证明和中部地区基本相同,只有比例上的差别,到底差多少,则本课题无法用精确的数字表示。可以肯定的是,西部地区县城也是新生代农民工购房的重要选择地,西部地区应该走以县城为主的城市化道路。

第三节　中部地区新生代农民工返乡置业的特征

一、返乡置业是新生代农民工融入城市的重要途径

新生代农民工城市融入的重要途径是家乡的县城。首先,经济上可以承受,中部地区县城房价不高,大多数家庭不需要节衣缩食就可以支付房款,即使生活节俭也只是暂时的。其次,返乡置业既可以实现变成城市居民的愿望,成本又相对较低。县城购房可以解决子女就学、改善住房条件等问题,权利接转方便甚至不存在权利接转问题,而大城市则在权利接转方面存在困难。最后,因为是家乡,所以不存在文化融入问题,不会受到歧视,而且因为在县城购房居住变成了当地的中上层人群,实现了社会地位的向上流动,由此带来的满意度较高。课题组在乡镇、地级市和省城、沿海打工城市的调查虽然是简单随机调查,不一定有代表性,但从在县城购房的比例上可以对新生代农民工城市融入方向作大致描述。即新生代农民工购房的次序或融入城市的次序是:县城、家乡地级市、家乡乡镇、省城、打工沿海城市。

家乡地级市房价比县城高1000—2000元每平方米,迁移成本也较大,只有那些家庭和个人收入高以及在地级市经商的新生代农民工,还有在外地工作的农村大学生,才会选择在地级市购房定居。也有的村庄离县城比离地级市远,这些村庄的新生代农民工才会选择地级市郊区购房。中部地级市城市一般是向三个方向或四个方向扩张,每个方向周边小区居住的业主以附近县行政事业单位人员和新生代农民工家庭为主。近几年拆迁增多,很多农村居民成了地级市购房的主要人群。中部地区省城房价又比地级市高很多,都已经涨到了2万元每平方米或更高,除收入高者,一般的打工阶层买房相对困

难,新生代农民工在省城买房的比例就更小。比如,湖北省武汉市东湖高新开发区花山新城小区,小区总人数大概是 15000 人,新生代农民工业主大约只有 800 人,比例非常低。不过,课题组调查也发现,在北上广等地工作的中部地区农村大学毕业生,回家乡省城买房的人较多,结婚是买房定居的转折点,有小孩后则由夫妇一方或父母在省城带小孩上学,还有的买房后可能回省城工作。这种情况在高昌红谷滩小区更为明显。

因为中部地区大多数集镇没有产业支撑,发展速度不快,无论基础设施还是优质学校都难以和县城媲美,除在集镇做生意的人外,基本不在集镇购房或购地建房,即使是在乡镇做生意的人也会把小孩送到县城读书。因此,课题组调查发现,中部地区乡镇中小学学源都在大量减少,比如,江西丰城市(县级市)某乡镇小学从 2010 年学生 310 人,到 2016 年 9 月开学时只有 63 人,有的小学早几年就改成了幼儿园,大多数小学原来有五年级,现在只有一二年级,已经没有三、四、五年级了,三年级以上就要去县城上学。某中学 2010 年有 1000 多名学生,每个年级 300 多人,现在全校在校生不到 500 人。相反,丰城市在新城区建了大量大型小学,比如,孺子学校学生 3000 多人,每年人数还在增加。丰城市政府还准备在新城区再建一个新的小学,以满足新入住居民子女入学需求,现在新建的小学设施非常好,且定位是优质学校。在新城区的丰城中学更是集中了全市最优秀的高中老师,最优良的学生,学生规模不断扩大。在优质学校吸引下,周边房价不断攀升,很多新生代农民工都会在这些学校附近购房。这种情况在河南、湖南等地基本一样。因此,当地农村居民选择在乡镇购房就没有实际价值,据课题组成员调查,中部地区农民和农民工在乡镇购地建房的高潮发生在 20 世纪 90 年代中期,现在则是县城。

在外省市打工地买房的新生代农民工最少。课题组调查的情况显示,只有少数打工后经商做老板的人,或父母经商成功等,收入高和家庭富裕的新生代农民工才会选择在打工的沿海城市买房定居。

这种购房趋势也与我国城市化速度一致。中部各县城市化率每年提高 1—2 个百分点,有些农村人口锐减,空心村、空心屋和山区无人村等,显示了城市的虹吸效应。

二、返乡置业的新生代农民工在农村分布不均衡

通过对中部地区 100 个村庄的调查,本课题组发现,每个村庄在县城买房的新生代农民工人数不相同,与村庄所在的地理位置高度相关。离城市越近,买房者越少,主要原因是离城近交通便利,城市新建的学校在城区,不需要为小孩上学买房,选择在村里建楼房占地面积大,房间宽敞,还有院子,上学、就医等非常方便,而且人们还预期城市扩张征地拆迁的高额补偿,属于理性选择。离县城越远,则买房的越多,有的山村整个村都"搬"进了县城,只有老人不愿意离开长年生活的村庄才留下来,移民建镇和扶贫搬迁中也有人不愿意迁到异地,会选择在县城买房,或既在异地建房,又在县城买房。实际上,经济条件好的新生代农民工,在政府搬迁之前就已经在县城购房,而主动下山了。这样不管是小孩上学,还是改善住房条件等诉求都得到了解决。总之,山区村庄的新生代农民工在县城购房的效用比离县城近的更大。

另外,还有一些山区地级市因为旅游增加就业人数,村庄离地市和县城差不多距离,出现了比较多的新生代农民工跨越城市级别购房情况。这些地方在中部地区不多,以山区且旅游发展较好的地市为主。比如,湖北的恩施,江西赣州和湖南的少数民族聚居区等。恩施华龙集团在下属 8 个县都有房地产,大多针对中低收入阶层,卖得便宜。在恩施莲湖花园小区第二期,80% 是新生代农民工购买的。他们县城在恩施市的哪个方向,就会选择恩施的哪个城区购买住房,这样回家也方便,就形成了各县城农民工在恩施购房的不同区位分布。恩施市属山区,村组分布散,离县城都较远,有的离市区比县城还要近,这样使得恩施农民工购房与其他地方有所不同,有经济实力的大多会选择在恩施市区购房,比例与其他非山区的县不同,恩施市有极个别小区新生代农民工业主占了近 90%。只有经济条件不太好的家庭,才会考虑在县城买房。县城新小区新生代农民工购房比例也近 70%,不过县城城市发展水平并不如其他非山区的中部地区县城高。恩施康家小组共 200 人,40 多户,有 7 户(共40 多人)在恩施市购房,有的已经有了两套房。笔者调查的一个在恩施市卖瓜的新生代农民工,16 岁就外出打工,先在温州,然后回恩施卖蛋糕,挣钱后

回去创业,在家乡办酒厂,酒糟养猪,后来亏了。然后去山西挖煤,并承包了挖煤的一个地段,挣了钱回恩施卖水果,创业成功,现在共有三辆车卖水果,不同季节卖不同水果。父母有60多岁,各自用一辆车卖,他自己用一辆车卖,现在还有个水果店,收入不错。1997年在恩施买房,2015年在恩施买了第2套房。主要原因是,这些年来恩施旅游业发展较好,带动了当地农民工返乡就业。大多在卖菜、摆摊、宾馆打工和开摩的,收入不错,恩施房价不高,比如华龙集团开发的房地产3000多元每平方米,有的4000多元每平方米,农民工灵活就业,收入可以支付购房款或房贷,买房的主要目的是为了孩子教育。他们进城主要是为了生活而打拼,城市挣钱机会多,财富积累有利于年轻一代的成长。

三、新生代农民工二套房现象普遍

从调查来看,绝大多数新生代农民工要么以前在村庄上建了楼房,后来再在县城购房;要么先在县城购房后,再回村庄建房或拆旧房建新房。主要原因是他们的父代及祖代还生活在农村,需要改善居住条件,而且自己春节等也要回到村庄。更重要的是,通过拆旧建新(房)可占到土地,那也是一笔财富,特别是近年来农村危房改造,将旧的房屋拆了建新房,每栋有2万元左右的补贴,激发了农村居民的建房热情。现阶段,新生代农民工家庭结构和代际结构决定他们的土地和宅基地不会永久流转,或放弃土地承包权、农村集体成员权和宅基地。新生代农民工在家建房是为了父母和爷爷奶奶居住,兄弟姐妹都在外面,基本不回家,也不会回农村住。实际上,新生代农民工老了基本也不会回去,只会将农村的家当作休闲的地方。因此,二三十年后,中国农村没有留恋农村的老人了,年轻人基本就在外面工作生活,农村的人自然就会减少,才会真正成为城市居民休闲的地方,农业的规模化才能真正形成。"70后"的后代,特别是"80后"的子代在城市长大,对农村已经很陌生,即使他的父母在农村建了房也不会回去。当然,父母在农村,自己也在农村生活的除外。

不过,这种情况会对土地规模化、农业现代化有阻碍。如果现在就要他们转让农村土地权益,还需要除土地三权分置以外的制度创新。

四、发达地区城市的排斥与家乡政策的吸引

长期以来,在沿海发达地区,新生代农民工在文化上受歧视。王春光的研究就指出了社会偏见会影响农民工与本地居民的社会交往,使他们产生边缘化感觉和意识。[1] 在受歧视的情形下,新生代农民工对打工城市的认同感就会降低,相反,在县城购房新生代农民工不会受歧视,反而是社会地位上升的标志,产生的心理效应完全不同。城市的居民中,不但地位低的阶层感觉农民工抢了就业机会而歧视他们,而且社会地位高的市民也会在心理上排斥他们,拒绝他们迁入城市。[2] 另外,新生代农民工在制度上受排斥。首先是用人制度上的排斥。新生代农民工在城市很难进入某些行业,有人研究发现,农民工感受到的经济排斥感比心理排斥感还要更强。[3] 其次是住房制度上的排斥。发达地区很多城市放开了廉租房的申请条件,不过门槛仍然较高。比如,上海的居住证在职业和住房方面就把非技术工种和低收入的农民工挡在门外,《上海市居住房屋租赁管理实施办法》相关条款的规定十分苛刻。[4] 与在城市受到歧视相比,新生代农民工在家乡不但不会感受到歧视,还会感受到家乡情结和留恋家乡的情怀,因而,对家乡具有非常高的认同感。另外,新生代农民工的社会关系也在农村,他们很多人曾经是留守儿童,把他们带大的爷爷奶奶还住在村庄。因此,家乡情结、家庭温情和责任都会促使新生代农民工返乡置业。

另外,家乡政策的吸引促进了新生代农民工返乡置业。我国中部地区为了经济增长和城市化,为新生代农民工返乡置业提供了优厚的条件。2009 年左右,中部地区很多城市给予返乡购房者在社会保障、户口、小孩入学等方面

---

① 王春光:《新生代农村流动人口的社会认同与城乡融合的关系》,《社会学研究》2001 年第 3 期,第 63 页。

② 王嘉顺:《区域差异背景下的城市居民对外来人口迁入的态度研究:基于 2005 年全国综合社会调查数据》,《社会》2010 年第 6 期,第 172 页。

③ 陈黎:《外来工社会排斥感探析:基于社会网络的视角》,《社会》2010 年第 4 期,第 172 页。

④ 赵晔琴:《"居住权"与市民待遇:城市改造中的"第四方群体"》,《社会学研究》2008 年第 2 期,第 125 页。

与城市居民同等的权利。为了促进经济发展,鼓励新生代农民工返乡创业或就业,每到春节期间各城区都会打"欢迎农民工返乡置业"的横幅。比如,某政府在 2009 年就出台了《关于促进房地产市场健康稳定发展的暂行办法》,优惠措施包括降低首套购房契税和首付,免征住房买卖的印花税,减收交易税等。而且对购买商品房、二手房以及租赁商业用房办理了备案登记手续的,可以申请办理夫妇及其直系亲属的城市户口。也就是说,购房不但可以落户,而且在医疗、教育、社保、养老保险等各方面享受与城市居民同等的待遇。① 可以说,这些措施保证了新生代农民工返乡置业完全融入城市。

近年来的住房去库存政策进一步鼓励了新生代农民工在县城买房。2015年年底,中央经济工作会议报告提出要扩大农民工购房需求。四川、山东和江西等多个省份宣布将对农民工购房提供财政补贴,具体包括:财政直接按购房面积补贴现金、减征所缴房屋契税和鼓励银行放贷等。② 2016 年,上海、重庆、江苏、浙江、山东、安徽、海南、山西等 28 个省区市制定了楼市去库存政策,采取了减免税费、降低首付比例、调低房贷利率、放宽公积金等政策。③ 很多县(市)也制定了具体的实施意见,比如,《芜湖市政府关于促进经济持续健康发展较快发展的实施意见》明确鼓励农民工在县城买房,对农民工进行购房补贴。再如,河南已有九个地市出台了适合本地实际的农民购房补贴政策,河南省地方经济社会调查队的一组调查数据显示,有八成农民愿意落户,其中一半想留在县(市)。河南在 2015 年 11 月份发布《关于促进农民进城购房扩大住房消费的指导意见》,鼓励有条件的县(市、区)政府对农民和外来人员进城购买首套商品住房,给予一定比例的购房补贴,调查数据显示,愿意进城落户农民,有 90%选择在乡(镇)或县(市)落户,农民在向城镇化的转移中,愿意在县(市)落户的最多,占 49.8%。其次是愿意在乡(镇)落户,占 39.7%。只

---

① 郭淑芬、吴卫民:《购房成本大幅下降　上饶楼市新政惠民力度空前》,《上饶日报》2009年 5 月 26 日。

② 黎慧玲:《多地提出财政补贴农民工买房》,财新网,2016 年 1 月 28 日,http://finance.qq.com/a/20160128/049527.htm。

③ 马榕:《20 余省鼓励农民买房去库存　山西支持开发商降价》,中新网,2016 年 7 月 8日,http://news.xinhuanet.com/politics/2016-07-08/c_129126849.htm。

有 10.4% 的人愿意到大城市落户。① 另外,国家统计局公布的《2016 年农民工监测调查报告》中也显示,进城农民工的购房比例提高,租房居住的农民工占62.4%,比 2015 年下降 2.4 个百分点,购房的农民工占 17.8%,比 2015 年提高0.5 个百分点,其中购买商品房的农民工占 16.5%,比上年提高 0.8 个百分点。购买保障性住房和租赁公租房的农民工不足 3%。可见,新生代农民工购房是县域城市化的重要推动力,也显示本研究的调查与其他的相关报道和调查基本吻合,虽然数据有差异,但总体呈现了新生代农民工购房的趋势与特点。

最后,乡村旅游促进了农民工回流,但据课题组调查,回村庄居住的农民工主要是第一代农民工,新生代农民工不多,因为乡村旅游的地方一般是自然环境好,但地理位置较偏僻,偶尔住几天感觉惬意,但长期居住则生活乏味,对新生代农民工难以起到吸引作用。少数新生代农民工回乡从事现代农业的现象已经出现,预示着中国农业换班时代的到来。如果以前没买房,他们回乡从事现代农业创业成功后,基本都会在县城买房。

五、返乡置业受多种因素共同作用

愿意回农村的新生代农民工非常少。不愿意放弃农村利益,并不等于他们愿意回农村生活。无论是问卷还是访谈都显示,新生代农民工回农村就业或创业的人并不多,占比较小。大部分选择留在城市。现实选择是留在家乡县城,既照顾到了家庭,也兼顾了农村利益,只是就业机会少是最大的约束。在大城市或打工的沿海城市就业机会多,他们希望留在那里,工作生活都非常理想,但愿望与现实还是存在差距。既有政策上的障碍,也有个人能力和文化上的现实制约。需要指出的是,愿意留在大城市、发达地区城市与不愿意回农村,虽然都是一种意愿,但新生代农民工的选择权不一样,或者说能动性大小完全不同。希望留在大城市或打工沿海城市,新生代农民工选择权小,发挥能动性的空间小,而愿意回农村则不同,选择权掌握在新生代农民工手中。他们

---

① 邓飞、吴军:《调查称河南八成农民愿进城落户 九市出台购房补贴政策》,《河南商报》2015 年 12 月 29 日。

不愿意回去就真的可以不回去。虽然有学者认为,在城市生存不下去可以返回农村,但农村收入很低,生活单调,长期生活在城市且每月拿着3000—4000元工资的人,回农村去种自己的承包地,每年收入才几千元或一两万元,并不是说他们生活不下去,而是这种心理上的落差对他们的打击特别大,这才是真正难以忍受的。除非掌握了农业技术回乡去从事现代农业,进行规模化经营,收入比在城市打工更高,而他们从事农业和在工厂打工都成为一种职业,甚至在农村创业还成了老板,才可能回农村生活居住。当然,这里的一个前提又是必须有大量新生代农民工从土地上转移出去。

一般而言,一个人居住地的选择是一个根据自身条件进行理性选择的过程,通常会根据自己的经济实力、家庭关系、文化、居住地的接纳程度和宏观制度约束等多方面进行综合判断。同理,影响新生代农民工返乡置业的原因很多,他们选择返乡置业也是个理性选择的过程,在经济、制度和文化原因中,文化因素是非常重要的因素,但在已有的研究中没有得到重视。大多数研究者认为主要是制度和收入制约着新生代农民工融入打工的大城市,所以提出的对策都是大城市或沿海城市如何改善公共住房条件和限制,强调提高社会福利等,使他们融入打工城市,但仅仅从制度和经济方面分析是有缺陷的,忽视了新生代农民工主体选择性和文化的重要影响。从以上本课题的调查结果可知,新生代农民工凭自己的收入或家人支持很难在打工的城市买房,他们的月收入一般在3000—5000元,即使加上亲属的支持,一年的总收入大多也只能在10万元以下,再扣除必要的支出,剩下的也不会是个很大的数字。而发达地区房价都动辄上万元每平方米,而且房价还在不断上涨,能买得起房的新生代农民工凤毛麟角。如果再考虑买房后全家的生活成本,在打工城市恐怕很难生存。可见,经济收入低是影响新生代农民工不能在当地买房的最主要因素。相关研究也显示,新生代农民工在社会保障、福利和劳动条件、进入公有制单位的机会都与城市居民存在巨大差异,这方面的收入差异占收入差距总体的61.2%。[①]城市生活成本的不断增长为社会整合

---

① 田丰:《城市工人与农民工的收入差距研究》,《社会学研究》2010年第2期,第103页。

带来了不利影响。① 即使有的可以在大城市买房也要考虑全家迁入城市的生活成本问题。可见,经济收入低是影响新生代农民工不能在当地买房的最主要因素。本课题组调查显示,中部地区县城的房价一般在 3000—5000 元每平方米,新生代农民工在家人支持下是可以买得起的,即使在短期内生活会比较辛苦,负担会比较重。特别是在文化上,他们对家乡的认同、家乡情结是他们在家乡县城买房的重要原因。

新生代农民工返乡置业主要是实现融入城市的梦想,变成城市居民,无论是从山村搬到城市,还是既在农村建房又在县城购房,都有几个机制在起推动作用。首先,教育吸纳机制。为了小孩上学,新生代农民工选择在县城购买住房。县级政府为了增加财政收入,会在新建城区建设大量的优质学校,以吸引人们购房,还可以抬高房价,这是最重要的一个机制。祖代带孙代在城市上学,暑假和寒假会回家居住,或到新生代农民工工作的地方居住上学再带回。老人在完成任务后会回到农村生活和养老,因为一家人住一起不方便,生活习惯不同,老人也不喜欢城市生活。其次,攀比机制。同村人在很多方面会攀比,特别是平时有矛盾的人,相互之间会斗气,一个人买房了,另一个人不甘示弱,也会买房。最后,模仿和示范机制。同村关系好的人会相约一起在县城的同一小区买房,一个人买房了为了在小区里相互之间有照应,会邀关系好的人在县城买房。有人买房解决了小孩上学问题,生活得还不错,证明在城市可以生活下去,同村人就会争相去买房。现在中部地区女孩找对象有个条件,就是男方必须在县城有房。新闻报道中,甘肃等山区,男孩为了增加婚姻市场上的竞争力,也会在县城买房。

另外,"从夫居"的婚姻文化影响力仍然很大。在未婚的新生代农民工中,男性购房远比女性要多得多,因为男性买房是为了娶妻生子。不过,女性买房人数非常少,因为女性受"从夫居"文化传统的影响,即使买房了,也要求男性在结婚时买房。女性新生代农民工买房主要是因为收入高,投资意识强,买房是为了升值。

---

① 张文宏、雷开春:《城市新移民社会融合的结构、现状与影响因素分析》,《社会学研究》2008 年第 5 期,第 117 页。

第四章　返乡置业形成的家庭"新留守"

　　返乡置业后,新生代农民工家庭形成了在县城的"新留守"现象。"新留守"是新生代农民工形式理性和实质理性的体现,提高了家庭生活水平和小孩教育质量,但也对县城城区公共服务带来了冲击。为提高城市化质量,县城公共服务的配置和社会管理要与城市化速度同步。中部地区县城新城区要增加义务教育学校的数量,以满足新生代农民工子女在县城上学的需要,增加医院数量以满足县城新增加人口对医疗服务的要求。因为"新留守"使得农村学校学生人数减少,撤点并校后要强化农村地区校车服务。

　　近十年以来,中部地区的新生代农民工在家乡的地级市,主要是在县城购买商品房,用于居住、小孩上学和投资等。当地称这种现象为"返乡置业"。新生代农民工返乡置业因应了中部地区各城市的扩张,在推动了城市化进程的同时,也带来了不少问题。"新留守"就是新生代农民工返乡置业后产生的一个新现象。大多数新生代农民工很难在打工的发达地区城市买得起房,但有能力在家乡的地级市和县城购房,因此,家庭的居住空间由农村变为了城市。他们仍然在发达地区城市打工,小孩由祖辈(爷爷奶奶、外公外婆)或母亲带着在城市居住,小孩在城市接受幼儿园和义务教育。这种新生代农民工家庭由农村留守变成为城市留守,形成所谓"新留守"现象。新留守比农村留守优点更多,但也引发了城乡管理问题,如果这些问题得到良好解决,不但可以顺利实现人的城市化,也有利于农村土地规模经营。本书希望通过研究新生代农民工家庭的"新留守"现象,提示学界和社会舆论要关注新老农民工交替后留守问题发生的新变化,从而找到相应对策,提升我国城市化质量,促进我国城乡一体化。

本书资料来源于近三年笔者在中部地区的长期调查,为了对比,在 2014 年春节期间笔者还在福建的宁德等地进行了调研。笔者发现发达省份相对落后的地区也与中部调查相同,说明本研究现象就有一定的代表性,研究结论具有一定的价值。

第一节　问题的提出:被忽视的"新留守"现象

对农民工如何处理家庭问题,学界主要关注两方面:一是家庭农村留守;二是家庭化迁移,主要是核心家庭进入城市。家庭农村留守主要有两种形式:一是由祖辈带着孙辈在农村形成隔代家庭式留守;二是由妻子带着子女在农村留守,形成留守妇女单亲式家庭留守。当然,农民工家庭化迁移也可能会带来留守老人问题。

学界关于农村留守问题的研究主要集中于留守老人、留守妇女和留守小孩问题。留守老人生活来源基本是外出子女和自己的劳动收入,但养老保障水平低,子女供养经济水平也很低,生活条件难以得到明显改善。[1] 留守老人基本是独居或带着孙辈共同居住,既要照顾自己,又要抚养孙辈,生活压力大。而农民工外出后即使回到村上,也难以适应农村生活,代沟增大,与留守老人分居的可能性增加。[2] 与农村留守老人类似,农村留守妇女存在着经济上、生活上和心理上等多方面的困境。她们承担着农村劳动力的工作,是社会弱势群体,留守妇女对社会有较大影响,要给予社会支持。[3] 要发挥社会工作的优势,加强农村妇联和社会组织的作用。[4] 不过,也有学者认为,当前留守妇女

---

① 叶敬忠、贺聪志:《农村劳动力外出务工对留守老人经济供养的影响研究》,《人口研究》2009 年第 4 期,第 44—53 页。

② 贺聪志、叶敬忠:《农村留守老人研究综述》,《中国农业大学学报(社会科学版)》2009 年第 2 期,第 24—34 页。

③ 许传新:《农村留守妇女研究:回顾与前瞻》,《人口与发展》2009 年第 6 期,第 54—61 页。

④ 陈琦、何静:《农村留守妇女社会支持研究综述——兼论社会工作的介入策略》,《妇女研究论丛》2015 年第 2 期,第 106—112 页。

问题的研究存在概念模糊、理论深度不够等问题,缺乏对她们的多元关注,忽视了与之相关的利益群体的分析。[1] 留守儿童问题也非常多,从结构和制度上来说,留守儿童都处于非常不利的地位,面临很多的问题。[2]

为了解决留守问题,农民工家庭自身也会作出调适,他们可能会返乡,农民工返乡意愿主要由探亲和照顾家庭等社会因素决定,经济因素对返乡意愿影响非常小。[3] 留守人口的年龄、教育水平、购房情况等因素使留守家庭成员期待外出农民工回流,感情需要和家庭团圆观念是留守家庭期望外出农民工回流的最重要因素。[4] 有学者主张,要解决留守问题,政府应以基本公共服务均等化方式解决留守家庭和留守群体,即留守儿童、留守老人和留守妇女问题。[5] 也有研究者认为,单个农民工外出引发的留守问题较严重,可以采取措施促进他们在"家门口就业",建立亲情"GDP"解决留守问题。[6] 还有学者指出,农村留守家庭结构类型和地域特征都存在差异,西部留守家庭比例高,留守群体数量大,因此,要制定针对性政策,解决西部地区留守家庭问题。[7]

为了解决与家庭成员的分离问题,农民工也会采用家庭化迁移方式。有学者研究发现,农民工家庭迁移人数众多,迁移模式以夫妻带子女方式为主,迁移时间间隔也在缩短。[8] 农民工家庭整体迁移或外出家庭化的一个重要原

---

[1]　吴惠芳、饶静:《农村留守妇女研究综述》,《中国农业大学学报(社会科学版)》2009年第2期,第18—23页。

[2]　谭深:《中国农村留守儿童研究述评》,《中国社会科学》2011年第1期,第138—150页。

[3]　梁海艳:《流动人口的返乡与外出意愿研究——基于安徽、四川、河南、湖南、江西、贵州六省数据的分析》,《南方人口》2015年第1期,第58—69页。

[4]　孙健、田明:《留守家庭对外出劳动力的回流期望研究》,《北京师范大学学报(社会科学版)》2014年第6期,第135—144页。

[5]　唐钧:《农村"留守家庭"与基本公共服务均等化》,《长白学刊》2008年第2期,第96—103页。

[6]　夏小辉、张贝:《农村留守家庭与就近就业的经济布局》,《农村经济》2006年第8期,第92—94页。

[7]　曹广忠、边雪、赵金华:《农村留守家庭的结构特征与区域差异——基于7省30县抽样调查数据的分析》,《人口与发展》2013年第4期,第2—10页。

[8]　朱明芬:《农民工家庭人口迁移模式及影响因素分析》,《中国农村经济》2009年第2期,第67—77页。

因是其子女在城市中受的教育要优于留守家庭的子女。[①] 要制定合理的政策将流动儿童和留守儿童问题结合起来解决，以适应我国农民工流动的家庭化趋势。[②] 有研究者通过产业结构和就业结构的比较认为，农民工家庭中其他人口并未转移入城市，公共服务制度和农村财产制度制约了他们的转移，要改变现在的制度约束。[③] 有研究者通过对江苏和广东的农民工调查，认为家庭迁移的农民工已经退出农业生产，大多具有永久迁移倾向，目前的最大问题是缺乏制度支持。家庭式迁移有利于农村土地流转，也造成了农村房屋的闲置。政府要建立相关制度降低农民工家庭迁移的风险，使之遇到风险不再依赖农村，这不但可以促进农民工家庭的市民化，也可以实现土地的长期流转。[④] 有研究者通过调查认为，年青一代农民工不再从事农业生产，不会再回到农村，为了适应这种状态，农民工家庭结构发生了变迁，其功能也为农民工家庭适应城市做好了调节，最终可能会为年青一代的农民工融入城市发挥积极作用。[⑤] 因此，农民工家庭化方式流入城市，符合社会发展方向，与我国经济社会结构变迁相一致。[⑥]

关注留守儿童和流动儿童问题的研究，大多从应然出发，认为农民工（包括第一代和新生代农民工）子女应该在城市入学，享受公平教育，但儿童问题本质上是农民工问题，他们能否在城市有稳定的工作和住房是前提。农民工留城意愿与留城能力也是两个问题。对农村留守老人问题，也有很多动态的研究。比如，有学者研究了老人随子女在城市生活的问题，但相关的研究不但

---

① 许传新：《家庭教育："流动家庭"与"留守家庭"的比较分析》，《中国青年研究》2012年第5期，第59—62页。

② 段成荣：《我国流动和留守儿童的几个基本问题》，《中国农业大学学报（社会科学版）》2015年第1期，第46—50页。

③ 林燕、张忠根：《农民工的两部门生存：劳动力转移与家庭留守悖论的制度考察》，《理论学刊》2011年第2期，第58—61页。

④ 商春荣、王曾惠：《农民工家庭式迁移的特征及其效应》，《南方农村》2014年第1期，第55—60页。

⑤ 汪远忠：《农民工留守家庭的结构变迁及其功能分析——以河北赵村为对象》，《学习与实践》2013年第3期，第108—114页。

⑥ 王培刚、庞荣：《都市农民工家庭化流动的社会效应及其对策初探》，《湖北社会科学》2003年第6期，第67—68页。

比较少,而且没有更深入的讨论,更不用说"新留守"现象了。对农村留守妇女问题的研究也是如此,关注到了他们在农村生活的清苦,没有动态地反映随着家庭收入增加,在县城买房后的生活提高的状态。因此,新生代农民工家庭大多已经不再是农村留守了,而是转移到家乡县城的"新留守"。然而,这方面的研究却非常缺乏。

据《中国流动人口发展报告 2012》显示,2011 年,我国流动人口总量占全国总人口的 17%,平均年龄在 28 岁左右,"80 后"新生代农民工占总数的一半以上,成为农民工主体,他们返乡务农的可能性非常小。① 他们中的大多数已经结婚生子,那么,他们家庭是留守农村,还是家庭化迁移,还是另有其他形式呢? 据笔者调查,农民工从老一代过渡到新生代后,在新生代农民工占主体的情况下,留守问题发生了变化。主要原因是新生代农民工不再像老一代农民工一样在村庄建房,经过一代人的积累,虽然还无法在打工的发达城市购房,但通过代际支持,他们有经济实力在家乡的县城(少数在地级市)购房居住,从而满足城市生活需求,和让子女接受更好教育的意愿。目前,新生代农民工家庭化迁移还只是少数人,大约占调查总数的 12%,而农村留守的只占了40%,在县城留守的占总数的 42%左右,在地级市等其他地方留守的占 6%左右。新生代农民工所在的村庄离城市越远,到县城买房的比例越高,有的村庄达到 90%。湖南永兴县有的村庄就是这种情况。在中部地区县城新开发的商品房小区,有的小区新生代农民工业主占 95%以上,大多在 70%—80%。新生代农民工仍然在发达地区打工,其隔代家庭留守或单亲式家庭留守由农村转为了城市,但目前的研究没有关注到以县城留守为主的"新留守"现象。

第二节　形式理性与实质理性:新生代农民工返乡置业形成"新留守"

一直以来,学界和社会舆论主要关注农民工家庭的留守老人、留守妇女和

---

① 《"80 后"新生代农民工成流动人口主体　关注新需求》,《光明日报》2012 年 8 月 7 日。

留守儿童问题,也关注农民工家庭化迁移现象,那大多是第一代农民工的家庭现象。近十年来,中部地区出现了大量新生代农民工在家乡地级市,主要是县城购买商品房居住现象,即返乡置业现象。据笔者调查,总体而言,新生代农民工买房人数比在农村建房的人要少,但比在打工发达地区城市买房的人要多。因此,"新留守"人数比农村留守人数少,比家庭随迁进城到打工城市的人数多,离城越远买房的人越多,县城留守现象越明显。目前,在家乡县城买房的新生代农民工人数还在增加,"新留守"现象会越来越突出,此现象引出的问题值得重视。

一、形式理性与"新留守"现象

韦伯认为形式理性具有可计算性,是关注效率和达到目标的最佳手段,关注可预测性。理论理性是将行动安排进一套价值观中,涉及在一定价值中选择达到目的的手段。[1]

"新留守"是经济上理性计算的结果。新生代农民工家庭城市迁移成本较高,打工收入难以支撑整个家庭在打工城市中体面的生活,在家庭迁移困难又不想回农村的情形下,在家乡县城买房不愧为最好的选择。[2] 新生代农民工收入比老一代农民工更高,但大多数人还不足以支撑打工所在的发达地区的房价,在没有廉租房的情况下,那显然不现实。笔者调查时有访谈对象说,现在各地的有钱人到发达地区的城市买房,推动了房价的上涨,导致低收入群体难以买房。相反,在中部地区,大多数县城和地级市房价并不是很高,在4000元左右每平方米,有的低到3000元左右每平方米。新生代农民工打工收入一般是一个月3000多元,夫妻二人每月有5000多元的收入,再加上父辈支持,在县城或者离村庄更近的地级市买房,问题并不大。所以,他们大多数虽然没有能力在发达地区城市买房,但经过两代人的财富积累,在家乡县城买

---

① [美]乔治·瑞泽尔:《古典社会学理论》,王建民译,世界图书出版公司2014年版,第231页。

② 聂洪辉:《返乡购房:新生代农民工城市融入的调查分析》,《桂海论丛》2014年第4期,第116—112页。

房经济上完全能够承受。

"新留守"也是权利上理性计算的结果。从老一代农民工到新生代农民工,虽然他们的境遇得到很大的改善,但在城市中的权利大多难以得到保证。选举权、社会福利权、就业保障权以及大部分的社会保障权都没有得到充分实现。因为这些权利大多是和户籍或者住房产权捆绑在一起的,而在打工城市中租房,同等权利难以真正实现。有研究者发现,农民工在打工城市租房很多权利无法得到保障,具体体现在社区生活中的身份不平等,生活上的困难导致无法关心社区事务因而对城市没有认同感,不能共享社区免费体检和选举等各项权利。[1] 笔者在调查中发现,新生代农民工在县城买房后,完全实现了以上权利,因为现在中小城市户籍放开,购房就可以迁移户口,不迁移户口也可以通过房屋产权实现以上各项权利。孩子得到了与城市居民同等的良好教育权,家庭成年人实现了社会福利和社会保障权的顺利转移和选举权的充分实现。可以说,基本实现了居民身份的转变。

二、实质理性与"新留守"现象

新"留守"产生的原因,除形式理性之外,还有新生代农民工实质理性,促使了"新留守"现象的形成。

生活水平提高的价值追求。提高生活水平不仅是物质追求,更重要的是一种生活满足感,体现的是成功感。经过第一代农民工经济的积累,新生代农民工家庭由生存型变成了发展型,大多数老一代农民工也不需要再如此辛苦,因此,等儿女结婚以后,生活压力变小,为了后代更好的生活条件,他们也愿意支持子代在县城生活,为了带孙辈,使孙辈受更好的教育,希望享受城市生活的便利,也会在县城留守。新生代农民工中的妻子也是出于同样的考虑。新生代农民工为改善住房条件,有的人所在村庄在深山里也确实不适合居住,等等,都体现着物质上的变化,更体现为一种价值追求,也是成功的外在标志。

---

① 陈光裕、徐琴:《租、住区隔:城市中的二元社区及其生成——以产权为视角的个案研究》,《学海》2014 年第 6 期,第 75 页。

社会阶层提高的价值需求。新生代农民工在县城买房体现了阶层地位的提高。更为重要的是,他们为了儿女接受更好的教育提升后一代阶层地位。新生代农民工自己可能当年不愿意读书,但打工后认识到了读书和良好教育的重要性,就会期待下一代享受更好的教育,提高社会阶层地位,改变打工的命运。即很多新生代农民工在县城买房主要是为了子女受更高水平的教育,试图改变下一代阶层的地位。

荣归故里的归属需求。据中国人的习俗或价值标准,在外有出息了,会有光宗耀祖和荣归故里的需要。在外面的成功会在故乡兑现为县城购房,因此,由农村到县城购房居住和生活是一件非常有面子的事情。现在,中部很多地区女方的结婚条件之一是必须要在县城有一套房子,在外打工多年,要是谁做不到这点也常常被人看不起。

延续社会网络的情感需要。根据马斯洛的需求层次理论,人们生活需要得到满足后,会产生情感的需要。新生代农民工到打工城市买房,自身可能不会有生活转型和社会网络重构问题,但是,其原来生活在农村的家庭成员面临的问题是,整个社会网络产生断裂。这些问题最终会影响他们在打工的沿海发达城市的生活质量。就是从新生代农民工自身来说,他们在城市中重构社会网络也不是那么容易,因此,很多人还是偏向于在家乡县城购房。笔者在中部地区调查发现,很多新生代农民工会和关系好的亲朋好友相约一起在县城某个小区购房,保持原有社会网络。他们居住在一起,不但可以相互照顾,还可以满足情感需要。

第三节 "新留守"现象特征及积极因素

与老一代农民工时期家庭农村留守相比,新生代农民工时期家庭县城"新留守"呈现出五个重要特征。第一,新生代农民工仍然在发达地区打工,但与第一代农民工只有过年才回家相比,他们回家次数增多,说明他们的工作权和休息权比老一代农民工得到了更好的保障,他们愿意花更多的时间在家庭方面。第二,家庭收入增长快且经济实力增强,"新留守"家庭在假期会到新生代农民工打工城市团聚和游玩,整个生活方式城市化和现代化。新生代农民工家庭经过两代人的积累,已经在追求更高层次的生活质量,要求生活轻松、自在,追求小有结余之后的生活享受。不像老一代农民工工作、生活皆辛苦,为提高家庭生活水平,注重低收入水平上的积蓄。第三,新生代农民工购买的商品房主要在城郊,与各地城市扩张在郊区新建大量商品房小区相一致。近十几年来,各地县城扩张较快,房地产项目成为城市化的重要载体,推动着城市化发展。目前还鲜有资本进入县城炒房,新生代农民工在打工的发达地区收入可以承受县城的房价,而他们也愿意回家买房,二者相互契合,推动着县城快速发展与扩张,提高了中国县域的城市化水平。第四,绝大多数新生代农民工家庭并不愿意放弃农村承包地、林地和宅基地,守"祖业"现象明显。很多人保留农村土地并不是为了日后耕种,或者希望获得土地流转收入,而是期待拆迁获得丰厚补偿。农村的土地等越来越成为他们谋取利益的手段,不再像老一代农民工一样看成是"祖业"留给儿孙。第五,小孩在城市上学权利、预防保健权利得到保障,家庭成年人的健康保健等社会保障权以及选举权等在城市也得以实现。目前,绝大多数城市租房群体是不能享受与城市业主相同的权利的,新生代农民工在城市租房,不能选举业主委员会,不能选举居委会,也不能享受就业权和社会福利。也就是说,在户籍制度与城市权利慢慢脱钩以后,城市权利其实已经改为附着在房屋所有权上。新生代农民工在县城买房可以将户籍、业主和城市各项权利进行对接,实现城市居民权。

与农村留守相比,"新留守"现象产生了一些积极因素。首先,新生代农民工家庭成员生活质量得到提升。"新留守"后,留守儿童、留守老人和留守妇女生活水平大有提高,生活方式城市化和现代化,留守儿童得到了更好的教育,笔者在城乡幼儿园调查就发现,城市的幼儿园有专业教师,农村的一般是阿姨式教师,教学水平相差很大,新留守儿童的素质明显高于农村幼儿园的同龄小朋友。留守老人和留守妇女也无耕作之苦,只负责接送小孩上学放学,生活起居有规律,有的还参加城市小区的娱乐活动,如跳广场舞等。从社会方面看,新留守促进或"做实"了城市化,符合现代化规律。其次,农村生态得到良好保护。随着新生代农民工家庭从农村的迁出,整个农村生态得到改善,不在承包山上砍柴烧火做饭,森林绿化变得更好。笔者在湖南永兴的调查显示,当地很多梯田已经无人耕种,梯田里长出了碗口粗的树,减少了水土流失,防止了过度开垦带来的环境破坏。最后,有利于土地规模经营。在平原地区由于新留守现象,促进了土地流转,有利于实现农业规模经营,为实现邓小平同志所说的"第二次飞跃"奠定了基础。很多人通过转包新留守家庭的土地栽种果树和特种养殖种植变成了职业种田人,即"新留守"为职业农民的出现提供了契机。不过,新留守现象也存在不少问题值得注意,否则,不但会影响中部地区城市化质量,也会带来社会管理问题。

第四节　公共服务配置失衡和社会管理失调:"新留守"问题

根据笔者在中部地区的调查,具体论述新留守对县域内城乡教育、医疗和社会管理带来的影响,为了对比,笔者也调查了福建宁德,发现那里的农村新生代农民工也会返乡置业,同样也存在相类似的问题,显示本书结论有推广价值。即在城市化进程过程中,解决教育、医疗等公共服务和社会管理问题非常重要,医院、学校要进行合理布局适应城市化需要,社会管理要协同创新适应现代化和城乡一体化进程。

一、城乡教育资源结构性失衡

现在中部地区离县城越远的村庄,在县城买房的新生代农民工家庭就越多,有的村达到三分之二,离县城近的比例也有特别低的,低到不到百分之十。新留守对县级教育冲击非常大。一方面,中部地区县城的幼儿园和义务教育阶段的学校难以满足需求,教育资源非常紧张,笔者调查发现,县城城郊小学班级人数50多人的属于正常,有的班级达72人,教学质量难以得到保证;另一方面,农村小学规模不断缩小,有的村级小学班级只有十几名学生,考虑到教育资源的状况,有的县将四年级以上的班级合并在一个学校。但问题仍然存在,因为离城越远,新生代农民工县城买房越多,小学生人数自然下降最快,在小学撤点并校备受争议和低年级小孩上学路途较远确实不便的情况下,很多地方仍然保留着小学。原有民办教师已经退休,三支一扶的教师大多是刚毕业的女教师,虽然现在农村小学有周转房,但她们住在偏远的农村,教育局担心她们的安全问题,所以一般也不会安排她们在那些地方。另外,偏远农村也难以留住女教师。现在,中部地区很多县只好重新请民办教师,出现民办教师回潮现象,那么,若干年后又如何对待这些民办教师? 已经解决了民办教师问题,"新留守"又制造出了民办教师问题。

二、城乡医疗资源结构性短缺

除小孩进城入学造成城乡教育资源结构性失衡外,"新留守"也使县域城乡医疗资源结构性短缺。据笔者调查,中部地区在县城买房的大多是离县城较远乡村的新生代农民工,农村留守时,他们的家属一般在乡镇卫生院就医,"新留守"后,就医自然就在县城,但现在很多县城新建的商品房集中区只有少量私人诊所,并没有相应建立街道社区卫生服务中心,因此,新生代农民工家属生病都在县人民医院或县中医院就医。按我国县城医院的格局,一般一个县只有一个人民医院、一个中医院,还有一个县妇幼保健院,这些医院医疗设备相对先进,是县城医生和医疗设备最优的医院,代表医疗最高水平,平时承担着大部分优质医疗服务,医务人员工作量大,难以满足县城居民就医需求。随着县城的扩张,县城人口的膨胀加速,医疗资源紧张状况加剧。不过,与教育资源不一样,"新留守"反而提高了农村医患比例,乡镇卫生院既能为当地农村居民提供更好的服务,还能有更多时间定期下乡为农村老人和小孩进行体检,医疗保健工作得到发展。与"新留守"给农村教育带来困境不一样,小孩入学必须到学校去,且天天上学,只有生病才去医院,二者有定期非定期的区别,而且医疗保健医生可以上门服务。就现状而言,乡镇卫生院承担的医疗服务本身也很多,医患比例也较低,新生代农民工家属到县城定居后,提高了医患比例,医疗质量自然就会改进和提高。而幼儿园和义务教育阶段学校则必须配备相当数量的教师,学生少了教师一般情况下也不能少。因此,给教育的冲击是结构性失衡,对医疗的影响是结构性短缺。

三、城乡社区管理结构性失调

"新留守"后,新生代农民工家属无论是农村权利还是城市权利都得到了很好的保障。我国的《土地承包法》规定了农村居民落户小城镇的保留土地承包权,很多人也没有将户口迁移到所居住的县城。因此,他们在农村仍保留着承包林地和田地,选举权和被选举权等。即使不种田,也仍然享有中央对农业的各种补贴和农村各种福利。在城市社区"新留守",留守小孩享受着城市的各项公共服务,留守老人可享受社区免费体检和其他社区福利。但值得注意的是,"新留守"给城乡社会管理带来了管理真空,造成了管理结构失调。一些新生代农民工家庭有权利时两边都要,遇义务时两边躲。在农村拿着种田补贴却将土地抛荒,因为怕转出去以后收不回来。但对农村管理,特别是公共事业不参与、不配合,农村公共事业开展较为困难,再比如,最近各地开展的房产登记,很多人就不给农村村委会干部提供证件。在城市,他们也不配合社区管理,不交物业费,不配合居委会干部计划生育工作。可以说,现在城乡社区对所有在城市购买商品居住的农民家庭都只有服务,没有也无法管理。

第五节　合理调节公共服务与协同社会管理:
消除"新留守"问题的措施

"新留守"问题的主要原因是公共服务和社会管理滞后于城市化,很多地方将房地产看作实现经济增长和财政收入增加的重要手段。解决新生代农民工家庭"新留守"问题应该合理配置城乡公共服务,协同城乡社会管理。

一、城市化过程中新建学校与农村撤校并点并举

鉴于"新留守"现象对城乡教育的不同影响,调整城乡学校结构刻不容缓。在农村,乡村小学仍然要坚持撤点并校,合并的优势比不合并缺点更多。不过,为了避免撤点并校的不足,政府应该以专项资金购买校车,聘请司机

早晚接送学生各一次。中午午餐由学校食堂供给,费用由学生家长自己承担。校车接送明显的好处是避免了小学生上学放学途中的不安全,提高了小学生接受教育的质量。另外,有些刚建设不久的新学校也因新生代农民工子女到城市上学而得不到充分利用,处于闲置状态,或成为农民堆放杂物的地方。笔者认为,对这些新学校可以再利用,特别是可以用来作为养老院的场所,因为现在很多养老院住房都不好,用闲置的小学基本可以实现一人一室,且宽敞明亮。或者可以将小学与幼儿园合二为一,因为现在农村私人幼儿园教师素质低,场地差,利用闲置的小学和教师,农村幼儿园教育会有所提高。更为重要的是,这个制度非常符合农村实际情况,还可以避免农村代课老师的重现,将消极影响降到最低。综合以上因素,我们可以发现,撤点并校后学校师资和管理费用会减少,原来闲置的学校还可以重新利用以减少农村养老院等的支出,采用校车制度费用不会增加,社会效益和教育效果却会增强。

在城市扩张时,政府要做好规划,在新建商品房小区时,充分估计容纳人数,包括小区居民入住以后幼儿教育和义务教育阶段的入学人数,相应地增设幼儿园和小学初中,农村因合并学校剩余的教师可调入这些学校,从而在有效调节基础上,实现教育均衡和教育资源的充分利用。

二、城市化过程中新建大中型综合型医院

中部地区的很多县城将房地产看做"产业"而不是"事业",出现了公共服务滞后于城市化的现象。就医疗问题而言,随着县城人口剧增,特别是城郊商品房增加带来的人口增加,公共服务提供不足,新增人口看病大多拥挤进县人民医院和县中医院,因此,可以考虑在城郊新建——而不是迁移县人民医院,命名为第二人民医院、第二中医院等,这样也可以缓解县城优质医疗资源不足的问题,以满足城市化过程中人们对优质医疗资源的需求。当然,引入民间资本也是一个途径。同时,也要强化城市社区医院和乡镇卫生院职能,改善医疗环境,增加和更新医疗设备等硬件设施,为城乡居民普及保健知识、提供卫生防疫和送医下乡等服务。

三、城乡社区协同管理

从我国基层社区管理看,农业税时代农村居民只有义务没有权利,现在的农村福利时代,只有权利不承担义务。以前,城乡社区管理只有管理没有服务,现在,只有服务没有管理,在人们权利彰显的时代,这种管理也会给管理者带来许多不确定性风险,所以管理太过于柔软化,管理跟不上服务,更使人们在权利面前一味要求,而在义务面前一味退缩。其实,权利和义务、管理与服务都不可偏废。"新留守"现象造成一些新生代农民工家庭享受着双边权利,却能有效地推脱双边义务。因此,城乡社区管理亟须改变社会管理的真空问题,加强城乡社区协同管理。

原来农村留守的社会管理常常涉及两个省,"新留守"的社会管理只在一个县,这种社会协同管理完全是可行的。协同管理一是要坚持双边信息沟通原则。在城市享受相关权利,在农村的相应权利则自动终止,防止重复享有双边权利。比如,选举权和被选举权、体检、卫生保健等。二是要坚持权利与义务相结合原则。对不履行义务的新生代农民工家庭限制或取消其相应的权利。比如,有的"新留守"家庭将基本农田抛荒还享受着种田补贴,县政府可以取消其种田补贴和相应福利。对将农田流转给他人建房的要给予相应处罚。笔者甚至赞成将基本农田长期撂荒的应该强制流转,对抛荒基本农田的还要给予惩处。对不配合城乡社区管理的,应该限制其权利的享有。公共服务要人性化,但社会管理也要法制化和强制化。所谓"徒法不足以自行,徒善不足以为政"。

总之,新生代农民工返乡置业形成"新留守"现象,积极作用在于促进了城市化进程,实现了他们追求城市生活方式的意愿,但这仍然是一种过渡状态,即半市民化状态。"新留守"现象的消极影响在于,对县城城乡教育、医疗和社区管理带来冲击。主要原因是大多县政府将房地产仅仅看做是"产业"而不是"事业",导致公共服务和社会管理滞后,使"新留守"的新生代农民工家庭权利双边要,责任两边推。因此,在城市化过程中,城市郊区的商品房小区要新增幼儿园和义务教育阶段的学校,农村学校在校车制度基础上撤点并校,县城还要新建可以提供优质医疗服务的县人民医院或中医院等。这样可以优化和强化公共服务资源配置,促进城市化良性发展。城乡社区协同管理,防止"新留守"家庭权利双重享有以及只有权利没有义务的状态,既要注重公共服务人性化,又要注意社会管理的法制化和强制化。

第六节 讨 论

本书的调查对我国城市化道路的争论提供了思路。"新留守"现象有力地证明了中部地区甚至全国发展中小城市是现实选择,这反映了人们的自主选择。有些关于农民工愿意留在大城市的调查也是值得讨论的。在2013年,国务院发展研究中心课题组的研究也发现,68%的农民工愿意在大城市落户,32%的人愿意在中小城市落户。[1] 这一方面说明新生代农民工在家乡落户比例相对较高,笔者在调查时发现,很高比例的新生代农民工返乡置业都是理性选择的结果,这种理性选择可能与意愿并不完全相符,但又是最现实的选择;另一方面,我们又要注意,虽然愿意在大城市落户的比例高,但新生代农民工融入大城市困难重重只能是理想,能实现这种愿望的人毕竟是少数,融入中小城市则是容易实现且能实现的意愿。人们自由迁移的方向,就是未来城市化道路的选择路径,尊重这种规律而不是人为的规划设计,城市化道路才会更现实。

目前学界关于中国城市化道路的争论中,有种观点认为要发展大城市甚至特大城市。有的学者还以日本、"金砖四国"和巴西等国为例,证明大城市的可行性。值得注意的是,虽然那些国家确实存在资源高度集中的现象,比如,东京就集聚了日本大量的教育和人才资源,但是,那些国家差距并不如中国那么大,更为重要的是,那些国家资源聚集是一个自发过程,是人们自主选择的过程,甚至是市场自由选择的结果,而不是人为干预和有意的安排,如果有意安排或设计城市化道路,就会造成各城市发展不平衡,人们不但想挤入大

---

① 顾仲阳:《人民日报谈户籍改革要让农民进退有路》,《人民日报》2014年8月25日。

城市,而且对资源分配不平等的抱怨也特别多。对此,我们一定要注意这种区别。因此,城市发展一定要尊重自发过程,人们的主体选择决定着城市化道路。① 有人反对一些城市采取的积分制,认为积分制不公平,似乎人们自由地流动到哪里,哪里就应该立即提供所有的公共服务。其实,这对长期以来为当地作出纳税贡献的公民不公平。所以,不能不问条件、不问是非一味站在同情的立场,更不能将新生代农民工主体性选择排除在外。另外,新生代农民工长期生活在城市,不会也不愿意从事农业劳动,生活方式等都城市化了,回不了农村,也不会再愿意回到农村。因此,不管是农村,还是小城镇,其实都无法满足新生代农民工的住房需求、生活需求、娱乐需求和追求现代化的舒适生活方式的需求,农村和小城镇都不是新生代农民工定居的现实选择。笔者认为,中部地区发展中小城市是我国的城市化道路的选择。我国城市化道路应该以中小城市为重点,兼顾东部发展小城镇,全国发展几个或几十个大城市,在此基础上,实现城市均衡发展的城市化道路。当然,也应该坚持新型城镇化道路的原则,新型城镇化与发展中小城市并不矛盾,侧重点不一样,中部地区城市化道路可以二者兼顾。不过需要澄清的是,这与中央提出的"三个一亿人"并不矛盾。比如,"三个一亿人"中有一条是发达地区吸纳1亿农民工。为此,发达地区可以通过发展小城镇来实现,发达地区小城市升格为市的工作也在试点之中。笔者认为,即使有很高比例的新生代农民工愿意留在发达地区的城市,实现在发达地区城市的市民化,较低比例的新生代农民工返乡置业也不会影响中部地区发展中小城市。因为新生代农民工总量很大,所以,只会提高中部地区城市化的质量,减轻中部地区城市化容量的压力。实际上,中部地区发展中小城市也具备了以下几个条件:首先,东部等发达地区产业逐渐向中部转移,中部地区中小城市工业园区得到较快发展,工业化水平逐年提高,有利于吸收新生代农民工返乡就业,改善他们家属"新留守"情形下的就业,做实城市化,促进中小城市发展。其次,随着信息时代,特别是高铁时代的到来,东中

① 范可:《流动性与风险:当下人类学的课题》,《中南民族大学学报(人文社会科学版)》2014年第5期,第36页。

部地区空间大幅度缩小,交通快捷与便利减少了农民工流动之苦,满足了人们工作与居住分离的需求,发挥了中部地区生态良好又有乡愁的优势。最后,农村福利政策的实施和中小城市户籍的放开,保证了新生代农民工在家乡县市的各项市民福利。

新生代农民工在家乡县城或地级市买房以后,由其父母带着小孩,或者由妻子带着小孩在县城居住,小孩在县城幼儿园和小学入学,形成了"新留守"现象。"新留守"对农村和城市的教育、医疗、城市社区管理和农村土地流转带来了冲击。在教育方面,造成城市教育资源短缺,城郊各幼儿园和小学入学人数大增,班级人数超标;相反,农村教育资源过剩,而且随着新留守现象的出现,很多农村人口急剧减少,小学生上学人数下降,"三支一扶"女老师在农村安全问题凸显,教育主管部门为了安全起见,都不会再在偏远农村安排小学女教师,而原来代课教师都已经退休,这样,农村代课教师重现。在医疗方面,随着城市人数增加,给县城医院形成较大压力,由于减少了农村的医患比例,农村的医疗水平反而有所提高。在社会管理方面,"新留守"形成了城乡社区管理真空,"新留守"家庭权利双边要,责任双边推,城乡社区管理有服务无管理。其原因主要是城市化进程加快,公共服务滞后,县级政府将房地产只看做产业,而不是事业。为此,在城市,随着城市扩张,县政府要新建学校和医院,加强城市社区管理,特别是通过教育提高"新留守"家庭人员的素质以适应城市生活,在农村,要强化土地管理,加快农村土地流转速度,对不适合耕种的土地可以转为林地或种植经济作物。针对农村幼儿园和小学入学人数减少,应该执行撤点并校方案,辅之以农村校车制度,可以减少并校带来的问题。"新留守"问题本质上是城市化过程中的问题,在城市化过程中应该合理规划城市功能和农村发展,城乡社区应该协同管理,使城市化进程与公共服务同步。这个问题在后面还会有更深入的讨论。

第五章 返乡置业对村庄的影响

本章认为,新生代农民工返乡置业后,导致的一个后果就是人口外流后村庄的自然消失。离城越远生活条件越艰苦的村庄消失越快,主要是由新生代农民工为了小孩读书、结婚或改善住房条件在县城购房所致。同村村民或邻村的亲朋好友相约在一个小区购房,形成了"小区里的村庄"。在县城中,村民社会关系进行了不断地重组与移植,主要表现为权责关系的重组,生活方式与行为方式的重组与移植。村庄自然消失并不必然导致农村永久衰败,村庄自然消失有利于缓解我国人地紧张的矛盾,为我国土地规模经营创造条件,给农村复兴带来机遇。

我国自然村十年间由 360 万个锐减到 270 万个,每天有 80—100 个村庄消失。[①] 村庄的消失遍及全国,既有发达地区也有欠发达地区,只是程度不一样而已。《江西统计年鉴》显示,江西村民委员会数量从 2002 年的 20183 个下降到 2009 年的 17227 个,减少了 2956 个。江西安义县一个 1000 多人的村庄现在只有 60 人,有的村庄只剩下两户人家,该县南坑村只剩下 1 人。[②] 与人们想象的相反,这些村庄因为新农村建设基础设施并不差,但村民就是没有留在村庄。这种状况十多年前就已经出现,主要是小孩子上学等原因居住在安义县城,有的年轻人进城务工后就直接在县城买房安家,基本不回村。[③] 有记

---

① 符晓波:《村庄消失,城市能繁荣吗》,《中国新闻周刊》2012 年 11 月 5 日,http://opinion. huanqiu.com/opinion_china/2012—11/3244669.html。
② 冯志刚:《江西南坑村:一个村庄只剩下一个人》,《都市快报》2012 年 10 月 28 日。
③ 李晚成:《昔日红红火火的千人大村,如今冷冷清清仅 60 人留守》,《江西日报》2012 年 3 月 13 日。

者对安徽、云南、郑州等地的调查也发现,很多热闹的村庄已经名存实亡,不少很好的楼房也弃之不用了。云南省有个彝族自然村,该村的很多村民在县城购房居住。安徽农村一些老人也为生活方便而希望在城市安度晚年。[1] 郑州附近的村庄也因城市化而消亡。[2] 甘肃省也有很多村庄早就人去屋空,一个30多户的村庄只剩下5户,一个20多户的村庄现在一个人都没有,也有的村庄户数少了一大半。[3] 由于在农村没有挣钱机会,西安一些地方村庄也在消失。[4] 贵州省安顺很多村民外迁导致村庄消失。[5] 山西每年至少有200多个村消失。[6] 河南也有不少村庄面临同样命运。[7] 据不完全统计,海南建省以来,至2012年,岛上被拆迁、改造、消失的自然村庄约2000个,其主要原因是村里大部分年轻人都进城了。[8] 陕西省横山县有一个村只剩下2人。[9] 河北保定蔡树庵村800人如今只剩下80多人,而且主要是一些老人,年轻人和孩子多搬到城里或者镇上居住。[10] 发达地区一些偏僻地方的村庄也因为村民在县城买房而消失。[11] 我国村庄的消失也得到外媒的关注,英国《每日电讯》曾报道了中国一个山顶村庄的消亡,指出这种消亡"不仅在文化意义上消亡,也

---

[1]　叶琦:《中国日均近百村庄消亡,城镇化催生空心村前路何在》,《人民日报》2014年6月13日。

[2]　李明德:《一个村庄的消失与一个现代化城市的嬗变》,《郑州日报》2008年6月3日。

[3]　贾莉丽:《正在消失的村庄》,《甘肃经济日报》2014年1月6日。

[4]　黄小星:《内地村庄大量消亡,因农村没有挣钱的机会》,《都市快报》2012年10月28日。

[5]　杨挺:《贵州山区即将消失的村庄》,人民网,2014年8月7日,http://env.people.com.cn/n/2014/0807/c1010-25419664.html。

[6]　刘斌:《追寻正在消失的山西村庄,山村最后的留守者》,《山西晚报》2011年3月2日。

[7]　王东亮等:《辉县凤凰山村——正在消亡的村庄》,《河南日报(农村版)》2013年12月12日。

[8]　赵晓林:《中国自然村庄"空心化"》,中国乡村发现网,2013年12月2日,http://www.zgxcfx.com/Article/61727.html。

[9]　杨世朋、张沙默:《陕西一村庄仅有两人,500多亩地随意耕种》,网易新闻,2015年3月18日,http://news.163.com/photoview/00AP0001/86479.html#p=AKVPSD8600AP0001。

[10]　邸志永、宋文雅:《保定"最原始山村"或将消失　老人成"末代村民"》,《保定晚报》2015年10月26日。

[11]　林如珏:《温州数百人村庄逐渐消失只剩一对老人,大学生拍〈孤村〉记录》,网易新闻,2015年10月8日,http://news.163.com/15/1008/12/B5DFBU8400014AED.html。

在物理意义上消失"。①

　　一般而言,我国城市化进程中,村庄消失主要有两种:一是征地、水库移民、山区移民等政府或外部行为导致的村庄消失,属被迫型或非自然消失;二是村庄因为村民的自主离开而消失,属人们追求城市生活而自然消失,并且村庄离城市越远,自然消失越严重。本书研究的村庄消失是指第二种情况即自然消失。所谓村庄自然消失就是由于人口外流导致村庄无人居住,或者90%以上的人口消失,基本只剩下老人,而且这个村庄无法靠自身的劳动力完成生产和再生产。自然消失的村庄与因征地和搬迁等外力作用导致的村庄消亡不一样,村庄的自然消失并没有改变村庄的外观形态,只是荒芜无人或基本无人居住,村庄自然消失会使农村衰落。既然我国村庄自然消失如此之快,那么,村庄消失的实际状况如何? 村民搬迁到哪儿去了? 他们在那里的生活呈什么样态? 村庄自然消失常常和农村衰落是相连的,那么,如何评价人们担忧的农村文化消失和农村衰落问题,以及乡土如何重建问题? 笔者通过对中部地区的长期调查发现,很多新生代农民工与亲朋好友相约在县城同一小区买房居住,形成了村庄在县城的重组。通过研究村庄自然消失与重组,目的是回答村庄自然消失的去向,揭示村庄自然消失与重组的社会意义及后果。在实践上,为解决村庄消失与农村衰落问题提供参考路径,在理论上可以为乡土重建研究提供参照。因为我国中部地区各省都是农业大省且村庄较多,以中部地区村庄自然消失为例,有一定的代表性并能够说明本书所要论述的问题。

第一节　对村庄自然消失不同观点的述评

　　学界极少有专门研究村庄消失的学术文章,大多渗透在古村庄保护、"城中村"和移民建镇等问题研究之中。另外,也没有专门以村庄自然消失为题的研究论文,学者常常是将征地、搬迁和人口外流导致的村庄消失统称为村庄

---

① 高珮莙:《外媒:城市化中消失的中国村庄》,《青年参考》2013年12月4日,http://qnck.cyol.com/html/2013-12/04/nw.D110000qnck_20131204_1-26.htm。

消失。根据主题可以将有关村庄自然消失的研究归纳为以下几方面。

第一，村庄自然消失导致的问题和原因。党国英认为，如果一个村庄红白大事凑不起办事的人手，适龄年轻人在村里找不到对象，后辈年轻人再不愿回村居住，那这个村庄也就"不亡而待尽"了。有学者将村庄消失分为五种类型，即资源型的村庄搬迁、重大工程的村庄搬迁、吊庄移民（整村移民）过程中的村庄消失、城镇化过程中的村庄消失和村庄的自然消亡。彭小辉等认为，村庄消失的主要原因是村民外出打工，农村年轻人即新生代农民工由于对农村文化认同度低，村庄归属感不强，对城市生活的向往而不愿意回到农村。① 李培林认为，产业空、青年人空、住房空、乡村干部空的"四大皆空"造成一些乡村的消失、凋敝和衰落，经济发展、土地改革、家庭组织关系瓦解、市场化、城镇化、传统观念变革等是导致村庄衰落的主要原因。②《中国青年报》调查显示，85.9%的受访者认为自己周围的村庄正在逐渐减少，超过半数的人认为村庄消亡主要体现为劳力外流、务农减少和外地上学。③ 不过，学界和社会人士对村庄自然消失的看法并不一致。

第二，对村庄自然消失的评价。有的学者持赞成态度，有的持反对态度。对村庄消失持正面和认可态度的学者认为，村庄自然消失是社会发展的必然现象，也是社会进步的体现。农村年轻农民工不愿回到单调和寂寞的农村而将家安在城镇，因此，村庄消失并不值得惋惜，是一个历史进步，显示了农民自由迁徙的权利。④ 而且，并不是所有村庄的消失都是沉重的，有的村庄城市化以后得到了发展。⑤ 有学者认为，村庄搬迁、合并和消亡有的是自然的过程，有的是非自然的过程（如征地、搬迁等外力作用的结果），自然消失的村庄是农民"用脚投票"的结果，对非自然状态消失的村庄则要关心这些村庄农民的

① 彭小辉、史清华:《中国村庄消失之谜:一个研究概述》,《新疆农垦经济》2014 年第 12 期,第 1—5 页。
② 黄庆明:《赣西北空心村:不亡而待尽》,《都市快报》2012 年 10 月 28 日,第 11 版。
③ 孙震、樊祥叙:《年轻劳动力大量离开,村庄高速消失到底是好事还是坏事》,《中国青年报》2015 年 8 月 27 日,第 7 版。
④ 梁发芾:《村庄消失不必过分惋惜》,《中国经营报》2012 年 11 月 12 日,第 2 版。
⑤ 韩光亮:《董家口,一个村庄的消失与新生》,《青岛日报》2009 年 6 月 11 日,第 3 版。

福祉。① 总之,村庄消亡是我国城镇化的必然结果,是农民脱离落后的生产和提高社会地位的反映。当然,也有学者持否定或反对意见。他们认为,村庄衰落有消极后果,会导致农村衰败,影响农村经济发展,需要重建乡土社会或进行乡土重建,必须阻止村庄消失。李国珍和张应良通过200多个样本的调查认为,农村经济发展缓慢是村庄的衰落原因,要大力发展非农产业,培育新型农业经营主体,为村庄经济发展提供条件,以阻止农村衰落。② 毕竟,人们还是留恋乡土文化,要留下村庄寄托乡愁。③

第三,考察了村庄自然消失在不同地区的区别并提出相关建议。郑风田和丁冬认为,中西部偏远地区的农村正在走向消亡,而发达的东南沿海的村庄与城市相连,经济发展和城乡差距缩小,村庄变成了小城镇,成了城市的一部分。发达地区农村村庄因为工业化水平较高,这种消失形式在全国并不具有代表性,而不发达的中西部地区村庄因为年轻人外流,必然会使远离城镇的村庄消失。对于村庄自然消失,他们认为,城市化过程中因为人口外流村庄自然消失是世界常见现象,只是不能人为地消灭村庄,如强行征地拆迁等。④ 江涛认为,村庄消失是国家市场体制改革导致的社会整体变迁的微观缩影,通过研究,他也认为江西赣南村庄消失与珠三角村庄消失不一样。赣南的村庄是人口外流导致的自然消亡,珠三角村庄是经济发展壮大时村庄变成城市的城市化的过程。⑤ 因此,工业化使资源由乡村流向城市是普遍现象,避免乡村衰落关键是要缩小城乡差距,实现均衡状态,最根本的是缩小文化差异。⑥ 王建民

---

① 尧强、孙震:《村庄自然消亡是人们用脚投票的结果》,《中国青年报》2015年8月27日,第7版。

② 李国珍、张应良:《村庄衰落的多维表现及有效治理:258个样本》,《改革》2013年第5期,第88—96页。

③ 朱永华:《对消亡的村庄可否留下一碑解乡愁》,中国青年网,2014年6月14日,http://pinglun.youth.cn/zjjp/201406/t20140614_5363822.htm。

④ 郑风田、丁冬:《未来,村庄会消失吗》,《社会科学报》2012年5月24日,第2版。

⑤ 江涛:《乡村共同体的衰落——从赣南山区自然村庄的消亡看农村社区的变迁》,《广西民族大学学报(哲学社会科学版)》2007年第S1期,第23—27页。

⑥ 李小云:《乡村的衰落无法避免》,人民论坛网,2015年4月18日,http://theory.rmlt.com.cn/2015/0420/382839.shtml。

和张璐分析了费孝通乡土重建的思路,即发展乡村工业,试图找到当下村庄消失的解决路径。① 总体来说,认为村庄消失是城市化进程正常现象的学者居多,甚至有学者认为这体现了农民自由迁徙权,也是社会发展的正常现象。

从以上论述可知,村庄的自然消失引起了学界的注意,并进行了探讨,分析了存在的问题,提出了相关建议。学者基本都认为,村庄自然消失状况比较严重,村庄自然消失会影响农村发展,导致农村衰落。不过,学者对村庄的自然消失态度并不一样,大多数学者认为是城市化进程中的正常现象,有的则持反对态度,认为造成农村衰落,需要乡土重建复兴乡村。对村庄消失持反对意见的学者希望农民留在村庄,留住乡愁,却忽视了农民有自由选择居住地的权利。值得回味的是,那些主张保留村庄的大多是从农村出去的文化人。其实,那些人犯有人们所说的文人的"怀乡病"。他们主张留下村庄其实就是希望留下他们的记忆。另外,对村庄自然消失的研究还是比较薄弱。从学者对村庄消失的原因分析来看,村庄自然消失、村庄整体迁移,移民建镇是一个原因,因为城市化而消失是另一个原因,还有就是农民工家庭整体迁移到发达地区也是一个原因。山区和水库等移民造成的村庄整体迁移有大量的研究;村庄因城市化而消失,变成城市的一部分也有著名的研究,以李培林的《村庄的终结》为代表;农民工家庭整体迁移也有诸多研究。虽然学界对村庄消失取得了丰硕的研究成果,但对村庄自然消失仍有两个疑问需要解答。首先,我们发现有很多村庄仍有留守人员,这是整村移民和村庄城市化研究难以解答的,特别是对部分偏远村庄和非移民的山区村庄的消失难以解释;其次,农民工家庭迁移可以解释村庄消失的部分原因,但农民工家庭迁移到发达地区城市的比例并不高,且以核心家庭为主,难以回答村庄里的老人到哪里去了。除去这些原因导致村庄消失以外,还有什么原因? 特别是,原有村庄里的留守老人、留守妇女和留守小孩到哪里去了? 另外,主张乡土重建的学者希望让村民回去以遏制农村衰落和保留农村传统文化,那么,一个不可回避的问题是,村民愿

---

① 王建民、张璐:《城乡关系、乡土危机与社会重组——费孝通的〈乡土重建〉及其当代意义》,《新视野》2015 年第 2 期,第 124 页。

意不愿意回去？显然以上研究是没有触及的，也就不能解释村庄消失的所有问题。

还有一个问题是，村庄自然消失确实会影响农村发展，导致乡村衰落。不过，村庄衰落与农村发展或乡村衰落并无必然联系，危机中暗含了机遇，因为村庄的自然消失并不是所有村庄的消失，更不是农村消失。部分村庄的自然消失会降低农村人口，有利于促进土地流转，从而实现农业规模化经营和农业现代化。因此，留在农村的人或愿意返乡从事农业的人可以在此基础上复兴乡村，从另一种路径实现学者乡土重建的主张。此外，本书提出的这种乡土重建的路径与学者现有研究并不一样。针对村庄消失，以上学者提出的乡土重建其背后的假设是农民要回到村庄，没有尊重农民的意愿。乡土重建一定要建立在充分尊重农民意愿基础上，愿意留在农村的就留下，愿意变成城市居民的就留在城市，愿意返乡的就可以返乡。所以，以上学者提出的乡土重建的主张本质上与对村庄消失持反对意见相差不大。村庄衰落和消失会影响社会发展，但与农业不发展会影响工业和城市发展，是两个不同的问题。因为正如前文所言，村庄自然消失导致农村衰落，但并不是说农村的村庄会全部消失，农村衰落恰恰暗含了发展的机会，可能缓解我国人均耕地少的矛盾，出现农村复兴和乡土重建的机遇与可能。

总之，从以上的讨论来看，现有研究对村庄自然消失大多限于表层的讨论，深入的研究不多见，且只是分析了村庄自然消失的现象、影响和提出了对策。但是，仍然还有一些问题需要深入讨论。村庄自然消失状况是怎么样的？有哪些特点？村民到哪里去？这些村民在其他地方的生活状况如何？在村庄自然消失背景下，乡土重建如何可能？对这些问题，现有研究无法作出回答。本书通过中部地区的调查，希望能对村庄自然消失问题进行一个解答。

第二节　村庄自然消失与重组

笔者在对中部地区江西、湖北、安徽和河南农村的实地调查发现，因城市化征地而消失的村庄所占比例较大，约占消失村庄的 60%，山区、水库移民整村搬迁并没有安置在城市,而是异地建村,从一增一减看,这类村庄其实并没有消失。即使考虑搬迁后几个村安置成一个村,或者并入其他村,减少数量也是非常有限的。村庄因为村民外迁而消失的约占消失村庄的40%,其中,新生代农民工在县城和集镇购房居住的占村民外迁户数的90%,县城购房的又占了主体;新生代农民工家庭全家迁移到打工城市的约占10%。当然,因为农村户数统计口径不一,就是笔者访谈的村干部都难以精确计算本村的户数,所以,本研究的户数主要指核心家庭或一个核心家庭加上父母组成的扩展家庭,具体数字是由访谈对象、村干部和笔者共同计算和估计得出。自然消失的村庄中大部分人进入了城镇,有的村庄也正处于自然消失之中。村庄自然消失呈现什么特点和村民进入县城的生活方式如何呢?

一、村庄自然消失的特点

据笔者调查,自然消失的村庄90%以上的人不居住在村庄,这种情况出现在山区、交通不便地区较多,是村庄消失的主要类型。在湖南永兴一些山区村庄,留在村庄的基本上是老人,有的是不愿意去县城居住,也有少数是无经济实力被迫留在村庄。大多数在县城买房居住的家庭情形是:年轻人仍在外打工或经商,老人带着小孩居住或祖父母、小孩及其母亲一起居住,小孩在县城上学。河北邯郸有个叫鸡公山的地方,三幢教学楼一共有12个老师和6个学生,其他小孩基本到县城上学了。江西的弋阳、湖南的益阳和安徽一些农村也基本如此。从一定程度上说,城市化导致村庄消失是符合事实的,人口外流确实导致了大量村庄自然消失。不过,笔者调查还发现,有的村庄自然消失速度并不快,不同地理位置的村庄自然消失状况也不一样。媒体报道的案例是属于比较突出的案例。离城市越近的村庄,因为交通便利,自然消失现象越不明显,只有少部分在城区买房,大多数新生代农民工在村庄建别墅,不但成本比县城购房低,而且居住面积大。离县城10公里以内的村庄,在县城购房的只占村庄户数的3%—5%,甚至有的除在县城购房外,还在村庄建房,同时占有乡村和城市两套房,以居住在城市为主。离县城10公里以外的村庄,如果村庄交通便利,在县城购房的新生代农民工会占村庄户数的6%—30%,但是,在县城购房的新生代农民工占全村年轻人的比例则很高,如果交通不便利在县城买房的人就会更多。在地理位置更偏远的地方,特别是交通不便的山区,新生代农民工基本都在县城购房居住,村庄自然消失以这些村庄为主。笔者在江西丰城市调查发现,随着城市城区扩张和划归南昌市规划范围,越来越多离县城较远的村庄的新生代农民工在城市购房。在离县城较远又交通不便的村庄,只要有经济实力,新生代农民工就会在县城购房,与媒体报道的90%的人都不在村的比例大致相符,甚至有的村庄整村消失,全部进入县城生活、养老、上学和工作。新生代农民工在县城购房的主要原因是:小孩上学、结婚的必要条件、原村庄不适合居住以及喜欢城市生活等。笔者将村庄自然消失概括为以下几个特征。

第一,村庄消失的原因主要是城市化,村庄自然消失主要是新生代农民工在县城和集镇购房居住所致。大多数新生代农民工在县城买房的首要原因是小孩读书,其次是结婚的需要,还有的是为了改善住房条件。

第二,离城越远,生活条件越艰苦的地方,村庄消失越严重,即使新农村建设以后,这些乡村在外人看来风景优美、交通便利,基础设施也不错。因为离城区远,生活方式不丰富,就学、就业和就医很麻烦。

第三,离城越近的村庄自然消失速度越慢,新生代农民工大多在村庄建房,即使在县城购房也会在村庄占有第二套住宅。

第四,处于二者之间的村庄要么面临村庄人口减少,要么正处于消失的过程之中。这些村庄跟上一代在村庄建房不一样,越来越多的新生代农民工在县城购房,占村庄年轻人的40%—80%。如果我国经济仍然以目前速度发展,工业化和城市化水平以现有速度提高,有的村庄在若干年内可能消失,有的虽然不会自然消失但人口会剧减。

从调查来看,很多村庄自然消失确实是村民"用脚投票"的结果。新生代农民工比上一代收入更高,又没有农村生活经验,适应和喜欢城市生活,这是他们为了追求城市生活方式的正当诉求与反映。不过,这种城市化方式与西方欧美城市化方式并不一样。欧美的城市化是移民由农业地区流向制造业和商业城镇,迁移多为短距离,最早是由移民在城镇周围居住,其导致了乡村地区人口短缺,由更为遥远地区的移民搬迁填补,呈波浪式推进的特点。① 我国离城市近的村庄反而不动,离城远的移民一步到位,跳跃式进入城市。笔者认为,我国这种跳跃式城市化现象主要和土地不能自由买卖的土地所有制有关。

二、村庄自然消失后的重组

村庄自然消失后,村民去了哪里,是值得关注的一个问题。调查发现,中部地区县城新建的商品房业主基本是本县新生代农民工,一些小区基本是由消失的若干个村庄组合而成,村民在县城重新聚集特征非常明显。不过,这些小区并不是村庄整体移植或原封不动搬迁,其更多地体现为"重组"特征。新生代农民工常常会和关系较好的同村村民或邻村的亲朋好友相约在一个小区购房,甚至同住一单元。可见,自然消失的村庄在县城又重新组合在了一个小区,形成了"小区里的村庄"。

"小区里的村庄"与村庄又不同。在村庄,受宅基地和上辈住房的限制,村民关系具有不可选择性和不可退出性。村庄日常生活紧密化,村民之间难免产生冲突和矛盾,比如宅基地冲突、生活上的摩擦、侵犯隐私的闲言碎语等。村庄自然消失后,村民会约上关系好的同村人或邻村的亲朋好友在县城同一小区购房居住,这种邻里关系的重组更多地体现了自愿性和选择性,既保持了村庄人际关系的亲密化,又避免了村庄原有的矛盾。另外,相对封闭且尊重隐私的城市小区生活使原来亲密无间的邻里关系由相对疏远变成了亲疏有间,这为人与人之间社会关系的自由退出提供了可能。

村庄重组后,新生代农民工家庭居住在县城,家庭生活呈现五个基本特征,笔者称之为"新留守"现象。第一,新生代农民工大多仍然在发达地区打工,但与第一代农民工只在过年才回家相比,他们回家次数增多了。这说明他们的工作权和休息权比老一代农民工得到了更好地保障,他们愿意在家庭花更多的时间。第二,家庭收入增长快,经济实力增强,生活质量明显提高。老

---

① 布赖恩·贝利:《比较城市化:20世纪的不同道路》,顾朝林译,商务印书馆2010年版,第6页。

一代农民工为提高家庭生活水平,注重低收入水平上的积蓄。新生代农民工家庭经过两代人的积累,经济实力增强,生活方式城市化和现代化,不少家庭追求更高层次的生活质量,追求小有节余之后的生活享受,比如"新留守"家庭成员会到新生代农民工打工城市团聚和旅游等。第三,新生代农民工购买的商品房主要在城郊,与各地城市扩张在郊区新建大量商品房小区相一致。近十几年来,各地县城扩张较快,房地产项目成为城市化的重要载体,推动着城市化发展。目前还鲜有资本进入县城炒房,新生代农民工在打工的发达地区收入可以承受县城的房价,而他们也愿意回家买房,二者相互契合,推动着县城快速发展与扩张,提高了县域的城市化水平。第四,绝大多数新生代农民工家庭并不愿意放弃农村承包地、林地和宅基地,守"祖业"现象明显。他们大多数人保留农村土地并不是为了日后耕种,或者希望获得土地流转收入,而是期待拆迁获得丰厚补偿。农村的土地等越来越成为他们谋取利益的手段,不再像老一代农民工一样看成是"祖业"而对土地有依恋感,并想方设法留给儿孙,或者是将土地看成具有神圣性的精神寄托。第五,小孩在城市上学权利、预防保健权利得到保障,家庭成年人的社会保障权以及选举权等在城市也得以实现。

三、村庄重组中的"村庄"生活

新生代农民工家庭在县城购房后,将村庄重组在县城商品房小区,"小区里的村庄"的社会关系、生活方式、行为方式与思维方式既带有农村生活的痕迹,表现出村庄"移植"的一面,又有城市生活嫁接的一面。

第一,社会关系的重组与移植。在农村村民间主要表现的是情感关系和非正式关系。世世代代居住在一个村庄,村民一出生就面临上一代建立的既定关系,爱与恨、恩与怨、亲与仇的关系常常是从上一代传递到下一代。人们处理彼此关系往往感情色彩过浓而理性不足,相互之间边界模糊,难以分清谁对谁错,村庄关系"剪不断,理还乱"。新生代农民工家庭居住在县城以后,就会有意避免和关系不好的同村人居住在一起,而是与关系较好的同村村民或邻村亲朋好友居住在一起,实现关系的重组。他们大多来自同一村庄,相互之间的关系又不可避免地带有村庄特征的痕迹,从而"移植"和重现在县城小区。比如,人们之间虽然不再像过去一样自由串门,但又会常常聚集在小区公共场所谈笑风生和论人是非,且多以同村人聚集为主。人们之间既像在村庄时一样相互照应,又保持了一定的自由空间,呈现亲疏有间的关系。当然,同一村庄的地缘关系远远好过与来自其他地方的业主。

第二,权责关系的重组。村庄内权利表现为宅基地、承包地和林地等权责关系。因为土地的集体所有,围绕土地形成的权责关系使人们相互联系紧密但权责关系边界模糊——由集体所有的经济关系的模糊所决定。在县城小区生活后,新生代农民工家庭面对的关系主要表现为正式关系,比如,与物业公司的合同关系、与业主委员会和居委会的关系、与其他业主的关系等。权责关系更多体现为私人产权关系,公与私、个人与他人之间边界清晰且权责明确。与城市居委会的关系也变得陌生和正式,没有与村委会干部那种既带有亲情乡情,又带有官民色彩的混合式关系。

第三,生活方式与行为方式的重组与移植。首先,新生代农民工家庭在城市的生活方式和行为表现了重组特征。最明显的莫过于娱乐活动,很多农村老人很快适应城市轻松的生活方式,会主动参与社区组织的娱乐活动,特别是跳广场舞、练太极拳等。其次,生活方式和行为方式上呈现移植的一面。比如,城市小区生活比村庄生活更讲卫生,但新生代农民工家庭成员,特别是老人常常会在小区养家禽,甚至开垦公共绿地种菜,随手乱扔垃圾,对物业费的收取更是难以理解。新生代农民工长期在外打工,平常以老人和小孩居住为主的方式,使小区物业公司运转困难重重,也增加了业主之间的矛盾和冲突。在处理小区业主间关系时,来自一个村庄的业主常常抱成团,感情关系胜过业主间的正式法理关系,"不问是非只讲感情,不问对错只讲输赢"地处理小区事务,业主委员会的成立与运转也困难重重。业主矛盾表现为群体纠纷,甚至在农村中攻击他人的谣言、中伤行为也用在了小区生活方式之中,居委会很难调解,社区建设面临困境。这些小区两三年后常常发展成无物业公司、无业主委员会的"双无"小区,而且这种"双无"小区在县城甚至在地级市是普遍存在的。

第三节　村庄自然消失后的乡土重建

村庄消失是我国由农业社会进入工商业社会出现的一种现象。有的村庄是在城市化过程随城市的扩张而成为城市的一部分，有的是从条件艰苦的地区搬迁到更适合生活的地区，有的则是因为村庄人口外流导致村庄自然消失。就自然消失的村庄而言，学者们的意见并不一致，大多数学者认为是村民用脚投票的结果，是正当权利的体现，是城市化进程中的正常现象。有的学者则持反对态度，并希望留住农村人口而保留村落文化。毋庸讳言，因为人口外流，特别是年轻人的离开，使村庄的自然消失对农村经济发展有诸多消极影响，也导致农村衰落或衰败。虽然农村的衰败不一定全是由村庄自然消失引起，但农村的衰败必然包含着部分村庄的自然消失，村庄的自然消失是农村衰败的一个表征。这样，以乡土重建挽救农村衰落或遏制农村衰败自然就成为学者们关注的问题。

针对我国工业化水平和现代化程度不断提高导致农村的衰败，学者进行了有益的探索。近代以来，在面对西方工业和文化的冲击导致的农村衰败，晏阳初、梁漱溟和费孝通等老一辈的学者不但从理论上进行过论述，而且在实践中进行了有益探索，比如乡村建设运动等。尤其是费孝通提出的乡土重建思路得到当今大多学者的推崇，也对政府政策产生了十分重要和深远的影响。费孝通的乡土重建的主要观点是，发展乡村工业，要地主让出土地，使耕者有其田。不过，费孝通的一个观点被现在的很多学者忽视了，即发展乡土工业是一个过渡步骤，最终要被大规模的工业所取代。费孝通还论述在一定条件下农业规模经营的思路，只是根据中国当时的情况必须要从乡村工业和农民占有耕地入手。[①] 在老一辈学者研究的基础上，后来的学者发展了乡土重建的思路。田毅鹏探讨了农民外流导致村庄共同体衰落问题，揭示了其背景、过程

---

① 费孝通：《乡土中国》，上海世纪出版集团2013年版，第380页。

和演进趋势。① 他认为,村庄消失和欧美国家的经历是一致的,主张通过重建乡土公共性,即从经济、人口、文化和组织等方面入手解决村庄的衰落。卞冬梅认为,传统与现代的冲突导致了乡土社会的解构,重建之路是乡土社会向现代社会转型。② 还有学者主张,乡土重建就是建立在对村庄传统文化的保护与传承上。③ 虽然这些学者的观点有很多合理之处,但他们隐含的前提是让农民回归农村,显然并不完全符合费孝通的设想,静态地理解了他的思想,对策也过于笼统抽象。随着工业化和城市化的发展,村庄消失符合社会发展的基本规律。古村庄的保护是必要的,这个责任应该主要由社会和政府承担,一定不能将农村居民束缚在农村来实现,应该尊重农村居民的自由迁徙权和自主选择权。"民工荒"的出现和村庄的消失说明农村劳动力转移已经到了临界点,我国农村、农业的发展不能仅靠劳动密集型方式,已经到了实现农业规模化经营,发展现代农业的时候了。正如孟德拉斯在《农民的终结》中所描述的,法国乡村社会的复兴阶段,即村庄现代化,城市人回到乡下,但只是居住在村庄,只有二三户经营农业,这个时候才是真正的村庄复兴。④

因此,村庄自然消失并不必然导致农村永久衰败,一些村庄的自然消失或人口剧减也给农村带来了发展机遇。村庄自然消失有利于缓解我国人地紧张的矛盾,为我国土地规模经营创造条件。自然消失的村庄与在外力作用下变成城市的村庄不一样,在一定时候,有志于农业的农村年轻人还有可能会回到村庄,从事规模化经营,振兴农村,即村庄自然消失后还会有焕发生机的可能。所以,村庄自然消失为农业经营规模化和农业现代化提供了契机。笔者认为,这才是乡土重建的重要突破口,建基于这种道路的农业现代化也将促进我国工业的现代化。亚当·斯密在《国富论》中多次指出,农业发展会推动工业发

---

① 田毅鹏:《村庄过疏化与乡土公共性的重建》,《社会科学战线》2014年第6期,第8页。

② 卞冬梅:《社会现代化进程中我国乡土社会的解构与重建》,《内蒙古农业大学学报(社会科学版)》2009年第5期,第241页。

③ 邓春凤、刘宝成:《乡土重建——村庄可持续发展的模式》,《小城镇建设》2009年第7期,第79页。

④ 〔法〕孟德拉斯:《农民的终结》,李培林译,社会科学文献出版社2010年版,第217页。

展,如果没有农业的推广与发展,制造业的兴起是不可能的。① 舒尔茨在《改造传统农业》中提出,农业现代化是工业现代化之基础。他赞成"当停滞而萧条的农业出现危机时,经济发展就处于危急关头"的观点。② 据笔者调查,我国农业交班时代已经来临,有些新生代农民工已经在家从事现代农业,有志于农业的新生代农民工正变成新生代农民,他们工作在农村,居住在县城,属于返乡置业,实现了工作与居住分离。当然,也有愿意居住在村庄的村民,他们不种地,而是在县城工作。乡土重建之路应该是鼓励有志于现代农业的新生代农民工回乡从事现代农业,发展规模化农业。一定阶段以后,由农村出去的村民才会回到农村居住,但已经不从事小农生产,自然消失的村庄将重新复兴,呈螺旋式上升,而不再是简单的回归。乡村现代化了,原有乡村文化会有取舍地保留,在乡村的人们生活方式城市化,生活环境田园化,农业生产现代化,实现乡土文化的传承与发展。

当然,对于村庄自然消失后居住在县城的村民,他们生活方式和行为方式的转变带来的社区管理问题,以及从农民到市民身份过渡阶段的问题,要通过社区建设为他们提供良好的公共服务和逐渐提升其公民素质来实现,使他们更好地融入城市和实现身份的转型。

---

① 亚当·斯密:《国富论》,章莉译,译林出版社2012年版,第18页。
② [美]西奥多·舒尔茨:《经济增长与农业》,中国人民大学出版社2015年版,第18页。

第六章　返乡置业对农业的影响

　　本章指出,返乡置业后,很多新生代农民工返乡创业或就业,同时,农村出现了农业换班的新现象。打工时从事管理岗和技术岗的新生代农民工回乡从事现代农业生产,正在农业接班和改造传统农业,预示着我国农业换班正悄然到来。与上一代农民工不同,他们在乡村正从事现代农业生产,更注重打造农产品品牌、拓宽营销渠道和对农产品进行深加工。要实现新生代农民工的接班或农业的换班,还需要各政策、制度之间的协调与配套,要与土地流转制度、土地规模经营、让老年农民退休同步进行。

　　近年来,民工荒、土地抛荒和农业"3860"部队(妇女老人从事农业)引起了人们的关注。针对农业老龄化、中老年妇女化问题——年轻女人也不种地了,政学两界和社会人士都提出了不少建议,比如,农民退休制度、土地流转和规模经营以及农业职业化等。除了那些强迫农民工回乡种田办法不可取之外,相关对策和建议仍面临很多问题需要解决。首先,各政策之间要有协调性和配套性,任何一个单一的政策或制度都难以解决农业中存在的问题;其次,各政策建议也不是完美无缺,农民退休制度的研究忽视了谁接班的问题,土地流转和规模化经营至今存在到底是采取合作化模式,还是公司化模式或"公司+农户+基地"模式的争论,也忽视了谁是农业从业主体的问题。农民职业化实际上是讨论农业职业应有的地位,需要具备的农业技术,强调实现农业现代化需要职业农民的问题,但哪个群体将是职业农民并没有给予回答,即谁是实现农民职业化的承担者? 哪些人应以农业为职业? 农业种田补贴等政策上的诱导是必需的,而哪些人又会被诱导呢? 可见,以上研究之间存在鸿沟或相互脱节,并且都忽视了相同的问题。笔者通过调查发现,虽然农村一定程度上因为年轻人的外流而衰落了,但一些有志于农业或看到农业前途的年轻人正悄然地进行着农业接班。卓有成效的群体主要是大学生和有见识的新生代农民工,也可称他们为新生代农民。他们正在农村从事农业规模化经营、发展现代化农业和进行农业换班,我国农业革命正悄然进行。当然,这场农业现代化革命仍要与农民退休制度结合起来,否则小块土地的承包制度会阻碍其前进的步伐。虽然某些地方还会保留一些小农,但这不是农业的主流,只是一种休闲农业(农民种田作为一种消遣和精细化生产等)的方式而已。

通过新生代农民工从工人转变农民的角色转换,从传统农业到现代农业的接班的调查,探讨他们角色转换和农业接班的成因与存在的问题,思考我国农业现代化的前景和路径。本书目的在于揭示新生代农民工参与到这场农业革命中来的机制,虽然有很多大学生到农村从事现代农业的鲜活例子,但限于研究主题,本书仅分析新生代农民工农业接班问题,揭示新生代农民工农业接班和角色转变的机制,案例来自笔者 2013 年至今的中部地区农村实地调查,实地访谈地点包括江西上饶广丰区、湖南永兴、湖北和河南等地农村,访谈对象是"80 后"和"90 后"的新生代农民工,特别是农业合作社带头人,还有县农业局相关人员。为了获得更多更详细的资料,笔者调查时有农业局人员陪同并介绍情况,访谈是笔者和访谈对象单独进行。调查的农业合作社类型包括葡萄合作社、养猪合作社、蔬菜合作社、柚子合作社等。本书数据除特别注明外,均来自笔者调查,有的数字非常精确,有的则是访谈对象估计的结果。主要原因是很多农民家庭的所有收入和支出全部混在一起,常常是在年终自己总体上估计是挣钱还是亏损,准确度上要求不高。由于各种原因,合作社成员还会对某些收入有所隐瞒,而亏损则会有意夸大,导致合作社收入与支出常常无法精确计算,会计账目很难反映真实情况。

第一节　文献综述:农民退休与农业换班的研究

针对农民老龄化妇女化、农业生产方式落后的状况,有实践的探索,也有社会各界的理论思考,还有向中央的献计献策。应该说,农民退休制度的实践走在理论研究的前面。成都模式是在全国比较早地开展农民退休的探索,这种模式实质上是城乡一体化,另外还允许农民"退休"后可以拥有土地。成都温江"双放弃换社保"的政策则是农民退休的另一种模式,如果农民自愿放弃土地承包经营权和宅基地使用权,就可以在城区集中安排居住,并享受与城镇职工同等的社保待遇。① 还有嘉兴模式。不过,这些制度还在实践探索之中,推广价值和更进一步的理论总结尚需时日。2009 年,我国开展新型农村社会养老保险试点工作,在全国 10%的县(市、区)采取社会统筹与个人账户相结合的基本模式和"个人缴费、集体补助、政府补贴"相结合的筹资方式,标志农民退休制度露出端倪。②《大公报》评论,2010 年中国农民开始领"养老金",是开天辟地的大事情,可解决中华民族后顾之忧。③ 不过,目前,农民参保年龄结构高,选择档次低。④ 农民领取的养老保险金从 80 元到 300 元不等,不但地区差距大,而且离满足正常生活需求还有不小距离。笔者在中部地区调查也发现了同样的问题,很多地方将农民投保作为乡镇政府的任务来完成。因此,农民投保率和养老保险缴纳覆盖面非常广,占老年村民的 90%以上,高的能达到百分之百,但投保档次基本是最低档,农民到退休年龄后拿到的养老金不超过 200 元,根本不能维持基本生活。其实,在"广覆盖"的原则下,失地农民养老的状况和农民养老面临同样的问题。⑤ 那么,老年农民退休将会面临失地农民同样的情形,可见,提高养老金标准和投保档次是保证农民退休的重要措施。这个问题需要进一步的讨论。

在理论研究方面,有人认为,中国农业的现实是农业人口占总人口的

① 唐亮:《成都:土地换社保　农民变居民》,《成都日报》2007 年 8 月 26 日。
② 王珏、邓勇:《农民"退休"之路渐行渐近》,《中国财经报》2009 年 8 月 10 日,第 5 版。
③ 陈群:《大公报:农民能够"退休"解中华民族后顾之忧》,中国新闻网,2010 年 1 月 6 日,http://www.chinanews.com/hb/news/2010/01-06/2056236.shtml。
④ 苗苗:《聚焦养老保障制度:农民参保年龄结构高　选择档次低》,中国经济网,2012 年 2 月 14 日,http://www.ce.cn/xwzx/gnsz/gdxw/201202/14/t20120214_23071309.shtml。
⑤ 温乐平、程宇昌:《农民退休制度:失地农民养老保障的制度创新》,《江西社会科学》2009 年第 11 期,第 217 页。

63%,其中,劳动年龄人口占60%,老年人口占农业劳动人口的66%,仍只是"吃饭农业"。政府应规定年满60岁的农村人口退出土地,并根据养老保障实际需要发放养老金。实行农民退休制度,可以把工业化、城镇化、土地流转等整合起来,加速城乡一体化进程。① 持同样观点的人也提出相同的论据与主张。有学者指出,《2014中国农村养老现状国情报告》显示54.6%的农村老人仍在从事职业性农业劳动,超过六成的农村老人不喜欢进城养老而被迫留在农村。因此,要改变家庭养老和土地养老模式,建立以养老保险为核心的农民社会保障机制,形成统一的城乡居民社会保障体系。② 针对农民养老保险投保档次低的问题,有研究者提出可以采取个人缴费、集体补助和政府补贴相结合原则,刺激农民积极参保的意愿,并适当提高个人缴费比例,解决农民养老待遇普遍偏低的问题。③ 对此,还有学者建议,新型农村社会养老保险制度中,"40后"农民、"50后"农民、经济贫困农民、健康状况不佳的农民需要更细致的制度安排,要实行弹性退休制度以及特殊的财政扶持政策等。④ 据学者研究,建立农民退休制度也是发达国家促进农民职业化的成功经验。比如,1957年德国建立了农民退休制度。因此,有研究者结合我国农业制度的现实,对照国外经验,指出我国农民属自然就业,既没有行业准入制度,也没有退休制度,所以,要借鉴国外农民退休经验。在领取养老金的农民转让土地基础上,实行"免费培训—资格证书—农业就业—退休时交出土地所有权—退休—领取含有国家补贴的养老金"的多位一体的就业与退休制度。⑤

从以上文献梳理可以看出,学者对农民退休的意义、农业的作用、社会积极影响、农民退休的制度设计的探讨都十分深入和细致,但谁来接班的问题并

---

① 李美锋:《全国政协委员谢德体建议设立农民"退休"制度》,中国新闻网,2009年4月23日,http://news.xinhuanet.com/politics/2009-04/23/content_11240942.htm。

② 刘英团:《逐步建立职业农民退休制度》,《农民日报》2015年6月26日。

③ 陈娟:《新型农村社会养老保险制度的微观解析——以苏北农村为例》,《江西财经大学学报》2009年第3期,第29—32页。

④ 贾丽萍:《"新农保"下农民退休年龄的调整及其可适性研究》,《中国社会学会2010年年会——"社会稳定与社会管理机制研究"论坛论文集》,2010年。

⑤ 曹瑛:《中国农民退休制度创新研究》,《河北大学学报(哲学社会科学版)》2014年第5期,第24页。

未得到充分讨论。农民职业化和农业现代化的研究着重论述农业职业应该具有的社会地位,需要具备哪些技术,如何给予政策支持等,没有论述和解决农业到底是由谁来接班这个问题。无论如何,现代农业应该是有技术、有文化的人来承担,但又会是哪些人呢?

2009 年我国人均耕地面积为 1.52 亩,不足世界人均耕地 3.38 亩的水平的一半,随人口的增加人均耕地还要下降。人均耕地少和质量总体不高以及耕地后备资源不足是基本国情。[①] 在这种国情下,靠小块土地肯定是实现不了农业现代化的,无论是谁来种地,都无法实现富裕。那么,建基于现有承包土地制度的土地流转,实现规模化经营似乎是不二选择,但具体的实现方式也存在争论。尤其对土地流转和流转给谁等关键问题,学者争论不休。主张由村社农民互助和主张资本下乡两个主要派别水火不容。主张农民互助的派别认为公司化会侵害农民利益,主张小块土地基础上的农民组成合作社;主张资本下乡者认为公司化或公司+基地+农户模式以及资本下乡才是农村的根本出路。目前两派已经持续了四年的土地流转试验,且仍在实验之中,都试图论证自己主张的正确性。[②] 问题的实质在于,双方对土地流转给谁存在关键分歧。共同点在于,两个派别都认为农户是各自的基础。不过,都对谁是农户存而不论,如果都默认是现在的"农户",那问题是,目前的"农户"大多以老年农民为主体,这个主体能否担当农业现代化的重任呢? 如果是现代化的"农户",那现在的老年"农户"又何去何从? 这些问题仍需要回答。

值得注意的是,建立在小块土地基础上的合作社收益很低,且众多小农协调成本很高,合作社应该建立在适度规模经营基础之上,而不是小农之上,否则会因比较利益太低失去激励。日本和中国台湾在工业化初期耕者有其田发展到工业化后期的适度规模经营值得借鉴。中国台湾 20 世纪 70 年代末 80

---

① 王泽:《我国人均耕地降至 1.52 亩不足世界人均水平一半》,人民网,2013 年 12 月 30 日,http://news.sohu.com/20131230/n392648100.shtml。

② 樊殿华、王萍:《资本下乡 VS 村社互助 农地流转的两派试验》,《南方周末》2014 年 1 月 16 日。

年代初开始重点发展农地规模化经营并取得显著成效,措施主要包括扶助农民购买耕地;推进共同经营、合作经营及委托经营;实施农地重划政策;等等。① 随着工业化、城市化的不断发展,1977 年后日本政府制定了政策、法规以及措施来促进农业的发展,实现耕地的规模化经营。② 其实,第二次世界大战后,日本农业也和现今中国的农业一样,也有大量年轻农民离开农村,使农业生产者高龄化,农地抛荒现象非常突出。针对这种情况,日本的农地政策相应发生了调整,突破了土地占有和使用方面的限额,鼓励土地的租借和流转,促使土地向有耕作能力的农户集中,扩大农地经营规模,改善农地的规模结构和经营结构,从而实现了农业现代化。③ 从事现代规模化农业的大多是年轻的农民,但目前还没有研究揭示中国台湾地区和日本年轻人农业接班的机制,似乎这个接班是自然而然或不证自明的过程。从现有研究看,只有孟德拉斯在《农民的终结》里讨论了农民退休和农业换班的方式。如退休金制度、经营年轻化和经营集中化、退休养老金等,并指出接班的年轻人是通过生活方式,而不是职业活动来界定身份,接班后还担起了农民责任,实现了乡村复兴。④ 这与工业化初期乡村人口外流具有完全不同的意义。它是一个经过工业化城市化后的一种高水平的复归。限于主题,孟德拉斯并没有详细探讨农村年轻人换班的机制。那么,其机制是什么? 我国农业换班的状况如何? 本书试图回答以上问题,在此基础上进行深入讨论。不过,有一点无可置疑,农民退休要退出小块土地,流转给年轻人,实现规模化、职业化,他们在经济上再回报农村老人,即"农民退休—让出承包地—农业年轻人—规模化、现代化和职业化—回馈农村及提供老人部分退休金"。

---

① 黄延廷、武玉:《台湾农业政策的调整及其对大陆农地规模化经营的启示》,《浙江农业学报》2014 年第 1 期,第 235—240 页。

② 郝寿义、王家庭、张换兆:《工业化、城市化与农村土地制度演进的国际考察——以日本为例》,《上海经济研究》2007 年第 1 期,第 40 页。

③ 闫兴侠、戴媛媛:《日本农地制度的变迁对我国农地制度改革的启示》,《经济师》2010 年第 10 期,第 25 页。

④ [法]孟德拉斯:《农民的终结》,李培林译,社会科学文献出版社 2010 年版,第 224—229 页。

第二节　角色转换与农业接班的主体:新生代农民工

新生代农民工由工业转向农业,由工人变成新生代农民,成为农业老板以及合作社带头人,背后有深刻的个人动因。当然,不是所有的新生代农民工都会回乡从事农业,顺利实现角色转换和农业接班,并成为现代农业的经营主体。只有那些有志于农业且知识水平较高,又具有一定管理水平的人才能成为现代农业的经营主体和农业接班人。

一、从工人到农民:新生代农民工的角色转换

笔者调查发现,中部地区农村已经出现了一群具有文化水平高、社交能力强的年轻人,他们用现代管理理念和营销理念在农村从事现代农业。他们搞特种种植和养殖,在网上销售产品,借助电商平台扩大农产品销售,有的还正朝着农业深加工方向努力。和上一代农民有根本区别的是,他们从事的农业专业性很强,技术要求高,农产品质量好、价格高,比如,芦笋、葡萄、观赏花卉、苗圃和瓜果等;营销理念上会强调自己农产品的保健价值,销售上都会强调绿色有机的特点和健康功能,比如,新生代农民工在销售芦笋时就宣传它的营养和药用功能等;还有的表现在销售渠道的拓展,比如,开网店在网上销售茶叶、柚子等产品。从目前情况看,农产品电商发展势头很好。笔者调查的芦笋合作社、雷竹合作社等还成为全国、全省示范合作社。在他们的推动和示范下,带动了当地大批农民种植,帮助了当地一批农民由传统向现代转型。比如,某县的雷竹,就是他们在浙江等地打工时学到种植技术后,在家乡扩展成了一个产业,在短短几年就发展成了县里的特色产业,2015 年该县还因此评为“全国林下经济示范县”。新生代农民工之所以会从事现代农业,主要有以下几个原因。

首先,返乡寻找创业机会。近几年沿海打工工资增长较慢,就业竞争激烈。中部地区很多人出去打工就是为了寻找机会和更高收入,当预期没有实现或遭遇现实困境时,就会寻找新的出路,而家乡显然是个重要选择之一。流

转了500亩地,小有成就的芦笋合作社邹理事长说:"在外打工的人都有'自己做'的想法,有的只是没有找到合适的机会或行业,我是在打工时看到工厂附近的农民种芦笋挣钱,也就回家种。这比打工自由,收入也更高。"当笔者问会不会想到有今天的成就时,他说:"那是没有,开始种菜和芦笋还亏了十几万,打工挣的钱都亏了,欠了好多债,这二三年才挣钱了。"(Z2016080631)

其次,响应家乡号召返乡创业,同时又照顾家庭,做到家庭事业两不误。近几年中部地区政府一直在鼓励农民工返乡创业,还专门制定了很多优惠政策,建立了返乡农民工创业园。当家乡有创业机会和优惠政策时,新生代农民工就会考虑回乡创业,这样可以兼顾家庭和事业。很多新生代农民工回乡从事现代农业或其他工作,都出于现实选择,就是为了解决家庭成员分离——与父母、与子女、夫妻分离问题。在家庭成员,特别是核心家庭的成员分离时,新生代农民工只要有合适的机会就会考虑回乡创业或就业。某柚子合作社理事长原来在浙江和上海打过工,后来回乡从事农业成为当地致富典型。当地的报纸还专门有一个版面报道其成功事迹。他说:"当时就想宁愿在家少挣点,在外打工一个月3000元,不如在家一个月2000元,一家人在一起很好,对孩子也好。刚好,县里说种马家柚(注:柚子的一个品种,红心柚,口味好,销售也不错,属县里着力打造的一个品牌),我就回家承包了山,这个时候(你们)来晚了全卖了,要不就可以吃到了。"(L2016080730)

笔者发现,新生代农民工结婚前会选择在外闯荡历练,结婚后是个重要转折点,特别是有小孩以后,有人就会从现实方面考虑回乡工作与家人团聚——农民工家庭迁移成本还是比较高的,尤其是在核心家庭有了小孩以后,小孩的照顾是个大难题。因此,新生代农民工家庭迁移比例不高。不过,返乡从事现代农业的新生代农民工基本不住在村庄里,城市生活的经历使他们习惯了城市生活希望在城市买房,打工后的收入积累可以支付他们在家乡县城购买住房的款项,使他们在县城居住成为现实。笔者调查发现,很多人已经买车作为交通工具了,往返于县城、村庄和田头。孩子在县城上学,父母随自己意愿在县城或村庄居住,或根据家庭需要(如在县城带小孩)选择留村还是居住县城。

最后，随隐性的农业革命的到来，农业显示了广阔的发展前景。随着小康社会的到来，人们在消费方面越来越重视营养、健康和养生，对食物的消费已经不限于粮食，对水果蔬菜的需求在增加。黄宗智认为，中国正发生隐性农业革命，即中国食物消费在转型，粮食、肉鱼、蔬菜水果由 8：1：1 向 4：3：3 的比例转化，农业生产转向越来越高的比例的高值农产品。① 这种消费革命刚好为家在农村的年轻人提供了发展现代农业的契机。

需要指出的是，由新生代农民工推动的现代农业换班并不是由上而下的倡导，而是由下而上的自发过程，呈内生性特点。从事现代农业的土地规模经营也是实践走在政策前面，中央的农业补贴对农业合作社的支持，对新生代农民工从事现代农业有帮助，但他们并不是冲着补贴而从事农业换班，而是因为家乡土地很少有人耕种，流转较为容易，"自己做"老板和"与家人在一起"的朴素动机共同造就了农业换班。笔者的调查还发现，目前这部分新生代农民工不太多，但预示着我国农业农村的前途与希望，预示着新生代农民工将成为现代农业的承担者之一，也预示着自下而上的推动才是农业发展的主要突破口。

当然，也不是所有的新生代农民工回乡从事农业都会成功。笔者从合作社理事长中发现了一些共同因素。第一，文化水平大多在高中以上，学习和社交能力都比较强。现代农业对劳动者、管理者的要求都比较高，不是以前"读不出书就去种田"的传统小农。如果种田没有农业知识，也要有最基本的文化素质作为基础，否则，接受技术的能力会受到制约，营销理念和管理理念也会缺乏。笔者调查发现，成功转型与接班的新生代农民工虽然没有上过农业院校，但他们本身具有高中以上文化水平，都有从农业技术人员那里学习技术的经历，或从省农科院技术人员下乡时学习求教的过程，加上他们对自己从事的行业善于思考和琢磨，最终走向了成功。笔者并没有因为他们成功了，然后倒果为因地倒推式推理，总结出其成功的特征，而是在实地调查中的实践总结

---

① 黄宗智：《华北的小农经济与社会变迁》，法律出版社 2014 年版，第 7 页。

和亲身体验。比如,笔者访谈芦笋合作社邹理事长时,发现其待人接物非常熟悉现代礼仪且非常得体,给人一种亲和感;而在访谈一个50岁左右的合作社理事长时,我们给他打招呼,竟然半天没有搭理,访谈时他对贷款多有抱怨,笔者和农业局的工作人员在其办公室坐了半天都没有倒杯水。在回归途中,那位县农业局工作人员说:"看他那样,我是银行贷款的(人员)也不会贷款给这种人。"第二,在打工中基本都是管理岗和技术岗。笔者发现,大多数转型成功的新生代农民工在打工时都在企业做过技术人员和管理人员。他们都表示,在工作闲暇时,在附近乡村的菜农那里找到了灵感,发现了自己发展农业的契机。比如,现在在上海和浙江等发达地区农业发展非常好,有很多运转良好的农业合作社,有一大批懂技术会管理的人在从事农业。新生代农民工通过接近那些合作社的成员,不久就成为朋友,在此过程中他们发现在家乡农业创业的机会。事实上,返乡的新生代农民工建立合作社以后,仍和打工时认识的发达地区农业合作社成员有联系,有技术问题还会向他们请教,参加他们的销售网络和各种产品推介活动。不难想象,在一线从事繁重体力劳动的新生代农民工是没有时间去发现和接近身边这些机会的。这也给企业管理提供了诸多启示,政府保证劳动法的执行,保证劳动者有足够的休闲时间,提高义务教育年限,普及大学和职业教育。这些都是激发人们创业、创新的重要措施,虽然这些措施表面上看上去都是花钱的,甚至会带来其他问题,如普及大学教育会使大学生就业难,但问题是,年轻人不上大学也要就业,过早地将他们推向社会对提高公民素质和鼓励全民创业并无裨益。

二、由传统农业过渡到现代农业:新生代农民工农业接班

新生代农民工角色转换后,并不是从事传统农业,而是发展现代农业。他们以种植经济作物为主,依托现代农业技术,采用现代管理方式进行规模化经营,利用现代营销手段销售产品。有的还打造出了自己的品牌,为家乡现代农业生产作出了贡献。

目前,社会普遍关注的是农业老龄化和土地抛荒问题,而土地抛荒更值得重视的是,土地隐性抛荒。所谓隐性抛荒是在家的老年农民或妇女没有体力

耕种土地,但又不想让土地荒芜,将两季粮食作物改为一季,而且种一季也是直接在土地上下种,不经过插秧或移栽,基本不施肥、不除草、不打药,到收获的时候能收获多少就收获多少。这种隐性抛荒是农民为了不抛荒土地而保持土地肥力采取的方法,因为土地长期抛荒后,长了野草或野树后不但失去肥力而且耕种难度非常大。可以说,农业老龄化为农业换班创造了条件,中央土地流转制度也是在促进农业的现代化转型。其实,作为"60后"和"70后"的农民返乡后变成农民的群体仍是农业主体,不过这两个群体大多在探索规模种植粮食作物和一般的养殖(养猪养鸡)为主,比较收益不是很高。这也可以解释为什么那么多老年农民仍留在城里打工,成为我国老年农民工现象,并且这个50岁以上的老年农民工群体总数达4600万。[①] 可以说,上代农民工回乡从事农业并不容易,主要是因为观念、知识水平和技术限制,小块土地比较收益也低,他们即使回乡从事农业规模经营,也只是种植规模上简单地扩大,技术水平和收益并没有实质的提高,因此,老年农民工宁愿在城市打工而不回乡种田。其背后的本质问题是,建立在小块土地基础上的家庭承包经营解决的是温饱问题,而我国早已经过了温饱阶段并到了小康社会,传统的温饱型农业显然要转型为现代富裕型农业。温饱型农业主要是以实现耕者有其田为目的,种植粮食作物为主以解决饥饿问题为出发点,以小农吃饱为基础。富裕型农业强调粮食作物产高质优,以大众吃好为标准,种植经济作物,以瓜果蔬菜为主,注重产品营销、科学管理和农业现代化。因此,二者对劳动者素质要求也不一样,后者要求更高。发展温饱型农业,还是富裕型农业,则取决于不同的社会发展阶段。社会发展程度低,工业化和城市化水平低,非农劳动就业少,就以发展温饱型农业为主;反之,社会发展程度高,工业化和城市化水平高,非农就业机会多,社会富裕,则发展现代农业或富裕农业为主。值得注意的是,土地规模化不是简单地为规模化而规模化,不是小农的简单合作。简单地扩大土地流转规模,摊大饼式的农业规模化对我国农业发展并不利,农业规

[①] 《无奈的"延迟退休":中国50岁以上民工达4600万》,腾讯网,2015年10月23日,http://news.qq.com/a/20151023/049650.htm。

模化应该有技术内涵的提升,要建立在农学知识、农业机械化、科学育种、科学栽培等基础之上。

"80后""90后"的年轻人文化素质高,通过网络接受了新思想,不但种植经济作物,也拓宽了销售渠道,更注重相同面积上的现代生产要素的投入,从而获得更多的经济利益。笔者调查的一个访谈对象,在广东电子厂打过工的新生代农民工小李,2009年他结婚后在家乡县城买房居住,回农村老家帮父母种植茶叶。为了改变父母挑茶叶或卖给茶叶贩子利益较少的销售途径,在县城的家里开了一个网店,专门销售家乡的茶叶。父亲刚开始特别反对,认为网上销售太不可靠,但不久发现小李能赢利,后来放心地将茶叶销售交给他。小李完全改变了家乡传统的销售方式,并获得了较好的收益。现在,小李成了当地电子商务成功的典型,成为县城小有名气的老板,很多茶农和经销商都找他在网上销售茶叶,他现在也给本县专门培训网上销售人员,县里和市里的电视台还专门报道了他的成功事迹。更有甚者,通过网络直播各种农活,获得大量粉丝的关注,进而获得巨额利润。在种植品种上,新生代农民工更注重经济作物和特种养殖,包括养虾、养野鸡,种植花卉、观赏性植物、雷竹和芦笋等。有的在探索产品的深加工以增加产品附加值。他们在政府补贴和帮助下,大多获得成功,通过示范带动农民致富并为当地农民提供技术支持等。有的还将一个农业品种打造成县里的农业支柱产业和特色产业。比如,某县雷竹产业获得了"全国林下经济示范县"称号。在品牌上,新生代农民工也在政府支持下有所作为。在靠近鄱阳湖的一个县,长期以来,农户养的乌鱼(黑鱼)味道鲜美,非常受省城居民的欢迎,还注册了商标,但因为单个小养殖户实力小,导致长期无检测设备,影响品牌的形成和进一步发展。现在,有新生代农民工加入和扩大养殖规模后,在已有基础上努力打造品牌和产品深加工,扩大销售途径,虽然还有很长的路要走,但已经取得了一些成效。

除了现代农业的种植品种、农业技术和销售渠道等与上代农民不同外,新生代农民工变成新生代农民的另一个特点是,将公司管理理念带入了农业管理过程之中。正如前文所言,很多农业接班的新生代农民工都有在工厂从事技术岗或管理岗的经历,他们在潜移默化中学到了工厂的先进管理方式。在农业合作社管理过程中,他们用工厂管理方式管理雇佣的农民,既提高了雇工的收入,也节约了合作社的成本,间接提高了效益。比如,芦笋合作社邹理事长基本是用打工学来的公司管理模式管理自己的农业公司或合作社。他采用每个大棚承包或按工作量计算报酬的办法管理合作社,年终还会评选先进大棚或模范员工,还召开全体员工会议在大会给予奖励。不过,很多合作社在实践中采取的是公司化运作。根据《中华人民共和国农民专业合作社法》,农民专业合作社是指"在农村家庭承包经营基础上,同类农产品的生产经营者或者同类农业生产经营服务的提供者、利用者,自愿联合、民主管理的互助性经济组织;从服务对象上来说,合作社是以其成员为主要服务对象,提供农业生产资料的购买,农产品的销售、加工、运输、贮藏以及与农业生产经营有关的技术、信息等服务"。并且,合作社对成员也有要求,最少有 5 个成员,农民要占总数的 80%。现实中,为了获得政府支持,新生代农民(工)规模化经营也采取合作社的模式,由一个或几个人合伙流转土地形成独立承担责任的农业公司称为合作社,实质上是公司式经营的家庭农场(这个概念也十分模糊)。笔者认为只要不是骗补贴的合作社或农业公司,只要是在创造财富,就可以允许合作社有多种形式。当他们渡过农业补贴的依赖期和经济实力强大后,再逐渐过渡到正式的公司化模式。公司化管理确实提高了雇佣农民或农业工人的收入,也节约了合作社的成本。邹理事长就说:"合作社有 600 个大棚,如果按天请人做事(笔者注:除草、浇水、喷农药和收获等)容易磨洋工,将大棚承包村上的人,我只负责(技术)指导,他们也更自由,挣钱比按日算要多,一人一年可以挣四到五万,合作社(比按日请人计算报酬)也省了近 20 万。"(2016080632)

不过,新生代农民工农业换班也存在一些障碍。首先,很多农民尤其是老年农民依靠土地生活,大多仍属于低层次兼业,小块土地的收入加上打工收入维持晚年生活,所以,他们不愿意流转土地,给土地连片种植和规模化经营带来障碍;其次,土地流转后,农民不但可以拿到土地流转费——这比自己种田收入要高或最少持平,而且还可以在合作社做工,两项收入相加后的总收入比自己种田高出了许多倍。但是,有些老年农民或高龄农民在合作社做工过程中,一旦学到技术就会想自己干,就会想办法收回流转的土地,甚至不惜动用下三烂手段。农民流转土地看到承包人挣钱后,悔约的事情屡见不鲜,新闻媒体也多有报道。不过,笔者调查发现,农民悔约收回土地后,他们自己也种不好,并不能赢利,因为他们学到的只是表面上的技术和管理,而种植经济作物要赢利除了要懂技术之外,还有销售、管理等一系列相关环节,缺一不可。更重要的是,他们忽视了被收益遮蔽的风险,农民悔约收回土地自己种植以后,常常因为管理和销售问题导致亏损,或者是盲目仿效导致种植面积过大,降低了产品的价格,增产不增收。这是目前合作社土地流转遇到的最大问题。最后,目前土地流转时间比较短,一般从三年到十五年不等,即使是十五年,合作社也没有动力去改造农业灌溉设施和提高土地肥力。因为改造农田不但投入大,而且花费时间长,见效和收回成本却很慢,改造农田有的要花几年时间,如果土地流转时间不长,回报时间就会很短,并且,还要面临农民随时悔约收回土地的风险。这些不确定性使土壤保持肥力、农田水库建设、沟渠和田埂硬化等都陷入困境。可以说,老年农民没有彻底退出土地,小块土地承包方式,以及土地流转时间短等成为农业换班以及农业现代化的瓶颈。无论如何,现代社会需要质量更可靠的农产品、更多元化的产品,就像黄宗智所言的"隐性农业革命"正在中国发生,中国人已经不再是能吃饱就可以了,而是要吃得好、吃得健康,那么,农业革命势在必行。现代农业需要现代化的组织,小农的消失是必要的,也是必然的。费孝通早就指出,改进产品不仅是一个技术改进的问题,而且也是一个社会再组织的问题。①

第三节　新生代农民工角色转换与农业接班的路径

绝大多数新生代农民工有打工经历,在此过程中,他们得到历练,丰富的城市生活,多样的机会等,不但使他们可以寻找到发展机会,也使他们可以发现自己的潜能。我国农业现代化一定是依靠来自农村的这些年轻人。不管是

_____

① 费孝通:《乡土中国》,上海世纪出版集团 2013 年版,第 211 页。

采取合作社方式,还是资本下乡的公司化方式(技术仍来自专家和科技人员),但是,最终的经营主体和农业一线人员是来自于农村的年轻人,即新生代农民工和大学生。他们不但要有知识、有技术、懂管理,而且要有志于农业。新生代农民工要实现角色转换和农业接班既要排除外部障碍,又要提升他们的能力。

一、推行老年农民退休制度是农业接班的前提

新生代农民工实现农业接班,其前提是老年农民退休并顺利退出小块土地的耕作,将土地流转给他们。在此基础上,新生代农民工才可能从事现代农业生产,实现农业的规模化和职业化。他们将现代农业产生的收益又从经济上回馈给农村老人,即"农民退休—让出承包地—农业年轻人—规模化、现代化和职业化—回馈农村及提供老人部分退休金"。因此,要尽早实施农民退休制度,一是解决新型农民养老保险投保率高但档次低的问题;二是国家要投入更多资金以适度提高农民退休待遇,让老年农民从土地中退出;三是要加大对流转出农地的老年农民的各种补贴,土地流转费每年或每几年适度增长才能保证农业的交班;四是根据中国家庭代际支持的特点,还要加强农民家庭养老责任。这样,以较高的退休金加上土地流转收益以及家庭养老,农民就基本可以过上比较体面的退休生活。老年农民才能从传统的小农农业生产中退出,新生代农民工才能顺利实现接班,我国农业才能实现现代化。

二、提高新生代农民工的教育水平是农业接班的基础

正如学者所指出的,职业农民的基本要求包括稳定的土地承包权或使用权,接受全面农业教育的现代农业技能,人才在城乡的双向流动等。现代农业必须要有与之相适应的现代农民,有志于农业的新生代农民工要顺利实现角色转换,必须具备现代经营管理素养。农业合作社带头人不但需要掌握大量农学知识,还要懂得现代营销手段、管理理念等。舒尔茨在《改造传统农业》中指出,一个受传统农业束缚的人无论土地多么肥沃,也不能生产出许多食物。节约和勤劳工作并不足以克服这种类型农业的落后性,改造成为可能的

知识是一种资本的形式,这种资本需要投资,向农民投资。① 舒尔茨所说的投资实质就是对农民进行人力资本投资。因此,一是政府要尽快制定新生代农民工进入高等学校或职业学校进修的制度,提高他们的文化素质,使他们有再学习的能力和自我教育的能力;二是对有农业技术要求的新生代农民工给予支持,政府可以建立农业院校或农科院与新生代农民工合作社对接帮扶制度,定期下乡提供技术指导,并对他们传授农业知识;三是在农村尽快建立社区学院,以满足农民不断学习和更新知识的需要,形成农民的终身学习机制。只有这样,新生代农民工才能顺利实现身份转型,甚至可以在不同身份之间切换。日本农业六次现代化经历也证明农业人员素质的重要性。

三、保证新生代农民工的各项权利是农业接班的保障

目前,新生代农民工还没有享受和城市居民同样的权利,权利的缺失不但使他们难以融入城市和面临诸多不公平,而且使他们的能力或潜力难以发挥。就新生代农民工农业接班而言,最重要的是要保证新生代农民工合法的休息权和休闲权。政府要保证《劳动法》的严格执行,也要保证劳动者有足够的休闲、休息时间。笔者发现,新生代农民工中成功者大多是在休息、休闲过程中发现的机遇,很难想象一个工人长期在生产线上能提升自己的能力,并能在城市中发现自身的机遇。二是要保证新生代农民工在工作中的职业培训权。接受职业培训是劳动者的基本权利之一,既可以提升劳动者的职业技能,还可以提高信息获取的能力,激发其他迁移性才能。三是要保证其农业接班过程中的农业权益,比如,享受农业补贴贷款的权利和农业保险权,捍卫土地流转过程中的不被悔约权。特别是,农业创业和农业经营风险比较大,要全面实施农业保险政策,确保新生代农民工农业保险权。政府要促进新生代农民工创业,不但培养其创业意识,鼓励有潜力、有意向的人创业,还要允许他们在农业创业过程中试错,并给予政策支持。不是每个人都能创业并成功,但总有人会找

---

① [美]西奥多·W.舒尔茨:《改造传统农业》,梁小民译,商务印书馆 2010 年版,第175 页。

到成功的门径,并提升其人力资本。这些都是激发新生代农民工农业创业的重要措施,虽然这些措施表面看上去都是花钱的,但产生的效益是难以估量的。

四、各种政策相互配套发挥合力是农业接班的关键

新生代农民工变成新生代农民,顺利实现农业接班的各种制度要相互配套,缺少一个制度环节都将影响政策效果。首先,整合农民工城市融入政策、老年农民退休制度和土地有序流转制度,形成通畅的农业退出和进入机制;其次,政策引导与支持必不可少,我国农业发展多次证明靠强迫命令农民的政策取得的效果甚微,关键是要通过各种政策与补贴进行引导,也要尽快实施农业保险政策,减少农业经营风险;最后,坚定不移地实施土地规模化政策。

总之,在工业化初期耕者有其田政策是有效的,但工业化后期则必须土地规模化,日本和中国台湾的经验说明了这一点。孟德拉斯在《农民的终结》中早就指出了法国农业现代化的历程中非常痛心的一幕。那就是,相对于英国的圈地养羊运动导致的动荡和乡村社会平衡的破坏,法国没有圈地运动,也没有导致乡村的动荡和乡村平衡的破坏,大多数法国农业史学家都庆幸"法国的明智"。由于这种"明智"使法国避免了18世纪农业革命所带来的极端后果,从而能够保留下众多的农民。但是,在某种意义上说,法国是在行进路上停顿下来,停了一个半世纪,在接受技术新潮的同时,它的农民仍然是"农民"。① 因此,如果小块农地适合于农业社会和工业化早期,那么,对处于工业社会中后期的我国来说,是时候转变观念了,必须加快推进农业规模化。当然,我们要避免给农民生活带来过多的震动,应该保障其权益,土地流转在经济上不低于其种田的收入,给农民退休更多的保障。更值得注意的是,农业合作社也一定是建立在土地规模经营之上的,如果社员占有小块土地,收益低下会失去合作的动力,起不到激励作用,并且,众多小农合作的协调成本也非常高昂。笔者调查发现,采取公司化运作的合作社运转比小农组成的合作社要

---

① [法]孟德拉斯:《农民的终结》,李培林译,社会科学文献出版社2010年版,第6页。

好得多,众多的合作者难以协调,并常常陷入困境。

第四节 讨 论

农业应该实现现代化、规模化基本成为共识,只是到底采用小农合作还是资本化方式存在争议。黄宗智指出"劳动和资本双密集化,小而精的节省土地模式",①规模在100亩左右的小家庭农场。虽然他提出中国不能依照美国"大而粗"的家庭农场,但是,就中国农业现状而言,黄宗智忽视了我国农村其实已经没有多少年轻人了。5000多万50岁以上的老年农民工宁愿待在城市也没有回乡种地,从事农业的大多是超过退休年龄的老年农民,他们在从事过密化劳动。随着技术的改进劳动密集型农业和资本密集型农业常常是难以兼容的,特别是农业机械化的发展,是排斥劳动密集型农业的——除不适合规模化种植的山区。笔者认为,在目前过渡阶段,黄宗智的思路还是可行的。虽然现代农业是必由之路,但考虑到我国幅员辽阔,各地经济发展水平有差距,地理状况相异,比如,有的地方是丘陵地带有梯田(比如笔者调查的湖南永兴县),大规模可能不是很现实。因此,应该根据各地实际情况实施规模化。总体而言,要立足于长远规划,立足于农民富裕,种田(粮食作物)按一亩500—1000元的纯收入计算,无疑200亩以上的农场是适合中国农村情况的,经济作物也要在100亩以上才有中等收入的可能。笔者调查发现,现实中新生代农民工合作社最少都在200亩以上,多的500多亩和700多亩,规模化才能效益化和现代化。这个规模可以形成中等的家庭农场,也就是说,我国农业应该以中农为主,一定不是小农,也不是像美国一样的大农场。因此,我国农业的发展方向是,具有现代素质的新生代农民为体,以多种种植和养殖相结合的农业现代化,以及以中农的家庭农场形式为主的规模化农业。在此基础上,可以形成农民合作社,也可以形成"公司+农户"等诸多模式。

贺雪峰在多篇文章中提到给农民退路,在农村留小块土地也是社会稳定

---

① 黄宗智:《超越左右:从实践历史探寻农村发展出路》,法律出版社2014年版,第434页。

的重要根基,让他们在城乡来去自如。也有学者持相同的观点,还主张在此基础上改一个模式,就是保留小块土地基础上的农业规模化服务的思路。[①] 其实,农业规模化服务的思路本质上仍然是规模化,更为重要的是,这些观点的前提预设仍然是,农业是吃饭农业和解决温饱的农业。实际上,中国已经过了温饱阶段,农民追求的也是更高层次的生活享受,而不仅仅是为了吃饭,靠小块土地难以实现农民生活方式的转型和生活质量的提高。现在人们不是为了吃饭才去种田,为了吃饭他们已经不种田了,而是在从事非农工作获得更高收入。另外,提倡农业规模化服务实质上仍然是规模化经营,只是变了一种形式——当大量农民将土地上的工作全部承包给了服务人员,相当于农业服务人员承包了这些农民的土地。前者是农民获得土地流转费,后者是农民获得土地收益后再给服务人员服务费。在工业化水平落后的地区,坚持农业规模化服务的思路目前来说也是可行的,很多农民工在东部发达地区找到农业以外的工作机会,不发达地区很多村庄的人口也在不断减少,可见,不发达地区农业经营的前途也是土地规模化经营。就像以上研究者所指出的,可以实行小块土地承包基础上的农业规模化服务,也从另一方面说明了农民正在和土地脱离,不再从事具体的农业生产。因此,应该立足于更富裕的生活的预设来考虑农业农村问题,还不能忽视农业老龄化问题和老年农民退休享受同等权利问题。事实上,农民工特别是很多新生代农民工也不愿意回农村从事农业,因为他们吃饭再也不是问题了,而是希望在城市获得更高的收入和享受更丰富的生活。所以,农业的发展必须立足于这样的现实,即新生代农民工喜欢城市生活方式,追求更高收入的预期和更多的发展机会等。费孝通在禄村调查时就指出过,农村分家会使农场细碎化,每户种田规模会越来越小,贫富就产生了。即使是小地主有几个儿子经过分家以后每户的土地也都会变小。[②] 一直保持农民的土地承包权只能是共同的贫穷,只有使农民在土地外找到工作才会有更高的收入,这也是费孝通为什么一直致力于提倡发展乡村工业的原

---

① 韩启民:《城镇化背景下的家庭农业与乡土社会:对内蒙赤峰市农业经营形式的案例研究》,《社会》2015年第5期,第122页。

② 费孝通:《乡土中国》,上海世纪出版集团2013年版,第453页。

因。费孝通认为,农场太小是农业发展的障碍,要扩大经营单位——不一定要提倡大地主或所有权集合。要贯彻耕者有其田,势必加速使农场分割。他还认为,不应该提倡小农经济。① 费孝通的这些论述是值得今天的学者认真对待的,他将农业和工业统一起来解决农村贫穷的思路是值得学者思考的。当然,要让农民有健全的社会保障和老年农民退休制度等,保证农民平等的公民权,而不是让新生代农民工留小块土地,使中国遍地是小农,只有这样,现代农业才有可能得到发展。因此,解决农业农村问题必须跳出农村,跳出温饱农业思维,破除小农平均占有土地的思维惯性。主张保持小块承包地的学者很难回答一个问题,即学者们设计他们回农村之路,很多农民工为什么不回乡种地而愿意留在城市呢? 而且,主张农民应该保留土地的学者似乎不担心城市居民没有土地怎么生存,因为城市居民享受了社会保障等权利可以保证其衣食无忧。如果在城市中的新生代农民工享受城市居民同等的权利,以及到退休年龄的农民享受养老金,那就和城市居民一样,完全没有必要靠保留小块农村土地以保证其生存。这是被贺雪峰等学者忽视的关键点。更为重要的是,上海、浙江和福建不但工业化、城市化水平很高,农业规模化和现代化水平也走在全国的前列,这对我国农业发展甚至工农业关系都具有十分重要的启示。因此,让老年农民退休并退出土地,健全土地流转制度,让新生代农民有动力去实现自己的理想和我国的农业现代化。

让农民退休而不是终身从事农业,是影响我国农业道路选择的重要问题。农业谁来接班? 真正从事农业的主体是谁? 目前还没有得到应有的重视。我们认为,在显性和隐性的土地抛荒、农业的老龄化和高龄化以及中老年妇女化、人们消费转型背景下,具有现代意识、有技术、懂管理和善于经营的农村年轻人是农业转型的担当者。主要包括两个群体:一是农村出去的大学生,二是在城市打过工且从事过技术岗或管理岗的新生代农民工。新生代农民工先在县城买房居住再回乡从事农业,或者回乡创业后再在县城买房居住。他们是生活在城市、工作在农村的一种新型农民,即新生代农民。实际上,农村的复

---

① 费孝通:《乡土中国》,上海世纪出版集团 2013 年版,第 454 页。

兴也是依靠这样有志于现代农业的年轻人。农村现代转型和形成新的"农民精神"也依赖于他们。当然,他们的转型还需要政府对其投资——人力资本的投资,保证他们在城市的休息权和休闲权,他们才能发现创业机会,发挥自己的潜能。他们的接班还需要各种制度的相互配合,如农民退休制度、土地流转制度和家庭承包制度更进一步的改革,实现在横向上有技术含量的规模化,在纵向上实现生产、加工销售的一体化。近年来,中央实施的农村养老保险、土地流转制度、惠农政策等,预示着农业转型和农业换班的到来,因为我国农业"十三五"规划已经在主攻现代化,不再单纯追求产量的增加。①

---

① 于祥明:《农业十三五主攻现代化　不再单纯追求产量增长》,新浪网,2015 年 10 月 27 日,http://finance.sina.com.cn/china/20151027/060523587855.shtml。

第七章　新生代农民工婚姻的变与不变

　　本章揭示了新生代农民工"闪婚"的发生机制,探讨了"闪婚"与高额彩礼的内在关联。采用男权视角可以很好地解释新生代农民工"闪婚"问题、"闪婚"和高额彩礼的关系问题,认为"闪婚"是由农民"发明"的,解决问题的办法自然也蕴含在农民日常生活之中。父母干预并尽力控制跨省婚姻,将子女留在身边的一个策略,与返乡置业有着内在关联,也是为下一章作铺垫。

　　近年来,新生代农民工"闪婚"成为农村缔结婚姻的主要形式,由此导致的"闪婚闪离"引发了社会的广泛关注和忧虑。有些地区"80后""90后"离婚率高达45%。① 同时,高额彩礼现象也引人关注。不但男方家庭不堪重负,给社会也带来了消极影响,而且还出现了恶性刑事案件。比如,最近出现的因高额彩礼而杀死新娘的事情。② 学界对新生代农民工"闪婚"和彩礼问题都进行了研究。不过,对"闪婚"的研究没有分析其起源,对农村为什么会兴起并接受"闪婚"语焉不详。对彩礼的研究成果丰硕,有婚姻交换中的偿付理论和婚姻资助理论等。③ 费孝通则在《江村经济》中同时运用这两种理论进行了探讨,后来的学者在此基础上还发展出了新的理论框架和新范式。但是,高额彩礼与"闪婚"的关系却没有得到应有的阐释。因此,本章的问题是,为什么农

---

　　① 《越秀区去年离婚率高达45%　多半是90后、80后》,腾讯网,2017年3月17日,http://gd.qq.com/a/20170317/003161.htm。
　　② 《因高额彩礼起争执　新郎在洞房之夜锤杀新娘》,凤凰网,2017年1月21日,http://news.ifeng.com/a/20170121/50611498_0.shtml。
　　③ 阎云翔:《礼物的流动——一个中国村庄中的互惠原则与社会网络》,李放春、刘瑜译,上海人民出版社2000年版,第192页。

村会出现"闪婚"现象？其发生学机制可以揭示其本质并深化现有研究，从而找到解决问题的办法。因为一个社会问题的解决方案常常隐藏在它的起源上。高额彩礼与"闪婚"的关系如何？本章试图通过男权（父权）视角分析这两个问题，从理论上廓清人们对"闪婚"的认识，在实践上找到应对之策，回应社会关切，缓解人们的忧虑。

本章是笔者在 2017 年春节期间做的田野调查，调查时间从 1 月 16 日到 2 月 22 日，跟踪调查了三个"闪婚"案例，实地观察了已经"闪婚"的新生代农民工婚姻状况，深入访谈了不同时代结婚的农民（工）。一是笔者 85 岁的姑奶奶及其他 70 岁以上由父母包办婚姻的老人，对老人的访谈有时是和老人们坐在一起聊天时进行的，笔者引入问题再听她们讨论，访谈大约 20 人次；二是40 岁以上 70 岁以下的由相亲结婚的中老年农民或农民工，大概 10 人次；三是婚姻自主性更大的新生代农民工，大约 20 人次。访谈是采用深入访谈和集体访谈的方式，时间和地点不固定，有的是在和他们吃饭期间进行，有的是在村庄公共空间，如祠堂内集体开展传统活动时进行，还有的是在和朋友一起聊天时进行。

第一节　男权视角下的农村婚姻变迁图景

一、男权的失落与女权的崛起

在《祖荫下》一书中，许烺光认为，中国文化性格的形成主要受五种因素影响，一是以父子关系为轴心的家庭生活；二是男女有别的伦理约束下形成的两性间的紧张；三是父母的绝对权威和权力；四是将儿童作为成人来培养的教育方式；五是四世同堂的大家庭理想。[①] 五个因素中就有三个与婚姻有关。也就是说，中国的家族是父权（男权）家长制的。家族中的经济权、法律权和

---

① 李培林、渠敬东、杨雅彬编：《中国社会学经典导读》，社会科学文献出版社 2009 年版，第 465 页。

宗教权都掌握在父祖辈手中,在婚姻中的表现就是父权决定子女婚姻状况,父母的意志为子女婚姻成立或撤销的主要决定条件。[①] 因为中国人的婚姻从来不是私事,婚姻的意义是确立双系抚育,传宗接代,在达到一番手续中常包括缔约的双方,当事人和他们的亲属,相互的权利和义务。[②] 因此,长期以来,中国人的婚姻是父母之命、媒妁之言的。新中国成立后,中国共产党在农村推行了包括婚姻法在内的一系列法律和政策,目的是推动农村经济社会发展。1950年5月《中华人民共和国婚姻法》颁布实行,规定了婚姻自主、离婚自由,大大提高了妇女在婚姻中的地位,对传统父权(男权)地位构成了挑战。[③]

随着党在全国开展的妇女解放运动,"妇女是半边天"和"铁姑娘"由意识形态变成了现实。男女平等原则无论在家庭还是单位都得到了切实有效的贯彻,建立了男女公平竞争的环境。[④] 改革开放后,工业化和城市化快速发展,妇女经济参与机会和参与方式,以及接受教育的机会都大幅增加。[⑤] 与此相对,快速的社会流动侵蚀和破坏着血缘、地缘关系高度重合的中国父权制家庭,父权制家庭遭到一定程度的解构。[⑥] 家庭的权力关系也在发生着深刻的变动,家庭的经济权力从老一辈转移到了小辈,家庭权力从男性向女性转移或部分转移。[⑦] 虽然有学者认为,男权衰落在清末就已经露出端倪,反映的是传统道德的崩溃和帝国体制的动摇。[⑧] 但从实践来看,男权的衰落、女权的彰显真正发生改变还是在解放后,特别是改革开放后。

[①] 李培林、渠敬东、杨雅彬编:《中国社会学经典导读》,社会科学文献出版社2009年版,第901页。

[②] 费孝通:《乡土中国》,上海世纪出版集团2013年版,第450页。

[③] 王俊斌:《20世纪50年代农村婚姻家庭的变迁》,《兰州学刊》2012年第10期,第77页。

[④] 金一虹:《也谈男女平等的收获与代价》,《社会学研究》1995年第1期,第101页。

[⑤] 金一虹:《城市化——妇女发展的又一机遇与挑战》,《妇女研究论丛》2001年第6期,第4页。

[⑥] 金一虹:《流动的父权:流动农民家庭的变迁》,《中国社会科学》2010年第4期,第151页。

[⑦] 应星、周飞舟、渠敬东:《中国社会学文选》(下),中国人民大学出版社2011年版,第822页。

[⑧] 段江丽:《男权的失落:从〈醒世姻缘传〉看明清小说中的"女尊男卑"现象》,《浙江社会科学》2002年第6期,第147—151页。

二、新生代农民工"闪婚"与彩礼的研究

在长期的男权社会中,女性在婚姻中处于弱势,是父母包办婚姻的主要承受者。在人民公社时期,农村婚姻开始发生或隐或显的变化,表现为介绍式婚姻增多,农村青年的婚姻决定权在提升。[①] 随着女权的跃进,女性在婚姻中的话语权和决定权在不断增加,我国农村缔结婚姻方式由父母包办转变为媒人介绍、组织(单位)介绍、自由恋爱等多种形式。但总的来说,相亲仍然是农村居民缔结婚姻的主要形式,介绍的形式本质上也是相亲,只是年轻人在其中的决定权的大小发生了变化。现在,农村居民中存在三种婚姻形态,即 70 岁以上老人的婚姻是由父母包办的,结婚前男女双方没见过面,完全由父母做主;"50 后""60 后"和"70 后"的相亲婚姻,相亲时父母发言权比较大,并以"规劝"的形式发生作用;"80 后"和"90 后"的"闪婚",相亲时自己有决定权,父母主要是参考权。

就本章研究主题"闪婚"而言,学者对"闪婚"的研究主要集中在分析原因、后果及对策等方面。新生代农民工选择"闪婚"的主要原因:一是流动的不稳定、工作繁忙,他们只有在春节的休息时间抓紧相亲结婚并成为"闪婚族";[②]二是打工经济和村落习惯的互动促使他们"闪婚";[③]三是"闪婚"实际上是结构性困境,婚姻的情感性与功能性的权衡共同决定着新生代农民工在"闪婚"与跨省婚姻两种模式之间进行选择;[④]四是跨省婚姻、婚恋及生育年龄的超前等共同塑造了"闪婚"。[⑤] "闪婚"的主要功能是,可以降低婚恋成本和

[①] 李秉奎:《婚介、择偶与彩礼:人民公社时期农村青年的婚姻观念及行为》,《当代中国史研究》2012 年第 4 期,第 70 页。

[②] 陈强:《新生代农民工春节假期回家闪婚彩礼钱底价 16 万》,《羊城晚报》2014 年 2 月 17 日。

[③] 魏程琳、赵晓峰:《"闪婚闪离":农村青年婚姻变革的社会基础及趋势——基于赣南 Y 村个案调查》,《西南石油大学学报(社会科学版)》2013 年第 1 期,第 15 页。

[④] 陈锋:《"闪婚"与"跨省婚姻":打工青年婚恋选择的比较研究》,《西北人口》2012 年第 4 期,第 52—57 页。

[⑤] 王会、欧阳静:《"闪婚闪离":打工经济背景下的农村婚姻变革——基于多省农村调研的讨论》,《中国青年研究》2012 年第 1 期,第 56 页。

解决新生代农民工的婚姻问题;"闪婚"带来的后果是,由于双方缺乏感情基础,[1]重效率不重感情的市场逻辑导致了"闪婚闪离"问题;"闪婚"的外在表现是,新生代农民工婚姻观念自主开放、婚姻仪式简化、高额彩礼等;"闪婚"的内在实质是,传统婚姻支持机制走向瓦解,新的婚姻支持机制尚未形成,从而造成混乱的婚姻氛围。[2] 总之,新生代农民工的婚姻问题是传统社会向现代社会转型的困境。[3]

高额彩礼是与新生代农民工"闪婚"相伴随的一个现象。对于彩礼的研究,学术界既有经典的研究,也有解释力强的新范式。有学者系统地梳理了婚姻缔结过程中彩礼的偿付理论和资助理论。[4] 有的学者指出费孝通同时运用以上两种理论分析了彩礼,并在此基础上提出婚姻市场要价理论,认为农村婚姻变迁与打工经济兴起有密切关系,女方婚姻要价推动了农民生育观念、家庭代际关系、夫妻关系变迁等。[5] 当然,也有学者指出,彩礼定价过程中家族网络维持的标准价格观念,传统文化权力都发挥着重要作用。[6] 可以说,不管是偿付理论,还是资助理论,费孝通等老一代学者对彩礼的分析主要是以家庭为视角。针对不断飙升的彩礼,现代学者多采用市场竞争视角。理论范式的转换体现了不同社会在缔结婚姻和家庭生活中,权力逐渐从男性向女性倾斜的过程。家庭网络和传统文化权力在彩礼中发挥作用的过程,也是女权进步、男权退步的表征。不过,极少有研究将新生代农民工的"闪婚"与高额彩礼联系起来,揭示二者的关联。只有一篇文章中提到男方家庭交完彩礼后,为规避风

① 许荣漫、贾志科:《青年农民工的"闪婚"现象研究——以豫西南 M 村的个案为例》,《社会科学论坛》2010 年第 19 期,第 180 页。
② 冯小、陈靖:《闪婚—闪离:农村青年的婚姻异化及其社会基础——赣南 B 村的新型婚姻模式》,《南方人口》2012 年第 1 期,第 34 页。
③ 吴新慧:《传统与现代之间——新生代农民工的恋爱与婚姻》,《中国青年研究》2011 年第 1 期,第 16 页。
④ 熊凤水、慕良泽:《婚姻偿付·婚姻资助·姻亲互惠——对农村婚姻支付实践的尝试性解读》,《新疆社会科学》2009 年第 1 期,第 101 页。
⑤ 桂华、余练:《婚姻市场要价:理解农村婚姻交换现象的一个框架》,《青年研究》2010 年第 3 期,第 35 页。
⑥ 段新星、王秋月:《青年婚姻市场中的彩礼定价——以南方 G 县城的婚姻市场为例》,《中国青年研究》2016 年第 9 期,第 29 页。

险,男方家庭会选择"闪婚"。① 但引出的另一个问题是,女方得了高额彩礼后,为什么会接受"闪婚"呢? 这个问题不应该被忽视。因为如果认为女孩会被迫接受,不仅与现实不符,而且也与现在缔结婚姻过程中女方掌握主动权的研究相矛盾。

综上所述,既有的研究没有揭示"闪婚"的发生学机制,农村居民为什么会"发明"和接受"闪婚"有待于更深入的探讨。同时,高额彩礼与"闪婚"的关系没有得到应有的阐释。通过对江西聂村的个案调查,本章试图回答以上问题,从理论上廓清对"闪婚"的认识,揭示"闪婚"与高额彩礼的关联,探讨农村婚姻的未来趋势,也可以为相关研究提供一个可批判的经验文本。

第二节　案例:聂村现存的婚姻形态及演化

聂村坐落于赣中地区,全村 2000 人左右,村庄上仍然存在父母包办婚姻、相亲后经习俗的正常程序结婚的婚姻和"闪婚"共三种婚姻形态。父母包办婚姻以 70 岁以上老人为主,他们在结婚前根本没有见过配偶——这也许是在婚礼后揭开红盖头才有那么大吸引力的原因。笔者访谈了几位 80 多岁的老人,她们坐在一起七嘴八舌地聊起过去的婚姻,她们在婚前没有见过丈夫,是由父母做主的,婚后对丈夫没有太多的抱怨。用她们自己的话说就是"两只狗在一起久了都会亲的",她们对相亲、恋爱都没有什么感觉,觉得婚姻是"过日子",谁都要结婚,和谁都差不多。还有一个童养媳讲起在婆家受苦的往事,不过对现在还是比较满意。老头们也表示在结婚前没看过自己的老婆。20 世纪 50 年代后出生的人正逢解放,父母包办婚姻极少,都是经过相亲,然后走一系列的程序结婚。一般是上半年相亲,双方满意后男方要送女方见面礼;然后开始"看屋"(也叫相门户),就是女方直系亲属到男方家做客,男方会送每个人礼物,女方没来的长辈也要带礼物,期间媒人、男女双方家长在一起

① 魏程琳、赵晓峰:《"闪婚闪离":农村青年婚姻变革的社会基础及趋势——基于赣南 Y 村个案调查》,《西南石油大学学报(社会科学版)》2013 年第 1 期,第 15 页。

讨论并确定彩礼数额;再"走人家"(也叫过彩礼、定亲),女方宗族成员和亲朋好友去男方家做客,男方仍然要送每个人礼物,这个过程在相亲后一两个月内完成,在此期间男方给女方双方家长商定好的一半彩礼;到了下半年(有的是次年下半年)是订婚,男方父子和媒人到女方家确定婚期,男方给女方剩下的一半彩礼,所谓"礼清人归";一周左右后举办婚礼。因为时间跨度长,期间男方在"春播""双抢"和"秋收"都要到女方家帮忙。在"三节"即端午、中秋和春节时,男方还要给女方家送节(礼)。据老人回忆,这种习俗即使在"文化大革命"期间也没有停止过。"50 后""60 后"和"70 后"都是相亲结婚的,不过,还是有本质区别的,主要是相亲中子女与父母的决定权大小不一样。"50 后"相亲主要是父母决定为主,子女与父母意见不一致时,父母会以"规劝"方式达到目的。笔者的父母婚姻就是外婆规劝母亲同意的,这样的事例在聂村同时代人中特别多。"60 后"和"70 后"相亲时,子女的决定权增加,和父母意见相左时会分庭抗礼。

不过,与人们想象的不一样,"闪婚"恰恰是从"60 后""70 后"开始的。20世纪 80 年代初,聂村有一些人在广东和海南做服装生意,春节期间回家给儿子相亲,因为做生意人手不够,他们就向女方提出付清全部彩礼,将女孩带出去卖衣服,次年春节回家再举行婚礼。当然,女孩仍然算打工,男方要付女孩一年的工资给其父母,女方父母对这种方式常常比较满意,一般都会答应男方请求。男方之所以要将女孩带出去,主要是因为虽然不能节省雇人的费用,但多了一个卖衣服的帮手,关键是,这个人事实上是自己的儿媳,比雇其他人更可靠。而女方父母同意自然是认为女儿早晚是男方家的人,虽然女儿在结婚前就跟男方去做生意,但男方付了工资给自己,的确是一个不错的选择。从笔者在其他村庄走访情况看,这是赣中地区最初的"闪婚"形式。因此,最早的"闪婚"起源于农民在外做生意,出于以婚姻方式增加人手的实用主义目的。

20 世纪 80 年代初在外经商的人并不多,"闪婚"也不多。到了 80 年代后期,这种"闪婚"形式不断增加推动"闪婚"潮的形成。另外,"闪婚"成为聂村婚姻的常态还与跨省婚姻和恋爱有极大的关系。80 年代中后期,"60 后""70后"外出打工的人数剧增,很多人在外谈起了恋爱。男方从外带女孩回家结婚,女孩嫁到外省,甚至在恋爱期间就怀孕生子的事情已经出现。农村父母对男孩带外地女孩回家结婚尚能接受,但是对女孩嫁到外省却非常抵触。村庄出现了三四例父母到东莞逼着女儿流产带回家后嫁人的事情,笔者的一个小学女同学被父母带回家后喝农药自杀。父母认为,女儿远嫁外地要是吃亏了,自己帮不上忙;或者认为女儿是受男孩骗了才会嫁给他。确实,大多女孩外嫁的都是打工仔,家境不是很好,这是聂村父母干预女儿跨省婚姻的主要原因。当然,或许女儿嫁远了对父母养老不利才遭到了反对也未可知。毕竟,女儿是父母的"小棉袄",远嫁了这个功能就会消失。其实,男孩带女孩回家结婚也不受待见。男孩带外地女孩回家结婚在当地有些人眼里不光彩,甚至有骗的嫌疑,越是家境不好的男孩在村庄人眼里嫌疑越大。因为很长时间以来,在江西只有讨不到老婆的光棍才会娶外来逃荒女(四川女子为主)为妻,"讨不到老婆就娶外地女子"是当地常见的口头禅,也是一种文化"传统"。严格地说,跨省婚姻并不是"闪婚",因为男女双方在打工时有个恋爱过程,只是结婚程序因两家路途遥远而简化了。由于以上原因,聂村父母就依照在外做生意人的方式,在春节期间趁儿女回家时张罗相亲,然后快速完婚。结婚后让他们一起去同一个地方打工。毫无疑问,跨省婚姻促进了"闪婚"习俗的形成,使"闪婚"在农村成为常态。在经商者利用"闪婚"和父母防止子女跨省婚姻的两股力量共同作用下,到了"80 后"和"90 后",基本就遵循了"闪婚"惯例,就成了人们今天看到的"闪婚"样式了。现在,聂村年轻人相亲后,两三天就完成结婚前的所有仪式,即"看屋""走人家"和订婚,半个月内最迟一个月完成结婚仪式。近一两年,聂村及所在县的农村出现了一个新的"闪婚"现象,即男方在相亲两三天后会付清全部彩礼,女孩会主动留在男方家中居住,直到结婚前一两天才回去。另外,近几年,随着聂村及附近村庄的拆迁,出现了一种新的"闪婚"形式,就是人们所说的拆迁式"闪婚",简称"拆婚"。在拆迁补偿前,为了多获得按人头分配的补偿款而快速结婚。与正常"闪婚"不同的是,这种"闪婚"具有临时性和紧迫性的特点,结婚年龄大大提前,有的还没到婚龄或刚到婚龄就结婚。不过,"闪婚闪离"现象在聂村也出现了。聂村结婚不到半年就离婚的有 3 例,附近有个村庄总共才 700 多人,就出现了 10 多个"闪婚闪离"事件。这个比例或数量如果发生在"60后"或"70后"身上是不可想象的。

总的来说,"闪婚"不是突然出现的,最早发生在"60后"和"70后"身上。因为农民在外经商需要人手而偶然触发的"闪婚",在不经意间起了示范作用。极易发生在熟人社会中的模仿机制使得采取"闪婚"的家庭不断增加。随着大量年轻人外出打工,父母对子女跨省婚姻的忧虑,是促使"闪婚"成普遍现象并实现"惊险一跳"的助推力。这个示范和传播过程表面上波澜不惊,从一个个体扩散到其他个体。"闪婚"家庭对未婚人群起着潜移默化的作用,使"闪婚"在年轻人中不间断地裂变式复制。最后,量变成了质变,"闪婚"成了现在农村主流的婚姻样式。

案例一:强强,男,23岁,2016年以前在外打工,在春节期间回村相亲了3个女孩都没有成功,有的是他看不上,也有的是别人看不上他。他母亲平时在村庄上对人也说过一次拿不出20.8万彩礼。考虑到没钱婚姻大事也就解决不了,2016年全家外出,跟着亲戚去广东做开出租房生意。2017年春节回家,他母亲对村上人说,全家挣了不少钱,支付彩礼没有问题,相亲了2次,与其中1个女孩相亲成功。在相亲成功后的三天内向女方支付了20.8万彩礼,还另外给了女孩"四金",即金耳环、金戒指、金项链和金手镯。按习俗,男女方要付媒人感谢费,每位3000元,男女方各请1位,所以,还给了2位媒人共6000元的介绍费。这个报酬差不多是聂村所在县媒人的平均水平。相亲后第二天"看屋",第三天"走人家",当天女孩就留在他家住。结婚前2天才回家,相亲后的第15天办了婚礼。这是聂村所在的县农村"闪婚"的基本模式,只是从相亲到办婚礼的时间会相差10天左右。

案例二:鹏鹏,男,26岁,在上海打工,月薪7000元,加上奖金有总共1万元一个月。他在工作单位有中意的对象,也有人从中撮合,但他父母不主张在外面找。2017年春节回家相亲,他对第一次相亲的女孩感觉不错,准备"闪婚"。在过彩礼前女方说,先给一半彩礼(10.4万元),再交往一段时间到2018年春节结婚。他同意,但提出女孩必须跟自己去上海且进自己的公司工作。可是女孩不同意,还是希望去广东打工,鹏鹏和家人果断提出分手。女孩再三保证不会有问题,最后甚至提到愿意"闪婚",但鹏鹏和家人认为此女孩易反复不可靠。最后和第二个相亲对象在半个月内"闪婚"了。

案例三:红红,女,21岁,先后相亲3次,从中选了一个长相较好、家境较好的男孩。笔者还跟着她家人到男方家"看屋",第五天红红和亲朋好友到男方家"走人家",男方付清了彩礼和"四金",彩礼和"四金"由其母亲保管。当天红红按惯例留在了男方家居住,第十五天办了婚礼,婚礼前两天红红才回家。笔者问红红是谁让她留下的,她说是媒人暗示,但拒绝向笔者透露更详细信息。不过,据她妈讲,是男孩和红红在手机上聊天提的这个要求。

案例四:星星,男,27岁,本案例是笔者访谈时听到的,事后向当事人母亲进行了确证。星星是两年前"闪婚"的,婚后发现老婆经常去县城舞厅跳舞且夜不归宿,后来干脆去了外地打工,没有留下任何音讯。多次到女方家寻找和商议,女方父母和奶奶对女孩的行为十分不满,表示只要女孩一回家就会将人送回去。因为没领结婚证,无法起诉。过了半年,星星自己主动和女方家人说自认倒霉,婚事算了,20.8万元彩礼和"四金"打了水漂。由于这样在村上就算离过婚,因此再婚比较困难,至今也没再娶。这个案例在聂村产生了巨大负面影响,更坚定了村上年轻人"闪婚"的决心,因为付清了彩礼后女方跑了会更亏。

第三节 新生代农民工"闪婚"中的变与不变

通过对"闪婚"发生学的分析,可以理解农村人为什么会接受"闪婚",因为"闪婚"本身就是农村人自己的"发明"。表面上看"闪婚"问题多多,与传统婚姻相差甚远,但是,"闪婚"与传统婚姻并不是割裂开来的,而是从传统婚姻演变或"进化"而来。只是其中有些形式发生了改变,有的在实质上并没有发生变化,比如,婚姻家庭的根本制度,从夫居、男娶女嫁和彩礼制等并没有发生变化,具体表现在以下四个方面。

一、家庭主轴已变,结婚是家庭之事未变

从聂村不同年代的婚姻来看,婚姻始终是家庭之事,而不仅仅是两个人的事。即费孝通所说的"婚姻是家庭事业"的本质未变。无论70岁以上老人父

母包办的婚姻,还是"60后""70后"的相亲,甚至是"80后""90后"的"闪婚",都有父母乃至家庭的影响。只是这种影响力在减弱,子女在婚姻中的决定权在增加。现在,男女相亲回家以后,男女双方家庭成员都会聚集在一起讨论,父母会将对相亲对象的好恶明确表达出来。笔者调查的三个案例都是如此。案例中强强说:"(找对象)还是要自己看着可以(即自己中意),爸妈也要看得上眼。"红红说:"主要是我自己要同意,他们(父母)同意也不行啊。"鹏鹏妈说:"那我是要看到喜欢哦,以后一起过日子,看到不喜欢多烦哪,要是我不喜欢就会要他再相过一个看看。"可见,父母通过让儿女不断相亲并挑选他们满意自己也中意的对象,从而达到间接干预的目的。无论如何,父母的影响仍然不可忽视。

因为年轻人婚姻离不开家庭支持,婚姻作为家庭事业的文化传统和代际关系与西方不同,即费孝通所说的,中国是反哺模式,西方是接力模式。中国的代际关系是连续的,西方的代际关系是断裂的。因此,中国年轻人的婚姻不仅仅是个人间的竞争,更是家庭之间的协商与竞争。男孩的婚姻更是如此,他们结婚的费用和高额彩礼等仍需要父母负担与支持的情况下,无法做到独立自主。这就意味着父母虽然不一定有决定权,但却有最后的否决权和促成权。事实上,父母的经济状况常常影响着聂村男孩结婚年龄的大小或者可能性,男孩打光棍大多数是因为家庭困难。

随着中国个体化的兴起,父子为主轴的家庭结构变成了夫妻为主轴的家庭结构,夫妇感情相对亲子关系的重要性在增加,年轻人婚后比上一代更注重夫妻单独相处,"娶了媳妇忘了娘"成为常态,而且正如学者所指出的,高额彩礼成了代际财富转移的方式。彩礼的资助理论在"80后""90后"的婚姻中更具解释力。自然而然,代际权力就会下移,随着子代婚龄的增长,家庭权力会向子代不断倾斜,而夫妇为主轴的家庭中又由女方掌握着权力。这就引发了人们所关注的农村养老问题。聂村很多老人说:"儿子好(但)也要媳妇好",可是儿媳常常只顾小家,不顾大家,自然就增加了父母养老的担忧。少生儿子,存钱养老也就成了很多农民的理性选择。这些都印证了贺雪峰等学者的观点。其实,这是家庭主轴发生变化的必然结果。从调查来看,一方面,父母承担着儿子结婚的费用从而完成家庭事业的重任;另一方面,家庭主轴变化导致权力下移,父代在家庭中权利基本丧失。这种父代与子代之间权利与义务不对等的张力将长期存在。

二、结婚程序已变,婚前男女交往状况未变

20世纪80年代前农村从相亲到结婚程序烦琐,"闪婚"大大缩短了流程且省略了很多环节。访谈时老人们说:"从前对结婚是很讲究的,什么都不能省,要不,人家会说闲话的,说我们不懂规矩,(女方)爹妈也不会同意。"虽然走完整个结婚流程要半年以上乃至一年,但是,无论是包办婚姻,还是"60后""70后"的相亲,男女双方其实并没有多少交往,也没有增进双方了解的方式和渠道。一位"70后"妇女说:"那个时候(结婚前)平仔(她老公)到我家去割禾(稻子),就是看到他死命地做事,不太说话,就是我爸妈会主动跟他讲几句话,要他休息他就休息,我爸还叫我给他拿毛巾擦汗,两个人都不好意思,有时会偷着看几眼,他也一样,那个时候,要是谁两个人走一起,人家都会笑话哦,不像现在的年轻人胆大,(笔者插嘴问:平常会说话吗?)除了他来家里平常没有来往(交往),还说话呢,在路上碰到都会绕开走。"(XD20170128)可见,以前婚姻程序烦琐并不是为了方便男女交往,更不是为了男女在婚前加深了解,而是风俗、面子等文化因素在起作用,这些烦琐仪式的意义在于增强人们对婚姻的重视和珍惜。反观"80后"和"90后"等"闪婚",虽然相亲到结婚的时间短,但是双方交往反而比前者多很多,这主要得益于现代通信工具的发展。据笔者询问与观察,"80后"和"90后"在相亲后双方会相互加QQ或微信聊天,有的还会相互约着去县城玩。相亲后的一段时间他们基本天天在手机上聊。鹏鹏妈说:"他们加了微信就在手机上聊天呢,让他们多接触,有一天哦,聊到半夜,后来聊着聊着,还听到他在被窝里打起了电话(笑)。"他们短短几天的交往、谈话次数和两个人在一起相处的时间远多于经过烦琐程序而结婚的父辈和祖辈。虽然以前农村从相亲到结婚时间长,但男女并无实质性交往。可见,男女交往状况与结婚程序烦琐与否几乎没有必然联系。另一方面,虽然新生代农民工"闪婚"交往比"60后"和"70后"多,但是接触时间太短,仅仅通

过两三天 QQ 或微信聊天等，双方了解也不可能深入，本质上男女交往状况并未发生根本的改观。因此，这就很容易理解农村居民为什么容易接受"闪婚"。

三、婚前考察方式已变，考察男方实力的本质未变

通过对不同年代访谈对象访谈内容的分析，笔者发现，以前婚姻烦琐程序中的过"三节"，男方送礼给女方，考察的是男方的孝心，女方让男方来家里帮助农业生产，考察的是男方的体力，因为农业社会男人体力决定家庭经济状况。不管是偿付理论还是资助理论，学界都将彩礼的功能限于文化或经济功能。实际上，同考察孝心和体力一样，彩礼还具有信息甄别功能，起信号作用和筛选功能，考察的是男方家庭经济实力和社会地位，既包括其个人的人力资本也包括其家庭境况。目前，只有一个研究提出了极具解释力的观点。[1] 其实，就当时的经济社会发展水平而言，彩礼在任何时候与收入相比都价值不菲。有学者研究了 1949—1978 年婚姻彩礼情况，发现不管是人民公社时期，还是在困难的 20 世纪 60 年代初，彩礼都非常高。[2] 也有学者探讨了 1981—1985 年农村青年结婚彩礼的情况，发现彩礼也是不断攀升且呈直线上升趋势。[3] 现在，江西农村彩礼数额一般在 16.8—20.8 万元，也是一笔不小的数目。从面子角度分析，中国的婚宴有"夸富宴"的性质，那么，彩礼的多少直接体现男方家的社会地位，自然就成为女方检验男方实力的手段之一，也有"夸富"的功能。当然，本书不是否定偿付理论和资助理论的解释力，而是指出任何社会事实并不只有一种功能。

在流动性小的农业社会，体力是最重要的人力资本，考察男人的体力合情合理，而考察男方家庭经济实力和社会地位，最好的办法自然是能拿出多少钱

---

① 魏国学、熊启泉、谢玲红：《转型期的中国农村人口高彩礼婚姻——基于经济学视角的研究》，《中国人口科学》2008 年第 4 期，第 30 页。

② 李飞龙：《国家权力与农村私人生活领域的变革（1949—1978）——以农村婚姻的解体为考察中心》，《山西师范大学学报（社会科学版）》2012 年第 5 期，第 97 页。

③ 全国妇联联合调查组：《农村婚姻彩礼上升的社会成因——福建省清流县婚姻彩礼情况调查分析》，《福建论坛（经济社会版）》1987 年第 4 期，第 53 页。

了,外在表征就是彩礼。中国熟人社会很难做到"财不外露",也不是不可能做到,考察经济实力当然是看他在关键时刻能拿出多少,就是"能借到也是本事"(JX20170203),起码说明其社会网络实力雄厚。现在,彩礼引发人们的关注是上涨过高过快,但背后的逻辑并没有发生实质性变化。工业社会后,流动性增加,农村熟人社会变成了半熟人社会,年轻人外出后也增加了考察难度。在工业社会也不能再只考察体力强弱了,因为体力已经不完全是个人财富的决定性因素。这样,考察一个人在外工作是否有成就,显然只剩下经济指标。红红妈说:"有钱没钱谁看得到?你说在外挣钱了就挣钱了啊,要拿出真金白银来,能挣钱就是本事。"考察男方经济实力本质上也是考察人力资本和社会资本。总之,从古至今彩礼都是个不小的数额,对家庭来说都是较重的负担,其中必定有一以贯之的逻辑,那就是间接考察男方总体实力。如果男性新生代农民工在县城有套房子,还能拿出彩礼,那在婚姻市场中更有竞争力,这说明男方挣钱本领高,养家能力强,女儿嫁过去基本衣食无忧,其父母也可以放心。

四、女方择偶观在变,择偶标准本质未变

女方择偶都是希望实现向上的社会流动——不管是女方个人意愿还是其父母意志,即人们常说的实现"二次出生",在娘家可能比较贫穷,但嫁的婆家可能很富裕,实现社会地位的提升。"嫁个好人家"至今仍是众多女性择偶的标准。这点始终没有发生变化。"宁可在宝马车上哭泣,也不在自行车上微笑"这样的语言可能太势利,但不能不说反映了部分女性的择偶观。就像聂村老人们说的嫁人就是过日子,当然希望这种日子是宽裕和自在的。这点应该无可厚非。在古代这样的俗语更多,比如,"嫁汉嫁汉穿衣吃饭,娶妻娶妻繁衍生息"等。这些俗语都最通俗地表述了长期以来中国婚姻中夫妻感情相对于生活是次要的,凑合过日子是中国婚姻家庭的重要特征。女性择偶标准有一句经典的顺口溜:"五十年代嫁英雄,六十年代嫁贫农,七十年代嫁军人,八十年代嫁文凭,九十年代嫁老外,新千年嫁大款。"表面上似乎变化非常大,实质上这些标准反映的都是那个年代的主流价值观,那些人代表的是当时社

会地位较高的群体。现在新生代农民工的婚姻城市取向明显,有的学者总结为婚姻城市拜物教。[1] 女方相亲或结婚的前提条件就是男方在集镇和县城必须要有房子。[2] 聂村地处城郊,拆迁后就是城市了,女孩不会提在县城有房子的要求。据笔者在聂村所在的县城小区的调查,小区业主80%以上是新生代农民工,且都是因为结婚而买房。在聂村所在的县级市,大多数女孩会提出县城有房子的要求,而且同一村庄的女孩会相互攀比。笔者在中部其他地区的调查也显示了相同的结果,县城有房子是中部地区女方择偶的基本要求。当然,这也符合中国城市化的社会背景,反映了新生代农民工在城市打工后希望变成城市居民的愿望。总之,女方择偶观随着社会变迁而发生变化,但从本质上来说,都是为了实现向上的社会流动,择偶对象始终是当时社会认可的高社会地位的群体。

第四节　社会变迁中男权的尴尬与风险

在男权主导的社会中,婚姻本质上是男权之间的竞争和博弈。不管妇女嫁人是为了实现向上流动也好,还是彩礼作为一种偿付、资助或是信息筛选机制也罢,背后体现的都是男权意志,妇女只是被动的承受者。所以费孝通才称"婚姻不是私事"。现在,不变的是婚姻中的男权责任,如"从夫居"和彩礼制,变的是支撑男权的制度安排和社会基础以及女权的彰显。虽然现在男女还没有完全平等,但女权已经有了"可乘之机"。面对有利于自己的规则时,妇女会要求遵循规则并主张权利,面对不利于自己的规则时,却会百般推脱应该承担的责任。就像有人说,妇女在利益面前,会主张男女平等,承担义务时则强调自己是女人。这个观点虽有失偏颇,但在新生代农民工"闪婚"中女权却实实在在地将男权推到了尴尬境地与风险之中。

---

① 刘燕舞:《婚姻中的贱农主义与城市拜物教——从农村光棍的社会风险谈起》,《社会建设》2015年第6期,第66页。

② 栗志强:《农村男青年婚姻移民推动下的"城镇化"问题——基于豫北L县的调查》,《理论探索》2011年第6期,第86页。

　　我国男权制度是建立在流动性小的农业社会基础之上,并由观念、礼法制度等组成的自成一体的体系。夏商时期形成了男尊女卑观念,先秦以来确立了礼法制度和男性权威,汉代形成了"三纲五常"以及"三从四德"思想。这些文化观念和习俗礼法,再配合家庭制度,共同支撑着男权社会。到了近现代社会,社会流动性增强和女权彰显一起侵蚀了男权社会的基础,原来婚姻过程中男权之间的博弈和竞争加入了女权这一变量,使问题变复杂并对男权产生不利影响。按男权社会设计的男性义务没有变,现代法律制度否定着支撑男权的礼法制度。这样,男权(父权)发生了动摇,无论是婚前还是婚后,男权承担着义务而权利遭到削弱,反抗父权的女性也就出现了。在改革开放后,工业化和城市化加速,父权衰落,妇女在婚姻中的优势增加,社会流动使妇女有了"逃婚"和离婚的现实可能性,观念发生巨大变化后的妇女主动离婚的现象日益普遍。[①] 妇女有了退出权和主导权。[②] 由于她们掌握了高额彩礼,在婚后夫妻权力格局中占有优势地位。婚后非男权即女性掌权的发生概率在增加。[③] 这样,男方在缔结婚姻过程中和婚后反而处于弱势,本章第二节案例四就是有力的证明。更为重要的是,婚前双方了解有限,女方可以逃避男权压迫——既包括丈夫也包括其父亲,法律也保障妇女离婚后的权利,使得妇女在婚后生活不满意时极易提出离婚,聂村及附近村庄的离婚基本是女方提出的或干脆不辞而别形成事实上婚姻的破裂。从聂村来看,彩礼原先也是一种约束机制,如果男方悔婚,女方可以不归还彩礼;反之,女方反悔退婚,女方家庭必须归还所有彩礼,同时还要承担名誉和男方酒席的损失。现在彩礼仅有仪式意义,男方反悔,按风俗女方仍然可以不归还彩礼。即使法律规定女方有归还的义务,但农村大多还是按风俗办。现在女方反悔时,按风俗和法律女方要归还男方彩礼,可是,女孩常常选择一走了之而去外地打工,男方无法找到女

---

　　① 郭俊霞:《农村社会转型中的婚姻关系与妇女自杀——鄂南崖村调查》,《开放时代》2013 年第 6 期,第 82 页。

　　② 李永萍、杜鹏:《婚变:农村妇女婚姻主导权与家庭转型——关中 J 村离婚调查》,《中国青年研究》2016 年第 5 期,第 86 页。

　　③ 韦艳、杨大为:《婚姻支付对农村夫妻权力的影响:全国百村调查的发现》,《人口学刊》2015 年第 5 期,第 32 页。

孩——承担义务的对象不见了。包办婚姻和父母意见为主的时代,如果女孩反悔,其父母必须承担赔偿男方损失的责任,因为彩礼主要在父母手里,而"闪婚"后彩礼常常在女孩手上,其父母没有掌握彩礼,也就不会再承担赔偿责任。不过,值得注意的是,在包办婚姻中女方反悔其实是女方父母反悔,现在"闪婚"则是女孩自己反悔,二者之间的区别非常大,直接影响着彩礼的退赔问题,引起的后果完全不一样。因此,在面对风险时,男方不再认可原来的风俗,女方可以利用权力平等,反过来也会被男方利用。本书案例四中的星星说:"她(他闪婚的妻子)说彩礼是补偿她青春损失费的,那我就没有青春了,我的青春让狗吃了?"在男方看来,既然是男女平等,那就不能不还彩礼。这也凸显了男权社会的制度安排在男女平等的社会背景下面临的风险。现在,女孩拿走男方彩礼而悔婚,其父母可能不是悔婚者,而其家庭中的父权也无法约束自己的女儿。因此,女孩父母不会承担返还彩礼的义务,现代法律也不支持女孩父母承担返还男方彩礼的义务。这和以前约定俗成的女方反悔家庭必须归还彩礼和弥补损失不一样。最近,在泰州靖江某小区就出现了一起男方给了彩礼却长期找不到女方而最后发生冲突的事情。起因是新娘在收了前男友彩礼后不辞而别,男方也找不到人,偶尔打听到其结婚的消息就去讨要,在其举办婚礼时用高音喇叭高喊要新娘"还钱",最后引发冲突。①

工业化和现代化导致在家庭内父权衰落。在家庭内,女孩独立自主,对婚姻有主导权,反抗父母干预自己婚姻也能得到法律的支持,甚至还可以以流动的方式来逃避父权的干涉;在缔结婚姻的家庭之间,男权基础遭到削弱,已经失去了约束女方违约的手段,而义务却仍然存在;在社会上,无论是观念,还是法律制度,抑或是社会舆论,都失去了对女性违约的控制。在妇女解放和男女平等的话语中,女性比男性有更多的主动权,拿了彩礼却无风险或风险很小。

---

① 王国柱:《新娘新婚之夜　前男友用高音喇叭高喊"还钱"》,新浪网,2017 年 3 月 23 日,http://news.sina.com.cn/s/wh/2017-03-23/doc-ifycsukm3259926.shtml。

第五节　新生代农民工"闪婚"的演进趋势及讨论

从以上分析可以知道,从女方拿了彩礼就"跑路"的教训中,男方在给了女方彩礼后为避免彩礼损失就会选择"闪婚",尽快打结婚证以减少风险。这样,农村"闪婚"就内卷化了。其实,在"闪婚"和高额彩礼中男女双方都不是赢家。一方面,如果男方遇到不满意的对象要离婚,同样是一个痛苦的过程,也会损失财产和损害声誉;另一方面,女方虽然掌握了男方的高额彩礼,似乎具有更大的主动权,但是离婚对其心理创伤也不见得就小,尤其是对婚后怀孕生子的女孩,离婚的痛苦非常大。聂村及附近村庄都出现了"闪婚闪离"后女方带小孩生活在娘家的例子。即使女方拿了彩礼离婚没有受到任何心理伤害,男方在损失巨额彩礼后,多数人也并不会忍气吞声,而是会采取各种手段讨要。近年来,由于离婚索赔彩礼未果导致的纠纷和杀妻的刑事案件已呈逐年上升趋势。破解"闪婚"困境,不能寄希望于政府的规定或号召,因为这种风俗涉及面广很难取得良好效果。在生活最困难的 20 世纪 60 年代初,政治压力最大的"文革"时期,农村都没有取消彩礼和婚宴的习俗,说明文化有其自身的演化方式和路径,靠强制是行不通的。"闪婚"是社会变迁的产物,只有随着经济社会的发展,社会结构和文化发生变化,"闪婚"形式才会演化成新形态。也就是说,"闪婚"是农民自发形成的"自发秩序",只能通过自下而上的方式而不能通过理性设计来解决。正如哈耶克在论述扩展的秩序时所说,"只要能掌握团体中成员所知道的全部事实,人们就可以对一个群体进行安排或控制。然而,扩展秩序不是也不可能是这样的秩序。"[1]

农村婚姻的演进可以归纳为"父母包办的婚姻(70 岁以上老人的婚姻)——父母主导的相亲(现在 1950 年以后出生的人的婚姻)——父母与子女共同决定的相亲(20 世纪 60、70 年代人的婚姻)——父母参考、子女主导的

---

[1]　弗里德里希·奥古斯特·冯·哈耶克:《致命的自负》,中国社会科学出版社 2013 年版,第 73 页。

'闪婚'(现在的新生代)"。"闪婚"是处于男权与女权迈向平等的转型过程中的婚姻形态,以上演化路径还会随社会发展而发生"进化"。据笔者的调查,作为"80后"和"90后"的父母,即"60后"和"70后"也意识到了"闪婚"存在的问题,只是苦于陷入其中仅靠自己的力量无法改变这种困境或风俗。不过,农村已经出现婚姻演化的端倪。除了农村居民心理上的变化外,"闪婚"的社会基础也在发生变化。聂村及附近村庄男孩女孩上职业院校和大学的越来越多,有的在学校已经谈了恋爱,而且他们婚后基本在县级以上城市生活,形成夫妻共同打拼事业,又保持中国"反哺式"家庭新形态。如果高中变成了义务教育,大学入学人数再增加,城市化水平不断提高,"闪婚"就会不断减少乃至消失。总之,从男权和女权平等的角度看,解决"闪婚"问题应该超越无视性别差异和重视性别差异的女权主义观点,不是停留在争取程序和机会平等的认识基础之上,而是以建立争取结果和条件平等为目标,①才可能解决中国社会中男权和女权的冲突。这不但对解决农村婚姻家庭问题有启示,对城市婚姻家庭问题也有启发。中国未来婚姻趋势是,年轻男女在双方父母共同资助下结婚,彩礼和嫁妆都是婚后物质生活的基础,不管婚姻和家庭形式如何发生变化,婚姻家庭的反哺模式不会改变,不会形成西方断裂式的接力模式。中国重视家庭和注重血缘关系的传统文化不可能发生根本性的改变,不管社会如何发展也不可能演变成西方式的婚姻家庭模式。正是考虑到文化和传统方面的影响,中国法律就明文规定,子女有赡养父母的义务,"常回家看看"也写入了法律。这就是根据中国实际作出的正确规定。因此,中西方婚姻家庭演化路径不会一样,呈现的结果也不一样,这是中西方各自的文化基因决定的。

　　本研究视角不但在婚姻方面有启示意义,在农村财产继承和养老方面亦有一定的解释力。根据笔者的调查,在婚姻方面,男权为了摆脱尴尬状态正在进行调适,在财产继承和父母养老方面,男权也正在矫正其行为并进行策略调

---

① 艾莉森·贾格:《性别差异与男女平等》,王政、杜芳琴主编:《社会性别研究选译》,三联书店1998年版,第191页。

整,这也是当下造成老人养老问题的重要原因。如果出嫁女提出了要继承或分配父母财产的主张,儿子就会要求女儿也要尽给父母养老送终的义务。问题是,出嫁了的女儿常常拿了钱财却很难尽到父母养老的义务,比如,最大的困难是,出嫁女居住外地或外村,回到娘家侍候父母比较困难。结果,父母养老问题就被搁置起来了。笔者调查发现还有一个有意思的现象是,只有娘家家庭富裕的出嫁女回家主张权利的事情,却没有发现娘家家庭贫困的出嫁女主动回来要承担父母养老义务的事例,即使她们会给贫困的父母一些钱,也完全是随机和自愿的,与本应承担的父母养老费用相去甚远,因为她们认为这是儿子的责任。同样,聂村拆迁后,有些外嫁女回家主张自己的权益,有的要继承父母遗产,有的要分拆迁费,引发了家庭纠纷,冲击了传统的家庭伦理。"女儿得嫁妆,儿子得家当"是古代男权制下中国农村家庭财产的分配方式,家庭中子女的权利与义务基本是均衡的。女儿嫁出去无权继承父母遗产,也无须赡养父母,儿子有权继承财产但必须赡养父母。外嫁女随丈夫继承夫家财产,履行赡养公婆的义务。这种制度安排是符合乡土中国的实际情况的。在"从夫居"制度下,田地的固定和不可迁移性,使外嫁女不可能带走也不方便回娘家耕种土地(入赘等特殊情况除外)。现代法制制度为了保证男女平等,打破了这种伦理关系和风俗习惯,虽然有积极作用也符合现代价值观,但也引发了不少问题。针对女儿回家主张遗产和拆迁补偿权益的实际情况,现在农村男权也在自我调适,比如,父母生病时,儿子女儿共同出资,或女儿侍候父母,儿子出钱,做到义务均等上的权利平等。出于同样的原因,浙江等地也已经出现了女儿赡养父母的情况。[①] 正如上文所分析的,女儿嫁得离家远很难尽到义务,即使父母将拆迁补偿款或财产很小一部分给了女儿,也会使儿子心理失衡,导致父母老了没人管。家庭越富裕,拆迁补偿越多,家庭纠纷越激烈,父母养老问题越突出。这是当下农村养老面临困境的一个需要关注的新现象。目前,这种男权与女权张力引发的父母养老问题还没有引起关注,限于

---

① 唐灿、马春华、石金群:《女儿赡养的伦理与公平——浙东农村家庭代际关系的性别考察》,《社会学研究》2009 年第 6 期,第 18 页。

篇幅和主题本书在此不做深入讨论。

本研究视角还对"外嫁女"对集体成员权的诉求导致的社会矛盾也有解释力,并对解决外嫁女的土地承包权、征地补偿款分配、宅基地分配、集体股权配置、集体收入分红和其他集体收益分配、集体资产股份化改造中的份额等问题提供思路。近十年来,在广东、浙江等地有部分"外嫁女"对村集体提出以上权益,笔者调查的江西也有少数这样的事例。"外嫁女"这样的诉求根本在于女权的兴起并有相关的法律依据,但在实践上很难得到法庭的支持。正如学者所言,法院不愿受理"外嫁女"等就集体分配方案提出的诉讼,既有减轻工作压力的考虑,也反映了法院在解决相关问题上存在着技术难题。如果法院受理"外嫁女"诉求并直接就其集体分配方案作出裁决,意味着法院强制赋予"外嫁女"集体成员权利,造成集体成员资格由集体经济组织自决认定走向法定。① 而且在实际工作中面临诸多风俗和乡规民约的障碍,解决一个问题会引发更多的问题。这是最明显的男权相关制度安排基本没有发生变化,女权彰显引发男权与女权冲突的问题。当然,本书并不是反对男女平权,而是指出,在面对这样的问题时,应该在尊重已有规则和制度安排基础上,明确各自的权利和义务,并坚持权利和义务对等原则来解决问题。我们可以做一个相反的假设——这也是农民在生活中最朴素的表达,在农业税时,农业税比较重,种田亏损,那为什么没有"外嫁女"主动提出要承担娘家或村集体土地的农业税呢? 要为村集体尽义务时,"外嫁女"尽了多少呢? 如果村庄上遭受重大损失时,"外嫁女"愿意为村集体承担相应的损失吗? 在新时期,基于男权制度安排的村集体分配方式和"外嫁女"的女权诉求遇到了前所未有的张力,这恐怕是浙江法庭遇到"外嫁女"主张土地权益上访却束手无策的根本原因。在围绕男权而设计的制度安排遇到女权彰显的社会情境下,如何保证男女权利和义务的平等,确实需要进一步研究。

---

① 桂华:《论法治剩余的行政吸纳——关于"外嫁女"上访的体制解释》,《开放时代》2017年第 2 期,第 168 页。

第八章　返乡置业对农村家庭形态的影响

本章以新生代农民工婚姻为研究对象,通过构建家庭关系、家庭利益和夫妻关系的三维理论框架,指出中国农村历来是以传宗接代和家庭利益最大化为宗旨,虽然现在夫妻关系在家庭中的权重在增加,但仍不足以撼动家庭利益。因此,新生代农民工返乡置业后,农村家庭呈现了新变化和新形态,但不可能演化成西方核心家庭模式,由于受传统文化和法律制度共同作用,农村家庭的形态仍会以"适度分居和定期聚居"的直系家庭为主。

自从20世纪90年代以来,人口流动加快,冲击了稳定的家庭关系;市场经济不断深入和城市化率逐年提高,改变了家庭居住方式;计划生育政策和文化领域的商业化,革新了婚姻文化和姻亲关系。[1] 在这些因素的共同作用下,我国的婚姻家庭呈现出了新面貌。学者在此基础上分析了我国家庭关系变化状况及其趋势。有学者通过调查发现,计划生育政策和社会人口流动加速,使我国家庭类型发生了重要变化,90年代末核心家庭比以前相对减少,城乡之间最突出的区别是,城镇夫妻核心家庭远高于乡村,高出了40.4%。2000年又出现新的情况,城乡核心家庭都呈下降趋势,而乡村直系家庭远高于城市。[2] 有学者认为,这主要是因为农民工长期外出,祖父母和孙辈形成了大量隔代直系家庭。[3] 而农村直系家庭的增长也与独子的家庭数量增多有关,这

---

① 吴宗友:《当代中国婚姻文化嬗变之探析》,《安徽大学学报(哲学社会科学版)》2008年第3期,第40页。

② 王跃生:《当代中国城乡家庭结构变动比较》,《社会》2006年第3期,第118页。

③ 应星:《农户、集体与国家——国家与农民关系的六十年变迁》,中国社会科学出版社2016年版,第123页。

将是中国农村家庭的稳定形态。① 当然,也有学者认为,农村劳动力流动和城乡分隔导致农村家庭结构破损,但多数家庭顽强地进行着适应,为了维持家庭的相对完整,老人、妇女和儿童付出了巨大代价。② 有学者通过 2010 年历次人口普查数据分析,印证了以上研究者对中国家庭变化特点的判断,并指出中国当代家庭具有"形式核心化"和"功能网络化"的特点,核心家庭大多有"形"无实。另外,非传统类型的家庭形式也不断涌现,比如,纯老人家庭、空巢家庭、隔代家庭和单亲家庭等。③ 针对这种情况,我国要重构家庭政策体系,考虑不同家庭的福利要求,扩大家庭经济的直接援助和特殊家庭的支持。不过,虽然有学者指出了中国核心家庭下降的原因,但仍然认为,在人口变化和社会变迁过程中,中国家庭规模会不断缩小,家庭结构会逐渐简化,传统家庭功能会弱化。换而言之,中国家庭变化趋势是西方的核心家庭模式。④ 其实,受西方社会变迁规律的影响,大多数人认为核心家庭才是现代家庭,中国家庭也会有相同的演化模式。

现有的研究指出了我国家庭的主要形态和变化趋势,不过,大量的统计数据只是揭示了这种状况,并没有分析其背后的深刻原因或机制;或者有的只是指出了问题却没有分析趋势;也有学者根据西方社会变迁规律推论今后我国城乡家庭主要形态是核心家庭。那我国农村为什么直系家庭会增加? 城市化背景下,农村家庭形态将呈现哪种类型?"80 后"和"90 后"的新生代农民工大多处于已婚状态,他们不但成为农民工的主体,也成为农村家庭的主体,他们的婚姻家庭状况将直接决定着今后农村家庭形态的走向。因此,本书从传统文化的视角,以新生代农民工的婚姻家庭为研究对象,以婚姻关系、夫妻关系和家庭利益为理论框架,分析农村家庭形态的变化机制,试图预测我国农村未来家庭的基本模式。本书的意义在于,深化新生代农民工婚姻家庭的研究,

---

① 王跃生:《当代中国家庭结构变动分析》,《中国社会科学》2006 年第 1 期,第 96 页。

② 金一虹:《离散中的弥合——农村流动家庭研究》,《江苏社会科学》2009 年第 2 期,第98 页。

③ 彭希哲、胡湛:《当代中国家庭变迁与家庭政策重构》,《中国社会科学》2015 年第 12 期,第 113 页。

④ 胡湛、彭希哲:《家庭变迁背景下的中国家庭政策》,《人口研究》2012 年第 2 期,第 3 页。

并为解决相关问题提供对策参考,指明农村家庭形态的变迁路径,在实践上可以为养老服务和家庭政策实施作出贡献。

第一节 文献述评与理论框架

20世纪90年代以来,新生代农民工开始出现,他们的流动状况和婚姻问题也引起了学者的关注。有学者分析农村青年外出打工、结婚再到抚育小孩等不同阶段家庭状况,指出他们不得不在婚姻和家庭事务之间进行权衡,提出对外出打工的农村青年婚姻家庭问题进行研究十分重要。[①] 学者对新生代农民工婚姻家庭问题的研究,主要体现在新生代农民工婚姻家庭困境和"闪婚"现象两方面,分析了新生代农民工婚姻选择的特点和存在的问题,为人父母后家庭角色变化,流动生活状态下家庭适应问题,以及近年来出现的"闪婚"现象。

一、新生代农民工婚姻家庭问题

与第一代农民工相比,新生代农民工正在经历婚恋观和通婚圈等从传统到现代的过渡,婚姻家庭从农村到城市的转变,社会角色从子女到父母的转变。不过,这个转型过程还存在一定困难,比如,他们在维持家庭和选择定居地之间艰难抉择。[②] 这方面的研究可以分为以下几个观点。

一是婚恋观的讨论。随着社会转型的深入与加快,新生代农民工的心理与价值观等发生了巨大变迁,与第一代农民工有诸多不同。[③] 学者们认为他们的婚恋观和第一代农民工相比已经发生了较大的变化,不但更趋于理性化,而且表现为自主性提高和城市化取向的婚恋观。[④] 有研究者从婚恋观念、婚

---

① 风笑天:《农村外出打工青年的婚姻与家庭:一个值得重视的研究领域》,《人口研究》2006年第1期,第60页。

② 尹子文:《第二代农民工婚姻家庭问题探析》,《中国农村观察》2010年第3期,第13页。

③ 宋阳、闫宏微:《新生代农民工心理问题与价值观变迁研究述评》,《南京理工大学学报(社会科学版)》2011年第3期,第67页。

④ 杨立、疏仁华:《新生代农民工婚恋观的现代性研究》,《山西农业大学学报(社会科学版)》2010年第3期,第279页。

恋行为及其影响等方面构建了新生代农民工的婚恋模式。① 还有学者通过调查认为,新生代农民工的婚恋模式有四种类型,即有融城意愿在城市婚恋、有融城意愿返乡婚恋、无融城意愿在城市婚恋和无融城意愿返乡婚恋。② 新生代农民工的婚恋观呈现出现代化的趋势,择偶标准从注重"门当户对"变为注重感情品德;择偶方式从被动接受转变为自由恋爱;结婚目的从生儿育女转变为重视夫妻关系。③ 当然,也有学者指出新生代农民工在婚恋方面与第一代农民工也有相同之处,甚至没有区别,表现较为传统,比如,40%的"80后"新生代农民工在找对象结婚时将老乡作为首选,19.2%还明确表示要回农村选择结婚对象,区别仅在于消费观、就业观与人生观的不同。④

二是婚姻隔离的分析。有研究者的调查显示,超过三分之一的新生代农民工有与市民通婚的意愿,其中,性别、城市生活体验、社会交往、社会距离感等因素有显著性影响,家庭背景没有影响。⑤ 但是,新生代农民工的"半城市化"状态,使他们不但遭遇阶层隔离和城乡隔离,而且还遇到婚姻隔离的困境,婚姻特点为"阶层内婚姻圈",与城市居民通婚的可能性很小。⑥ 与城市居民通婚方面,主要与城乡二元的户籍制度、职业技能低和社会保障不健全等因素有关。⑦ 现实生活中,新生代农民工的婚配模式具有"无媒不婚"的特征,但是这种婚配模式是他们在遭遇择偶困境的情况下作出的策略性反应。⑧ 总的

---

① 曹锐:《新生代农民工婚恋模式初探》,《南方人口》2010年第5期,第53页。

② 张庆宇、侯双:《新生代农民工婚恋模式探析——基于南漳县5村新生代农民工婚恋意识和行为的调查》,《长春理工大学学报(社会科学版)》2012年第10期,第59页。

③ 疏仁华:《青年农民工婚恋观的城市化走向》,《南通大学学报(社会科学版)》2011年第3期,第59页。

④ 《结婚首选老乡 新生代农民工婚恋观传统》,中国新闻网,2010年5月8日,http://news.ifeng.com/mainland/detail_2010_05/08/1497292_0.shtml。

⑤ 许传新:《新生代农民工与市民通婚意愿及影响因素研究》,《青年研究》2006年第9期,第38页。

⑥ 周伟文、侯建华:《新生代农民工阶层:城市化与婚姻的双重困境——S市新生代农民工婚姻状况调查分析》,《社会科学论坛》2010年第18期,第151页。

⑦ 田春丹、田茉莉:《新生代农民工择偶难的原因及建议——以武汉市为例》,《民族论坛》2014年第1期,第110页。

⑧ 范成杰、杨燕飞:《"无媒不婚":家庭策略下的农村打工青年婚配模式研究》,《华南农业大学学报(社会科学版)》2013年第1期,第67页。

来看,新生代农民工的婚姻受社会流动影响较大,社会网络的扩大、家庭功能的缺失,制度体制的疏隔是他们婚姻行为发生变化的基本因素。[1]

三是婚姻家庭问题研究。针对新生代农民工婚恋、择偶和家庭的特点,有学者通过 2011 年全国流动人口动态监测数据对新生代农民工的婚育行为特征进行了总结,他们指出,新生代农民工夫妇共同流动比例高;通婚圈扩展,跨省婚姻增多;婚前同居、先孕后婚的比例较高,这些问题会导致他们的婚姻不稳定。[2] 他们受婚恋情感问题的困扰,婚恋取向也存在两难困境和多元化趋势。[3] 另外,社会流动以及生活工作压力对新生代农民工婚姻造成的不良影响,对农村原来"约定俗成"的婚姻模式产生冲击,从而引发婚姻危机。[4] 婚姻问题表现为婚恋难、未婚同居、闪婚、婚姻危机和婚姻犯罪等。[5] 在家庭形态方面,要么是来回城乡之间保持原有家庭形式,要么是家庭迁移进入城市的家庭形态。研究者认为,新生代农民工的婚姻家庭问题的现状与流动或留守经历高度关联,与第一代农民工相比,他们会真正成为城乡间的"两栖人",即在城市工作、在农村居住的家庭形式。[6] 对家庭迁移而言,农村人口流动经历了一个人外出、夫妻共同外出到农村家庭迁移的变化过程,农村随迁父母与子女有较强的代际凝聚力,情感关系和代际共识对农村随迁父母的心理福利有积极作用,代际联系少和为子女提供经济支持则会降低农村随迁父母的心理福利。[7]

---

[1] 疏仁华:《结构性流动与青年农民工婚姻行为的变迁》,《南通大学学报(社会科学版)》2009 年第 5 期,第 112 页。

[2] 宋月萍、张龙龙、段成荣:《传统、冲击与嬗变——新生代农民工婚育行为探析》,《人口与经济》2016 年第 6 期,第 8 页。

[3] 刘淑华:《家乡的"归根"抑或城市的"扎根"——新生代农民工婚恋取向问题的研究》,《中国青年研究》2008 年第 1 期,第 47 页。

[4] 胡珍、程静:《青年农民工恋爱及婚前性行为状况研究报告——基于成都市服务行业青年农民工的调查》,《中国青年研究》2008 年第 1 期,第 42 页。

[5] 李东坡:《我国农民工婚姻问题研究——以豫东地区为例》,《兰州学刊》2012 年第 7 期,第 169 页。

[6] 梁宏:《生命历程视角下的"流动"与"留守"——第二代农民工特征的对比分析》,《人口研究》2011 年第 4 期,第 17 页。

[7] 崔烨、靳小怡:《家庭代际关系对农村随迁父母心理福利的影响探析》,《中国农村经济》2016 年 6 期,第 15 页。

二、"闪婚"现象的研究

近年来,新生代农民工"闪婚"现象增加。父母为了解决新生代农民工的婚姻大事,在他们回农村过春节期间,帮助他们频繁相亲,然后仓促结婚,成"闪婚族"。① 流动的不稳定性、婚姻挤压和传统观念是新生代农民工"闪婚"的重要原因,"闪婚"的积极功能是可以有效地解决农民工的婚姻问题,降低婚恋成本,消极功能是使婚姻不稳定。② 也有学者指出,打工经济和村落习惯的互动共同促成了新生代农民工的"闪婚",因为缺乏感情基础,可能会导致"闪离"。"闪婚闪离"表现出新生代农民工婚姻观念自主开放、婚姻仪式简化、个人权利意识增强、离婚增多、彩礼飞涨等现象,核心家庭化和私人化是农村家庭的基本趋势。③ 也有学者比较了新生代农民工"闪婚"与"跨省婚姻"两种婚恋模式,认为闪婚与跨省婚姻实际上是结构性困境,婚姻的情感性与功能性的权衡共同决定着新生代农民工在两种模式之间进行选择。④ 新生代农民工的婚姻问题是传统向现代转型的困境,他们面临的困惑是"感情孤独""难婚难娶""婚姻满意度低"等,两难处境表现为:通婚圈的扩展和相同户籍婚配的模式并存、"闪婚"的出现、传统与现代交织的生育观和两地分隔的家庭模式。⑤

以上研究分析了社会变迁和社会结构对新生代农民工婚姻的影响和由此产生的问题,但没有分析家庭的影响,也没有揭示传统文化的影响机制。而且,近十年来,新生代农民工在县城购房明显增多,对农村家庭形态将带来新的变数,目前的研究没有进行讨论,那么,新生代农民工在县城居住后,农村家

---

① 《新生代农民工春节假期回家闪婚彩礼钱底价16万》,《羊城晚报》2014年2月17日。

② 许荣漫、贾志科:《青年农民工的"闪婚"现象研究——以豫西南M村的个案为例》,《社会科学论坛》2010年第19期,第180页。

③ 魏程琳、赵晓峰:《"闪婚闪离":农村青年婚姻变革的社会基础及趋势——基于赣南Y村个案调查》,《西南石油大学学报(社会科学版)》2013年第1期,第15页。

④ 陈锋:《"闪婚"与"跨省婚姻":打工青年婚恋选择的比较研究》,《西北人口》2012年第4期,第52—57页。

⑤ 吴新慧:《传统与现代之间——新生代农民工的恋爱与婚姻》,《中国青年研究》2011年第1期,第16页。

庭变迁趋势是什么样的？这些都需要进一步的研究。

三、理论框架

不管是研究中国城乡家庭形态,还是研究新生代农民工婚姻家庭问题,学者多立足于宏观的制度和环境,比如,人口政策和户籍制度、社会变迁和人口流动、城乡二元结构,以及微观的新生代农民工的价值观以及个人技能等。有的研究虽然指出了家庭对新生代农民工婚姻和居住方式的影响,但没有研究家庭发生影响的机制,特别是忽视了中国传统文化在决定农村家庭形态中的作用,文化才是形成中国特色家庭形态的决定因素。中国家庭的形式不会演化成以核心家庭为主的西方式家庭。中国传统文化决定家庭是一个整体,对农村婚姻和居住方式的分析一定要立足于整个家庭,否则会得到有失偏颇的结论。学者研究孝道或家庭权力关系时只限于父代与子代两代间的关系,如果我们将研究视角拉长,把留守儿童的生活困境与孝道一起分析,我们会发现,老人没有得到照顾有时可能是子代的无奈,因为没有既不孝顺老人,也不抚育自己小孩的夫妇。因此,为了弥补现有研究缺陷,本书将整个家庭的代际关系纳入考虑范围,从整个家庭关系和家庭利益结合起来分析,构建以下理论框架。

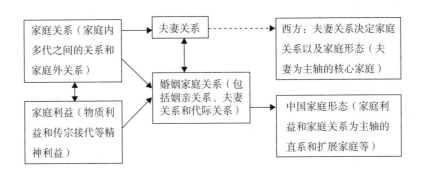

第二节 自主与依赖:新生代农民工
婚姻与家庭关系的矛盾

文化是一个民族或社会的基因,即使经历激烈的社会变迁,也会保持自身特色。正如前文所言,尽管在东亚新兴工业国家发生了"文化革命",但对传统规则的固守仍绵延不绝。没有人会将当代日本社会与欧洲社会或美国社会相混淆。虽然他们都具有全球消费者社会的技术和标志。[①] 中国婚姻家庭也一样,并且婚姻关系具有宗教的意义和神圣性,决定着我国婚姻关系和家庭形态的特殊性。中国的家是一个事业组织,担负政治、经济和宗教等功能。事业小可以包括夫妻二人,事业大可将兄弟叔伯全部集在一个家庭。家的结构不仅限于亲子的小组合,必须加以扩大,家必须是绵延的,而西方家庭夫妻是主轴,家是获取生活上安慰的中心。[②] 因此,中国人的文化特征与心理结构不同于西方。许烺光在《祖荫下》中就认为,中国的伦理体系强调个人利益必须服从于家的整个利益,中国人有四世同堂的大家庭理想。[③] 中国的父母不仅要对子女的教育、成家立业负责,也要对整个家庭延续担责。这样,中国人的婚姻就不是两个个体之事,而是两个家庭之事,并且以是否有利于家庭事业为标准。人们在生活中缔结婚姻时长期保持"门当户对"和父母之命、媒妁之言的风俗,不过,随着改革开放和社会流动,年轻人婚姻的自主性增强了。比如,20世纪70年代的人比50年代的人有更多的自主权,70后父母对孩子的夫妻独立诉求就更加宽容。父母群体正在改变,中国家庭关系发生了一些变化。[④] 中国社会个体化在一定程度上促进了人们婚姻自主,夫妻关系在家庭中权重增加,但是,与传宗接代和家庭利益相比,仍然无法占主导地位。广泛存在的父母逼婚,替儿女相亲,"闪婚"等现象,都显示了传统的力量。新生代农民工因外出打工形成的跨省婚姻,也会受到父母的干预或影响,而"闪婚"则是父母在春节期间干预和控制儿女婚姻的最典型方式。农村父母都希望儿女找到"知根知底"的对象——中国农村有"娶妻问三代"的风俗,将儿女婚姻限于本地,不但可以延续家庭、继承祖屋和照看祖坟,而且可以保证自己给予他们生

① ［德］柯武刚、史漫飞:《制度经济学——社会秩序与公共政策》,商务印书馆2004年版,第476页。

② 费孝通:《乡土中国》,上海世纪出版集团2013年版,第476页。

③ 李培林、渠敬东、杨雅彬编:《中国社会学经典导读》,社会科学文献出版社2009年版,第465页。

④ 阎云翔:《中国社会的个体化》,陆洋译,上海译文出版社2016年版,第104页。

活上的照顾,并支持儿女向上流动,或自己老了得到儿女的照顾。可见,现在中国人仍然将家庭看做一个事业组织,而不是夫妻关系感情慰藉之所。以往亲子关系研究中,除了对赡养关系和亲子互动交换逻辑的强调外,较少关注子女在延续父母期望,为父母和家庭实现向上流动的目标。[①] 因此,新生代农民工婚姻的竞争背后是家庭经济、社会地位的竞争,如俗语所说,没有得到父母祝福的婚姻是不会幸福的。如果没有家庭支持,新生代农民工婚姻家庭生活压力就会增大。据调查,37.2% 和 11.5% 的新生代农民工分别选择在城市结婚和县城结婚,但最大的困难是"没房子"和"钱不够",分别占 46.2% 和40%。[②] 婚姻的依赖与受父母控制或干预是互为一体的。所以,新生代农民工的婚姻就处于自主与依赖的矛盾之中,现在父母不包办儿女婚姻,但在乎结婚对象的远近、结婚时间的早晚、家庭关系的延续与家庭利益的最大化。新生代农民工在一定程度上实现了婚姻"不同意"的权利,但仍保留着家庭整体性决策的痕迹。这也就可以解释农村直系家庭为什么会增加。当然,农村独子家庭增加也是一个重要因素,和多子家庭不一样,农村独子家庭不管是以前还是现在都是不分家的,否则是一件十分丢脸的事情,也不利于亲子之间相互支持和实现家庭利益最大化。多子家庭因为亲子关系复杂,父母很难"一碗水端平"而选择分家。一般而言,小儿子常常成家立业晚,比其他兄弟更弱,所以,父母常常跟小儿子共同生活,也是方便支持其家庭。因此,农村也有"父母爱小崽(小儿子)"的说法,这也说明父母支持的重要性。不管哪种情形,背后都是家庭利益(物质利益和传宗接代的精神利益)第一的原则。新生代农民工在县城购买住房后,家庭成员都住在县城,现在的"老漂族",即父母跟子女进城生活,以及农民工家庭迁移都显示了传统的影响。这也决定着农村婚姻家庭以直系为主,其他形态并存的状态。其中,情感关系权重增加,亲子关系重要性相对下降,代际权力逐渐下移,掌握在中年夫妇手中。当然,可能会

---

① 张慧:《羡慕嫉妒恨——一个财富观的人类学研究》,社会科学文献出版社 2016 年版,第146 页。

② 黄进:《价值冲突与精神皈依——社会转型期新生代农民工价值观研究》,南京师范大学出版社 2010 年版,第 218 页。

有例外,关键看谁是家庭收入的主要来源者,如果中年夫妇的父母经济收入高,家庭权力不会下移。无论家庭权力掌握在谁手里都要服务于家庭关系和家庭利益。

第三节　传统与现代:新生代农民工婚姻与家庭利益的冲突

　　西方的代际关系是强调"断裂"的,每一代在成长后都建立了自己的家庭,为了让自己的人格出现,还必须在成长过程中将上一代对自己的性格的塑造逐渐铲除,每一代都成为不受上一代牵制的独立单元。而在中国个体基本没有合法性,不论上一代与下一代都必须把自我抹去,个体既要光宗耀祖,又要传宗接代为子孙生活打算。① 随着市场经济的发展和社会个体化的出现,代际冲突加剧,对老人的赡养投入减少,代际关系的"反馈模式"有向西方"接力模式"转变的趋势,农村养老面临困境。② 20 世纪 90 年代后,农村子女普遍不孝造成代际关系失衡,农村父母也在进行调适,他们将较少承担本体性价值(即传宗接代)的任务,从而形成更加理性化、较少亲情友好的相对平衡的代际关系。③ 受传统文化、地理位置、经济发展状况,以及对现代性因素冲击的反应不同的影响,农村代际关系在不同地区表现出不同的性质。④ 但无论如何,农村人具有强烈的传宗接代观念且不易改变,父母要承担子代结婚生子的责任。虽然农村孝道衰落,在物质上亲子之间的交换不平衡,但在精神上父母达到了传宗接代的目的,从这个角度看,不平衡的代际关系也是平衡的。⑤

---

　　① 孙隆基:《中国文化的深层结构》,中信出版社集团 2015 年版,第 171 页。

　　② 郭于华:《代际关系中的公平逻辑及其变迁》,应星、周飞舟、渠敬东主编:《中国社会学文选(下)》,中国人民大学出版社 2011 年版,第 809 页。

　　③ 贺雪峰:《农村家庭代际关系的变动及其影响》,《江海学刊》2008 年第 4 期,第 108 页。

　　④ 贺雪峰:《农村代际关系论:兼论代际关系的价值基础》,《社会科学研究》2009 年第 5 期,第 84—92 页。

　　⑤ 贺雪峰、郭俊霞:《试论农村代际关系的四个维度》,《社会科学》2012 年第 7 期,第 78 页。

在现实生活中，即使父代自己生活困顿，为了后代生活更好，或看到有后代能光宗耀祖，也会备感欣慰。而且，子代对父代投入减少，但也并没有全部自己享有财富，而是投到了下一代。这恰恰显示了中国传统文化的影响力，否则，我们很难理解与祖代一起生活困难的留守儿童或流动儿童现象，因为没有既不要父母，又不要子女的夫妇。这些都是为了整个家庭利益向上流动而作出的牺牲，只要生活条件改善，子代对父代的赡养还是会进行下去的。农村直系家庭增加，实质是为了家庭利益最大化而作出的理性选择。

新生代农民工的婚姻不但是个人的终身大事，而且是家庭大事，夫妻感情再好也要服从或要考虑家庭整体利益。他们在县城购房居住常常将父母接去带小孩，缓解家庭经济压力，父母也会在经济上全力支持。即使父母在农村居住，他们也会经常与父母团聚，经济上是互为一体的，精神上的抚慰也是相连的。可以说，赡养父母在中国仍有道义的力量。"常回家看看"也写入了法律，代际关系的运作规则因与国家体制相通，而成为社会所公认和人们必须遵守的行为规范。因此，无论我国社会如何变迁，夫妇婚姻关系如何重要，家庭都难演化成西方核心家庭为主的形式。中国社会中家庭作为一个事业组织，在家庭中个体只是家庭无限链条中的一环，光宗耀祖和传宗接代的思想仍具有强大生命力，是中国文化最具特色的部分，也是中华文明不断延续的保证。

第四节　核心与直系：农村家庭形态变迁的张力

按农村的风俗，由父母与多子夫妇及小孩组成的扩展家庭比较少，儿子结婚后分家成核心家庭，父母要么单过，要么与某一个儿子组成直系家庭。独子家庭不会分家，除非儿子不孝，分家是非常丢脸的事。一般而言，在多子家庭分家以后，父母会给予各儿子力所能及的帮助，儿子也会尽赡养义务。各儿子之间以及儿子们与父母之间在经济上有千丝万缕的联系，并不是西方核心家庭经济各自独立的形态，这点与西方有非常大的不同。可以说，农村长期以来都是以直系和核心家庭为主，只要父母健在，多子家庭也难真正形成所谓的核心家庭形态。在人口政策和人们生育观念的影响下，农村独子家庭增多，也决定着将以直系家庭为主。这受传统文化和家庭利益最大化的双重影响。正如学者所言,无论是传统社会,还是现代社会,分家、生育和迁移都是家庭结构的维系和变动的核心推动力量。即使分家也受家庭制度、经济、社会和人口因素的制约。只是在社会的不同阶段家庭的"分""合"所起的作用不一样。① 我们认为,这取决于家庭利益。2000 年后,农村核心家庭下降幅度较大,直系家庭数量上升。其中,人口流动、子女数量、人口老龄化、婚姻和住房情况对家庭结构及其变动有显著影响。② 人口、经济、政治、社会和文化是影响家庭结构、关系、功能和价值取向的重要因素。家庭规模变小,模式趋于稳定但形式多样化。不过,深厚传统的中国家庭仍有很强的抗逆力。子女数量减少,子代社会流动加大和婚姻观变化,都会改变家庭的形式。③ 即使在社会流动背景下,家庭也会尽量保持完整性形成直系家庭,只是家庭迁移会受到一些不合理的制度约束。传统的文化伦理使农村家庭倾向于举家迁徙,但是在制度方面,土地制度安排使农村家庭呈现分离迁居的趋势,户籍管理制度降低了家庭在城市定居的可能性。中西方家庭在家庭迁居的决策周期、决策过程、迁居方向、迁居方式与时序上均有差异。④ 也许正是这些制度的存在导致中西方家庭的区别。这是农村家庭在自我调适的重要体现,也表现了传统文化的韧性。在中部地区,县城或集镇有房是新生代农民工结婚的重要条件。我们的调查发现,各县城郊区的商品房小区 90% 以上的业主都是新生代农民工——由父母出资或共同出资购买,既满足了他们在城市居住的愿望,又照顾到了农村的祖屋、祖坟和承包地。绝大多数新生代农民工会将父母接到县城共同居住,不但便于照顾小孩,分担家务,也可以实现家庭成员之间的情感交流。如果父母在农村居住,他们也会经常回家照顾父母,在经济上一体化,情感联系亲密化,形

---

① 王跃生:《家庭结构转化和变动的理论分析——以中国农村的历史和现实经验为基础》,《社会科学》2008 年第 7 期,第 90 页。

② 王跃生:《中国城乡家庭结构变动分析——基于 2010 年人口普查数据》,《中国社会科学》2013 年第 12 期,第 60 页。

③ 杨菊华、何绍华:《社会转型过程中家庭的变迁与延续》,《人口研究》2014 年第 2 期,第 36 页。

④ 盛亦男:《中国的家庭化迁居模式》,《人口研究》2014 年第 3 期,第 41 页。

成实质上的直系家庭。因此,父母与儿子夫妇,再加上一两个未婚小孩的直系家庭,将成为农村家庭的主要形态,即"形式核心化,实质直系化"的家庭。

第五节　讨　论

在任何社会形态中,夫妻关系与家庭关系、家庭利益都存在张力,二者之间的力量对比决定着家庭形态和代际关系。前现代社会家庭关系和家庭利益完全压制夫妻关系,现代社会夫妻关系越来越重要,代际关系重要性相对下降,但家庭光宗耀祖、传宗接代的精神利益和物质利益仍将占主导地位,成为各代共同的事业,这也决定着中国特色的家庭形态。从传统文化和法律规定方面来说,核心家庭不会成为我国农村家庭的主要形态,家庭关系和家庭利益将在长时间内决定夫妻关系很难在农村家庭中占主轴。因为生育意愿和政策的影响,农村独子家庭的增加,决定农村家庭形态将是直系为主,以子代夫妻和男方父母(或一方)以及孙代共同居住的家庭为主。当然,因为新生代农民工到县城集镇购房居住或工作,在近期,农村可能会形成像学者所说的"形式核心化"和"功能网络化"的特点,但这只是目前农村家庭经济条件较差背景下形成的,是被迫的,只要经济条件改善,特别是父母一方去世,子代就会和父亲或母亲同住,以实现家庭利益最大化。现在在农村家庭中,新生代农民工在县城购房后,不管在农村创业,还是在县城工作,都会回家和父母相聚或者把父母接到城市居住,定期和不定期共同回农村和亲友来往,经济上是一体化的,并不完全是"形式核心化",而是实质性的直系家庭。当然,祖代和孙代居住,子代在外居住工作,或者子代家庭与父母适度分离又会在一起短期居住的状态都是过渡形态,只要条件允许仍然会将父母接到城市共同生活,现在的"老漂族"不断增多就是一个佐证。我国农村家庭形态将以父母与儿子夫妇以及孙代共同居住的直系家庭为主,主要是因为传统家庭文化发挥着重要影响力,也是为了保持家庭利益的最大化的理性选择。总之,在农村家庭中,父权在衰落,权力下移至子代的中年夫妻,夫妻关系在家庭中权重加大,但涉及家庭利益或家庭内多代间关系时,夫妻关系将让位甚至被牺牲,中国传统文化对家庭形态起着决定性影响,不管居住方式如何改变,也不会变成像西方以夫妻为主轴和以夫妻情感为主要考量的核心家庭形态,而形成具有中国特色的直系家庭形态。本章的研究结论对目前日益增多的各种各样的假离婚现象也有很好的解释力。

第九章　返乡置业对农村养老的影响

本章的主要观点是,农村家庭的代际结构与代际关系,是引发农村养老问题的结构性困境。通过中部某县的调查,以代际支持过度和代际回馈断裂为核心概念和理论框架,认为农村养老陷入困境根源在于社会流动增大,后代快速的向上流动,对家庭资源汲取过多,父代对子代的支持超过了自身能力,形成了代际支持过度,造成了父代对自己上一代的代际回馈断裂;而得到支持的子代因为向上流动过快,在短期内也没有能力回馈父代,也会造成代际回馈断裂,从而引发农村养老困境。

第一节　问题的提出

随着我国城市化和工业化进程加快,农村流动人口也经历了第一代农民工到第二代农民工的代际转换,两代农民工也正经历从"挣钱回乡"到"进城购房"的转变。农村年轻人的外流给农村养老带来了冲击。有学者通过分析华北农村代际关系发现,农村老年人的消费状况基本是自给自足,生活水平非常低,是"零消费"。[①] 而且,农村年轻人口外出产生了大量的农村老年空巢家庭,有自愿空巢和被迫空巢两种形式,老年人的生活照料也是一个重要问题。[②] 在农村劳动力转移成为普遍现象的背景下,对农民工父母的养老保障

---

① 张岭泉、邹沧萍、段世江:《解读农村老年人的"零消费"现象》,《甘肃社会科学》2008 年第 1 期,第 212 页。

② 陈建兰:《经济较发达地区农村空巢老人养老问题实证研究——以苏州农村为例》,《中国农村观察》2009 年第 4 期,第 47 页。

带来了较大的负面影响。① 农村老人不但在物质赡养上遇到困难,而且在精神赡养上也成了问题。有学者系统地梳理了农村养老问题的研究,指出农村现行养老保障方式、现状及存在的基础、面临的问题及其影响因素,以及今后发展的方向。② 对此,学者提出不少对策建议。有学者认为,传统文化、道德伦理以及价值观等非经济因素在更大程度上阻碍着农村社会养老保险制度的建设。③ 有学者阐述了中国农村养老模式的含义,分析建立缴费积累养老模式的阻力,认为完全积累模式不能应对我国农村人口老龄化问题,社会普享型老年津贴所需资金量虽然较大,但占同期财政支出的比例并不高,给农村老年人发放普享型养老津贴具有可行性。④ 也有学者指出,强化政府对农村养老保障作用,推进居家养老和社区养老,构建多层次、广覆盖、可衔接的农村养老保障制度体系。⑤ 还有学者通过分析日本的农村养老保险制度,认为政府应承担起农村养老保险的责任,加强立法,循序渐进地解决农民养老保障问题,建立多层次养老保险制度,建立农村土地承包权基金和农村养老保险制度的动态调整机制。⑥

学界对于农村养老问题的研究,在以下两方面有待深化。一是对农村老人生活困顿多从制度入手,这不仅很有必要,而且农民享受社会养老保障是公民的基本权利,但是,中西方家庭的结构以及养老文化都不尽相同。中国父母比西方父母对子女承担了更多的责任,家庭养老有文化渊源与社会合理性。中国家庭养老不但为社会所倡导,而且为法律所规范。但是,为什么农村老人

① 戴卫东、孔庆洋:《农村劳动力转移就业对农村养老保障的双重效应分析——基于安徽省农村劳动力转移就业状况的调查》,《中国农村经济》2005年第1期,第40页。

② 宋健:《农村养老问题研究综述》,《人口研究》2001年第6期,第64页。

③ 戴卫东:《中国农村社会养老保险制度研究述评》,《中国农村观察》2007年第1期,第71页。

④ 张晖、何文炯:《中国农村养老模式转变的成本分析》,《数量经济技术经济研究》2007年第12期,第83页。

⑤ 许亚敏:《我国农村养老保障事业发展的历程、现状与政策取向研究——基于制度分析的视角》,《社会保障研究》2009年第6期,第18页。

⑥ 张时玲:《中日农村养老保险制度的比较及其启示》,《经济社会体制比较》2008年第4期,第125页。

的生活还会陷入困境呢？其相关机制值得深究。二是学者将农村养老困境归为孝道衰落，这应该只是部分原因。如果我们对照留守儿童的艰难境遇，不得不思考这样一个问题：如果农村老年人生活困苦是年轻人不讲孝道，那么留守儿童的生活困难，难道也是年轻人没有爱子女之情吗？

因此，本章以代际支持过度和代际回馈断裂作理论框架和核心概念，试图回答以上两个问题，目的在于揭示农村养老困境的机制，作出一个更为适合中国传统文化的解释，为农村养老问题提供一种新的思路，推进和补充农村养老问题的研究，希望对其他研究者的研究有所助益。本章来自笔者对中部地区某县的实地调查，以新老两代农民工分别在农村建房和城市购房为视角，分析农村养老问题的根源，除特别说明外，文中所有数据都是笔者调查所得。

第二节　代际关系视角下的农村养老问题

学者从代际关系角度研究农村养老问题，主要体现在两方面：一是新型农村养老保险（"新农保"）对农村养老的效益评估，以及家庭养老责任分担，即子代对父代的赡养分析；二是代际关系变迁对农村养老问题产生影响的分析。

第一，代际关系变动下的"新农保"政策效益评估。我国"新农保"政策的实施，标志着学者以前设想的社会养老、家庭养老相结合的养老方式成为现实。然而，因为市场化的不断深入，农村年轻人外流，乡村传统的社会资本，如家族、乡规民约、农村集体文化等没有进行社会资源的重构，特别是在不发达省份村庄社会资本在降低，对农村养老构成挑战，加之农村社会化养老机构不足，农村老年人的照料成为真正的难点。[①] 有人调查了"新农保"的实施情况，调查显示，农民参保年龄结构高，选择档次低。农民领取的养老保险金从80—300元不等，不但地区差距大，而且离满足正常生活需求还有不小距离。[②]

---

①　王晶：《农村市场化、社会资本与农民家庭收入机制》，《社会学研究》2013年第3期，第141页。

②　苗苗：《聚焦养老保障制度：农民参保年龄结构高　选择档次低》，中国经济网，2012年2月14日，http://www.ce.cn/xwzx/gnsz/gdxw/201202/14/t20120214_23071309.shtml。

从积极方面而言,中国实施的新型农村社会养老保险对传统养老模式产生了重要影响,降低了老人在经济上对子女的依赖。[1] 农村养老保险对提升全国养老保险和社会保障水平等产生积极影响,农村养老保险适度高水平发展对缩小城乡差距和提升社会保障水平作用明显。[2] 但是,更多的学者认为效果有待进一步巩固与加强。在对 27 个省宏观数据定量分析基础上,研究者指出,中国农村养老保障政策绩效整体水平偏低,存在显著的省域差异,经济发展水平并非农村养老保障政策绩效的决定性因素。[3] 总之,"新农保"为基础的"社会养老"的养老金所起的社会保障效果有限,必须提高新农保的保障水平。[4] 同时,也不能忽视农村老年人对社会正式照料的需求。从养老形式、养老来源、养老需求方面,学者探讨了社会工作介入农村养老问题的策略,即以农民养老需求为导向,以政府为主导,以专业发展为依托,以多元化发展为取向,自主互助型的养老社会工作新模式。[5] 学者在评价"新农保"政策实施效果时,理论预设基本都是"新农保"要与家庭养老相结合。在人口流动的背景下,代际关系变动对农村家庭养老产生了消极影响,目前的新型农村养老政策是无法取代家庭养老的。不过,学者们对绝大多数农民选择"新农保"最低档解释并不清楚,而近年来农民收入不断增加,用收入低或家庭贫困解释显然是没有说服力的。那为什么他们还会选择"新农保"的最低档,不早为自己的养老做打算呢?

第二,代际关系变化对农村养老的挑战。农村人口外流对传统的农村代际关系形成了冲击,改变着父权制的家庭权力结构。有学者注意到,农村青壮

---

① 程令国、张晔、刘志彪:《"新农保"改变了中国农村居民的养老模式吗?》,《经济研究》2013 年第 8 期,第 42 页。

② 穆怀中、沈毅、樊林昕、施阳:《农村养老保险适度水平及对提高社会保障水平分层贡献研究》,《人口研究》2013 年第 3 期,第 56 页。

③ 黄俊辉、李放:《农村养老保障政策的绩效考察——基于 27 个省域的宏观数据》,《人口学刊》2013 年第 1 期,第 15 页。

④ 张川川、陈斌开:《"社会养老"能否替代"家庭养老"? ——来自中国新型农村社会养老保险的证据》,《经济研究》2014 年第 11 期,第 102 页。

⑤ 徐小霞:《介入与嵌入:社会工作在农村养老中的现实困境和策略研究》,《重庆工商大学学报(社会科学版)》2011 年第 6 期,第 12 页。

年外出打工,打破了农村收入结构,非农收入不但构成了家庭收入的主要部分,且收入越来越个人化,农村以家庭为单位的统收统支被削弱,甚至名存实亡,侵蚀父系父权家庭制度的基础。① 因此,农村代际关系在逐渐发生变化。20 世纪 90 年代以来,老年人绝望型自杀、孤独型自杀增多,这种现象只有从农民价值观入手才能获得理解,主要原因是农村年轻一代过多关注自己现世的生活,孝道衰落了。② 对于农村代际关系的变化,贺雪峰认为,中国传统社会代际关系相对平衡,就是在农村集体化时期代际关系也是平衡的,20 世纪 90 年代以来,农村代际关系失衡,子女普遍不孝,且严重发生。③ 当然,针对子代孝道衰落,老年人的传宗接代理念也在改变,以适应这种代际关系的变化。老年人越来越不满意失衡的代际关系,开始以私人积蓄解决自己的养老问题,农村代际关系走向是以更加理性化和较少亲情友好为特征,从而形成一种新的代际关系的平衡。④ 实际上,随着我国社会变迁,子代也在进行调整。儿子赡养父母、继承财产的方式在某些地方正转变为女儿和儿子一起赡养父母然后共同继承财产。中国的代际关系兼备了传统与现代两种特征,二者相互冲突、混合与补充。⑤ 根据我国社会变迁的实际,有学者认为,代际关系变动有进步之处但也存在问题,主张通过社会保障制度提高老年人的经济能力,降低对子代的赡养依赖,推动由儿子单系承担转向儿女双系承担的方式,相应的财产传承也作相应的调整。⑥

从以上论述可以看出,社会变迁加速,社会流动增加,社会发展进步,原有

---

① 杨善华:《改革以来中国农村家庭三十年——一个社会学的视角》,《江苏社会科学》2009 年第 2 期,第 72 页。

② 陈柏峰:《代际关系变动与老年人自杀——对湖北京山农村的实证研究》,《社会学研究》2009 年第 4 期,第 173 页。

③ 贺雪峰:《农村家庭代际关系的变动及其影响》,《江海学刊》2008 年第 4 期,第 108—103 页。

④ 贺雪峰:《农村代际关系论:兼论代际关系的价值基础》,《社会科学研究》2009 年第 5 期,第 84—92 页。

⑤ 唐灿、马春华、石金群:《女儿赡养的伦理与公平——浙东农村家庭代际关系的性别考察》,《社会学研究》2009 年第 6 期,第 18 页。

⑥ 王跃生:《中国家庭代际关系的维系、变动和趋向》,《江淮论坛》2011 年第 2 期,第 122 页。

的养老体系在不断改进,如农村老人社会养老。"新农保"的实施标志农民享有公民权取得了重要进步。由于中西方家庭财产制度与文化的不同,中国儿女可继承父母全部财产,父代不仅要负担儿子结婚、建房等费用,而且还要帮助照看甚至完全照看孙代,对子代的支持要一直到老得不能劳动为止。因此,中国家庭养老仍有合理性。另外,学者对农村年轻人孝道衰落的看法并不一致。贺雪峰等人认为农村孝道在衰落,导致农村老人生活困苦,甚至自杀;而其他学者则认为,针对子女实际状况,子代也在调整赡养父母的方式,在农村已经出现了女儿赡养父母的情况。这说明仅用孝道衰落是难以解释农村养老困境的。

根据中国家庭结构和代际关系的特点,研究中国农村养老问题,分析代际之间的关系是很好的思路,但不能仅仅分析父代与子代的关系,要分析整个家庭代际结构,将祖代、父代与孙代全部纳入分析,三个代际关系中,每两代的关系都会影响其他类型的代际关系,因为这几种代际关系在中国是连在一起的。比如,儿子在外打工,爷爷奶奶在家带着孙子孙女,形成我国特有的隔代抚养现象。又如,随着老龄化的到来,在中国的家庭中,当父代需要抚养子代的时候,父代自己还要赡养自己的上一代,这种情况在中国已经出现了。因此,只分析两代的代际关系可能会影响研究结论的可靠性。

不仅如此,如果农村老年人生活困难是因为孝道衰落,那农村留守儿童生活的悲苦,是否说明农村这代不养老人的人也不爱护自己的儿女呢? 显然与事实不相符,应该还有其他原因。本章坚持涂尔干提出的用社会事实解释社会事实的原则,用代际支持过度与代际回馈断裂为理论框架,揭示农村老人养老困境机制,对目前的研究提供一个竞争性解释,弥补相关研究的不足。本章资料来自笔者在中部地区某县的实地调查和统计数据,以该县新生代农民工在县城购房的情况为例,分析农村养老困境的根源。

第三节　理论框架

在现代社会,每个公民都享有社会保障的权利,国家、社会对公民的养老负有责任,同时,文化传统也会影响一个国家的养老模式。西方家庭中,父母在儿女成年后不再承担责任,他们在年轻时缴纳养老保险,到老年后由国家和社会承担养老保障责任,享受社会养老保险,也不需要儿女物质方面的赡养。中国家庭中,受传宗接代思想影响,父代对儿女特别是儿子承担无限责任,从抚养成人到为儿子建房娶妻,再到照料孙代无所不包。父母会毫无保留地支持自己的后代,因此,中国家庭要承担养老责任是毋庸置疑的。"养儿防老"是一个自足的体系,"女儿得嫁妆,儿子得家当(财产)",儿子责无旁贷地需要赡养父母,养儿防老是一个符合中国传统社会特征和文化的制度设计。费孝通对儿子养老继承家产,女儿不继承家产无义务赡养父母,有精彩论述。[①]当然,他论述的状况适合于农业社会。

中国农业社会,流动性不大,这种上一代对下一代的代际支持和下一代对上一代的代际回馈是可以期待的,并且有一套价值观和财产制度支撑。父母与儿子都生活在同一村庄,两代人之间的生活水平与生活方式相差不大,除儿子早亡、生病和无能力外,子代在父母老了以后也有能力保证父母养老的基本生活,满足其精神需求。代际间关系的变化与其能力是相适应的,代际付出与代际回馈基本均衡,也与当时社会发展状况相匹配。改革开放后,城市化和工业化加速发展,社会流动性增大,农村年轻人外出务工,家庭经济实力增强,他们的父母的代际支持也在增加,比如,为他们结婚做物质上的准备,将帮助照看他们的小孩等。如果他们愿意回农村,那么,在经济上他们的父母会得到更多的回报,因为社会阶层的流动是上升性运动,代际回馈自然会增加。有研究者通过实证分析发现,农村劳动力转移对留守老人健康状况的改善有帮助。[②]但是,当第一代农民工的子代——新生代农民工不回农村而愿意留在城市,在家乡城镇买房居住,以及对他们小孩的教育投入基本接近自己的收入水平时,农村家庭生活状况将发生转变,成为农村养老问题的转折点。出于整个利益(光宗耀祖)和爱子(孙)之情,让子代生活在城市,变成城市居民,实现向更高

---

① 费孝通:《乡土中国》,上海世纪出版集团 2013 年版,第 151 页。

② 王小龙、兰永生:《劳动力转移、留守老人健康与农村养老公共服务供给》,《南开经济研究》2011 年第 4 期,第 21 页。

社会阶层的流动,并且,为了孙代在城市上学接受更好的教育,农村家庭中的父代祖代都会尽全力支持新生代农民工在县城购房。这些支出超过了家庭的收入和资本积累,所以,在较长时期内需要整个家庭节衣缩食。这样,第一代农民工对其父母的代际回馈将无法持续,形成代际支持的过度和代际回馈的断裂。也就是说,目前处于农村养老困境的是"40后""50后"农民,以及部分"30后"高龄农民。由于以上原因,农村老人养老问题就凸显了,由最初第一代农民工外出务工生活改善变成了生活窘迫,面临老人老无所养的困境,但这和孝道衰落关系不大。另外,根据中国的文化传统,父母支持儿子一般是无私的和自愿的,自己拿着高额退休金,看到子孙生活艰难,一定会鼎力相助,宁愿自己生活困难也不愿意看到子孙受苦。所以,在上文的研究中,也有研究者指出,有些农村老人的养老困境是自我选择的结果,甚至有的老人自杀也是自愿的。

因此,本章的两个核心概念,即代际支持过度和代际回馈断裂,解释农村养老困境是更有说服力的。代际支持过度是指在中国文化背景下,出于家庭整体利益的考虑,上代对下代、父代对子代的支持既超出其经济实力和收入水平,又超出其体力支持等。现在的农村,老人还在种田,更多的老人拖着年迈的身体在照料孙代。代际回馈是指儿子(子代)对父母(父代)年老以后进行物质和精神上的回报。此概念的灵感来自费孝通所说的,中西方人的代际关系分别是"反馈模式"和"接力模式",但用反馈容易引起歧义。代际回馈断裂就是代际回馈因各种原因导致子代没有能力回报父代,造成代际支持与代际回馈的失衡。当然,因为人口流动增加,父代与子代相处时间少,个人权利意识增强,导致孝道衰落等的解释,也是有一定的解释力的,本书并不能取代其他学者的解释,只是提供一个竞争性解释和另一种视角。笔者认为,前文贺雪峰等人仅用孝道衰落和交换关系解释农村养老困境还存在理论难题,正如王跃生所指出,中国家庭代际关系既有"抚养—赡养"关系,又有交换关系,二者并存,"抚养—赡养"关系不能用交换关系去解释,因为这并不是严格意义上行为主体之间的交换关系。①

---

① 王跃生:《中国家庭代际关系的理论分析》,《人口研究》2008 年第 4 期,第 13 页。

第四节　农村养老问题的根源:农村代际
支持过度与代际回馈断裂

在社会流动性不大的情况下,农村养老基本是个自足的体系,上代对下代的代际支持,及下代对上代的代际回馈是均衡的;在社会流动增大的背景下,因为下一代的阶层上升性流动的速度与家庭资源、上一代的支持能力不匹配,造成了农村代际支持与回馈无法持续,形成了农村养老困境。

一、新生代农民工在家乡县城购房成农村家庭重要支出

近年来,中部地区新生代农民工在家乡城镇购房已经成为趋势,主要原因是发达地区房价太高,长期生活在城市不想回农村,为满足居住城市的愿望,在家乡县城购房居住;为了小孩有更好的教育,在县城购房让小孩在城市上学;回归故乡的情结等。① 除上学、参军以外,现在的农村年轻人都有打工经历,农村女孩现在找对象时大多要求男方必须在县城有住房。根据中部某县2010—2013 年统计年鉴,笔者整理了农民住房与收入的相关数据。2010—2013 年,每个家庭平均 3.7 人。2010 年农民人均纯收入 4753 元,2011 年5372 元,2012 年 6184.28 元,2013 年 7311 元,其中,绝大多数部分来自工资性收入。2010—2013 年家庭经营性收入分别为 3061.83 元、4054 元、5031 元和6136 元,这基本是全家全年从事农业经营的总收入,扣除成本后的收入即使全部用于农村老人,也不足以支撑他们的生活。再来看住房消费,据统计年鉴显示,从 2010—2013 年,全县农村居民用于住房的支出分别为 8331 万元、12090 万元、43123 万元和 54099 万元;而城市居民住房支出分别为 10842 万元、15659 万元、19833 万元和 27235 万元。农村居民住房支出在 2012 年和2013 年远远超过城市居民支出,到了 2013 年都快达到城市居民住房支出额

---

① 聂洪辉:《返乡购房:新生代农民工城市融入的调查分析》,《桂海论丛》2014 年第 4 期,第 116—120 页。

的两倍。而在同时期,农民的人均纯收入低于城市居民纯收入。此县城市化率 2012 年为 40.74%,2013 年为 41.54%,2015 年为 43.54%。这与农村居民住房消费统计是相符的。作为中部的县城,与北上广等城市和本省省城不一样,基本没有炒房的。由此,我们可以推断,中部县城城市化率的提高主要是由农村居民在城镇购买商品房所致。据笔者实地调查,此县城城市周边新建的商品房小区 90% 以上是由农村居民——以新生代农民工为户主购买的,他们的父母和子女居住在新房中,这说明以上分析也与事实相吻合。笔者这三年来对中部地区很多县城郊区商品房小区调查,结果基本相似,越来越多的新生代农民工在县城购房。现在,中部地区县城房价并不低,以上例的县城房价为例,此县城 2015 年房价每平方米在 3500—5000 元之间,主要是看区位和楼层。笔者对中部其他地区县城商品房房价发现没有低于每平方米 3000 元的。这就意味着,在县城买 80 平方米的住房需要 28—40 万元之间,加上装修费用和家具、家电费用,至少需要 40—50 万元。而对人均收入并不高的新生代农民工而言,仅靠自己的工资显然不够,对其家庭也是一个非常大的支出。如果根据 2015 年新生代农民工平均工资 2864 元,[①]除去生活娱乐等支出,新生代农民工家庭的储蓄并不多,相对购房的总金额差距很大。再考虑到新生代农民工每月花费比第一代农民工要多,有的还是月光族,住房开支更是个非常大的数目。根据中国实际情况,父母需要负担儿子结婚和住房的责任,即使无法全部承担也会倾其所有地支持,可以说,新生代农民工的住房消费是农村家庭一项不得不承担的沉重负担。这无疑对农村养老会产生不可忽视的影响。

二、代际支持与代际回馈从均衡到失衡

中国家庭价值核心是传宗接代,并希望一代胜过一代,所谓长江后浪推前浪,一代更比一代强。因此,整个家庭乃至家族都会支持后代尽可能地实现向上流动。可以说,中国家庭的核心其实是小孩。虽然讲孝道,要尊敬老人,但

---

① 《2015 年中国外出农民工 1.68 亿人 平均工资 2864 元》,中商情报网,2015 年 2 月 28 日,http://www.askci.com/news/2015/02/28/17461806t5.shtml。

如果与小孩前途等相比,在资源有限的情况下,作出牺牲的往往是老人。老人自己也会作出这种选择,因为后代是家庭的希望和精神寄托。当然,作为后代的儿孙一旦有出息,光宗耀祖,不但给长辈、家庭和家族带来精神上的慰藉,而且也会给长辈和家庭家族带来巨大的经济回报。在人口流动性不大的社会,社会变迁速度慢,上一代对下一代的支持会与其能力、家庭资源基本一致,代际支持与代际回馈是均衡的。上一代和老一代基本能得到后辈的赡养,代际回馈是可持续的。在特殊情况下,也有代际支持与代际回馈失衡的家庭,当子代出意外、痴呆或能力特别弱等,父代不但要抚养子代的后代(即孙代),而且可能要一直抚养子代,这种家庭中代际支持是得不到回馈的。少数还会出现像贺雪峰所调查的情况,即20世纪90年代初就出现养老危机的家庭,主要是家庭经济困难,第一代农民工在外也没有挣钱无力回馈家庭,使代际回馈断裂与代际支持过度提早出现,这一代养老危机的主体人群是"30后"。另外,当一个家庭子女特别多时,也容易出现代际支持与回馈的失衡,人们常说的"多子多福"说明支持与回馈是均衡的,甚至父代在老年时,子代的代际回馈超过了当年的代际支持。但同时也存在"儿多母苦"的情况,这也说明代际支持过度了,代际回馈断裂,造成二者之间失衡。

这同时也说明另外一个问题:人们通常评价孝道标准一般是指经济上的回报,而忽视了感情上的回报。孝道的衰落一定会导致老人养老困境——包括精神上的赡养,但是老年人的养老困境却并不一定是因为孝道衰落,也可能是因为子代在经济上无能力回馈父代,即使在感情上对父代和祖代抱有浓厚亲情,而在流动性大的社会又难以体现或被外人感知。

在人口流动性大和变迁速度快的社会,就会出现以上情况。我国农村家庭正面临代际支持与代际回馈从均衡到失衡的转变。目前,陷入农村养老困境的主体是"40后""50后"农民(工),包括少数"30后"农民。除国家养老制度方面的原因外,后代(子代、孙代)流入城市,从家庭抽取的资源超过了家庭支持能力和储蓄的资源,造成家庭代际支持过度,代际回馈断裂。当第一代农民工外出打工时,农村家庭经济状况明显改善,表现为农民生活得到改善,老年人初期得到的代际回馈是比较丰厚的,这也为以上学者的研究所证实。在住房问题上,第一代农民工大多会回归农村,选择在村庄建房,改善家庭的住房状况,在农村的表现就是原来的平房变成了楼房。"40 后""50 后"老年人同时受益,正如其他研究者所调查的那样。与此相适应,20 世纪 90 年代早期女方结婚的条件是男方家要有楼房。在此阶段,农村家庭是能够承担建房的成本的,也有能力支付其成本,不仅是因为收入增加,宅基地是自己的,建房成本也较低。而且,与城市买房的最大区别在于,农村建楼房可以"分批"完工,有可提早入住的特点。比如,要建二层的楼房,可以先建一层,有积蓄后再建第二层,或者建了个框架(毛坯房)先入住,有积蓄以后再慢慢装修。也就是说,这种建房支出方式与农村家庭积累、收入水平基本均衡,不会影响家庭生活,老年人的养老也不至于成为一个问题。

农村养老困境的出现是以"80 后""90 后"在城镇(以县城为主)购房、结婚为转折点,出现的时间是 20 世纪 90 年代中后期。新生代农民工一般是先购房后结婚,或者二者出现时间基本相同。农村家庭代际支持过度与代际回馈断裂开始出现。新生代农民工已经不愿意再回农村生活,但阶层认同上移,消费与阶层认同又正相关,而且住房消费成为阶层认同的重要依据。[①] 所以,新生代农民工在大城市买不起房的情况下,只有采取折中办法,在家乡城镇购房。除返乡置业的住房消费外,其他消费还包括为小孩享受优质的教育资源,实现代际向上流动的教育支出。在中部地区,农村女方结婚的要求由原来农村的楼房变成了县城的商品房。前文某县农村居民和城市居民住房消费的数据已经说明,商品房住房花费数额较大,远超过农村家庭收入和资本积累。更为重要的是,在县城购买商品房必须一次性支付。因为工作不稳定,新生代农民工住房按揭非常难,住房按揭制度正在但还没有完全将他们纳入考虑范围。即使可以按揭,每个月的月供也是一笔不小的数目。而且由于生活方式的差异,在农村可以住毛坯房,生活不会受影响,在县城购房入住必须一次性装修完工,否则,根本无法正常生活。这就意味着在短短的几年时间内,农村家庭

---

① 赵晔琴、梁翠玲:《融入与区隔:农民工的住房消费与阶层认同——基于 CGSS2010 的数据分析》,《人口与发展》2014 年第 2 期,第 31 页。

为了新生代农民工结婚,支付住房费用等,总额大概在60—70万元,这还不包括置办酒席的费用。这样,第一代农民工就无力在经济上赡养老人了——自己的生活也很窘迫。因此,"40后""50后"农村老人的生活自然会受到影响,人们关心的农村养老问题就出现了。事情还不止于此,目前,第一代农民工正在慢慢变老,成为老年农民工(见后文论述)。老年农民工的生活和工作的艰难状况,已经为众多媒体所关注和报道。他们不但要在经济上支持子代,而且还要帮助子代照看小孩——自己的孙代,即"40后""50后"农民的曾孙代。而有的第一代农民工也需要子代养老了,此时自己还需要赡养"40后""50后"父母。可见,农村养老包含了比较复杂的代际支持与代际回馈的机制,代际支持过度与代际回馈断裂造成的养老困境不容忽视。

三、农村代际支持过度与代际回馈断裂的机制

通过以上的调查与讨论,我们可以建构一个农村代际关系的分析框架,可以用下图表示。

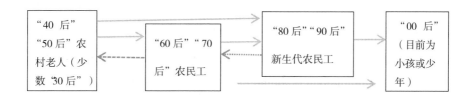

从左到右的箭头表示代际支持,从右到左的箭头表示代际回馈,虚线表示存在代际回馈断裂的可能。分析框架可以解释如下。

第一,根据中国家庭传统,农村养老问题不能只分析两代之间的代际关系,而是要对整个家庭结构和各代际之间的关系进行综合考量,它们的关系是个长链条的环环相扣的关系,各代际之间的关系会相互影响。研究中国的代际关系至少要延长到三代,甚至是四代。

第二,当新生代农民工处于结婚前状态,"40后""50后"农民会支持子代(第一代农民工),一起支持新生代农民工成人成才、结婚成家等,但家庭经济状况基本是改善的,他们的老年初期生活比较好。以新生代农民工购房、结婚

为转折点,代际支持就会因为支出超过其家庭的承受能力,而出现代际支持过度问题,第一代农民工为了支持新生代农民工(子代),具体包括帮助他们购房结婚,也包括帮助抚育他们的子女。这样,他们也就无力赡养"40后""50后"农民(父代),代际回馈就会断裂,农民养老问题就出现了。

第三,老年农民陷入养老困境大多是经济上的。据笔者调查,从感情上而言,经老年农民照看长大的孙代即新生代农民工,对爷爷奶奶还是非常有感情的,老年农民的感情回馈是确实存在的。否则,我们也很难解释每年春运的家庭团聚现象。当然,感情回馈难以弥补经济上的不足。也许到新生代农民工的子代"00后",因为已经变成城市居民了,阶层上升速度会变慢,代际流动会减速,并且有了几代的积累,社会养老制度将不断健全,农村养老失衡将重归新的平衡。

第四,本章没有将社会责任与国家责任纳入分析框架,主要是因为研究视角和内容决定的,并不认为国家和社会养老不重要。恰恰相反,只有强化国家责任,健全社会养老保障,才能扭转农村代际支持过度与代际回馈断裂状况。"40后""50后"农村老人正面临养老危机的情况下,尤其如此。

但笔者仍强调,不能忽视中国传统的家文化对农村养老的影响。比如,即使老年农民拿着退休金,当其子代和孙代面临困难时,特别是需要家庭支持阶层的上升流动,他们仍然会尽全力支持,宁愿自己节衣缩食。这种情况即使在深受现代文化影响的中国城市居民中也不鲜见,更不用说农村居民了。

四、第一代农民工养老的尴尬与新生代农民工养老的隐忧

通过以上农村代际支持过度与代际回馈断裂机制的分析,我们可以知道,农村代际关系实质是每一代都视自己是整个家庭血脉联系中的一个环节,重要任务是将香火传承下去,因此,上代对下代会尽力支持甚至作出牺牲,这种现象在中国家庭中是非常常见的。父母节衣缩食甚至卖血、借钱、卖地等,也会支持儿子上学和立业成家,以实现家庭在社会阶层的向上流动。因而,当代际支持与家庭积累和上代能力相适应时,代际支持与代际回馈是均

衡的;当后代流动性过大(或者少数是后代能力较弱以及意外夭亡等),代际支持就会超过家庭的支持能力,出现代际支持过度与代际回馈断裂,导致养老困境。

此外,农村养老困境的根源还在于,农村居民年轻时没有纳入社会保障体系,从国家层面和个人层面都没有养老积累。他们没有享受社会养老保险,导致农村养老困境,这也是一个重要的结构性困境。

不但现在的"40后""50后"农民陷入养老困境,而且,"60后""70后"农民(工)的养老也同样尴尬。他们也将面临老而难(退)休的处境,老年农民工的生活状况和养老问题已经引起社会的广泛关注。2014年国家统计局公布了50岁以上"高龄农民工"占2.73亿农民工的17%,数量已达4600万人,且比2013年多了600万人,但他们参加城镇居民养老保险的比例非常低。在2013年26894万农民工中,参加城镇职工基本养老保险的比重仅占18%,这还要除去年轻农民工参加的比例,老年农民工的比例还要低于这个数字。①他们很多人为了在城市工作,甚至还将白发染黑使自己显得年轻,希望在工作中有竞争力,或应对劳动部门的检查。笔者调查的这个中部某县,农民参加新型农村养老保险的比例非常高,接近百分之百,但投保档次普遍偏低,基本都是最低档。主要原因是,他们将收入的绝大部分支持了子代。在此过程中,他们面临两个艰难抉择:一是投"新农保"的高档为自己养老提供保障;二是为支持子代结婚和买房投最低档,老了以后靠儿子养老。选择前者意味着子代可能在婚姻上处于劣势甚至无法结婚,自己也会受周围人的指责;选择后者,不仅符合中国传统文化和风俗习惯,自己的家庭也能得以延续,精神上亦能得到慰藉。但是,选择后者却意味着"60后""70后"农民(工)到退休年龄后,一个月能拿到100多元,维持个人生活还是不够的,需要国家、社会和家庭在养老方面给予更多的支持,否则,他们还需要工作,或从事农业弥补生活费用的不足。这也会阻碍我国农业现代化进程。

---

① 陈墨:《"高龄农民工":干到何时才能安心养老》,《中国青年报》2015年5月13日,第9版。

　　"80 后""90 后"养老也存在隐忧,新生代农民工流动轨迹是呈倒"U"型的,开始表现为垂直的向上流动,但到某个点以后就会向下流动。① 这与他们教育水平低,流动频繁无资历积累,从事体力劳动随年龄增长贬值等诸多因素有关。新生代农民工流动的特点说明,随着年龄的增长,他们的收入呈下降趋势,到中年以后就可能会向下流动,但是,养老负担却不一定减轻。相关报道指出,从宏观层面来看,由于生育率下降,老龄社会到来,赡养老人增多,而赡养老年人的成年劳动力减少,"80 后"的养老也存在危机。② 因为他们不仅要支持子代在城市上学,享受更好的生活,还要赡养上一代等。与他们收入趋势相比,他们的养老负担却在增加。更为重要的是,目前,他们大多数人没有纳入养老保险,投保比例低或投保档次不高,工作不稳定导致退保等,新生代农民工自己的养老问题也存在隐忧。也就是说,"80 后""90 后"养老隐忧既包括赡养上一代,也包括自己的养老问题。

　　当然,笔者认为,只要早做准备,重视养老保险的尽早积累,问题还是可以得到解决的。新生代农民工子女已经在城市上学,代际向上流动相对趋缓;国家"新农保"制度慢慢将在第一代农民工身上发挥效应,积累少但比没有积累好;新生代农民工的养老保险正得到重视。考虑到这些因素,我们仍可乐观地认为,农村代际支持与代际回馈会重新趋于平衡。一般而言,进城的第一代会比较辛苦,要实现城市中产阶级梦想要一至两代人的努力与积累,再考虑到社会保障制度的不断完善,农民工权利与城市居民权利平等,以及农村养老困境将会慢慢缓解。

第五节　讨　论

　　目前我国农村陷入养老困境的主要是"40 后""50 后"老年农民,还有少

---

　　① 符平、唐有财:《倒"U"型轨迹与新生代农民工的社会流动——新生代农民工的流动史研究》,《浙江社会科学》2009 年第 12 期,第 41 页。
　　② 《80 后的养老危机:可能是史上最悲剧一代》,腾讯网,2016 年 3 月 20 日,http://finance.qq.com/a/20160320/006669.htm。

量"30"后高龄农民。"60后""70后"第一代农民工外出打工寄钱回家,在农村建房,明显改变了家庭经济状况和住房条件,对农村老年人生活质量有促进作用。不过,以"80后""90后"新生代农民工在县城购房和结婚为转折点,老年人养老困境就出现了。第一代农民工会支持新生代农民工在县城购房,不仅为他们结婚花光积蓄,还要帮他们照看小孩,基本在复制"40后""50后"老年农民的生活轨迹,重复家庭代际支持的模式。因为新生代农民工在县城购房,小孩在城市上学,超过农村家庭的支付能力,出现了代际支持过度,农村养老问题凸显。第一代农民工自己无力回馈父代,甚至第一代农民工支持新生代农民工抚养"00后",而自己的养老问题也处于尴尬之中。现在,农村中已经出现有的老年农民要儿子养老,而自己还要赡养上一代老人的窘境。这种情形在中部地区的很多农村都出现了。出于同样的家庭结构性因素,新生代农民工的社会养老问题也存在隐忧,如果不未雨绸缪,特别是在受到国家人口结构的影响,老龄化越来越严重时,他们的养老问题会更加严峻。

农村养老困境不能仅仅用孝道衰落来解释,也不能只从两代之间的关系进行讨论,而要从农村家庭结构、多代之间的关系进行研究。从多代间关系的代际支持与代际回馈角度分析,我们发现,农村养老困境是因为代际向上流动增大,上升幅度超过家庭代际支持能力,过度地汲取了家庭资源,出现代际支持过度,又因为代际支持过度,无法保持代际支持与代际回馈的平衡,就导致了代际回馈的断裂。本章最主要的贡献在于揭示了农村代际支持过度与代际回馈断裂,是导致养老困境的重要原因。同时提醒,解决农村养老问题必须注意到,中国家庭关系实质是以小孩为中心,以后代为中心的结构。所谓"不孝有三,无后为大"。而且,一个社会过度地宣传孝道,恰恰从一个反面证明人们在过分地重视后代。也可以这样说,中国人是言行上尊敬老人,在物质上以满足老人养老的基本需要为主,在经济上和情感上则以支持后代为主。为了小孩的前途,家庭会倾其所有,以实现整个家庭的向上流动,期望后代有出息将来回报家庭。从整个家庭代际结构来分析,我们还可以发现,代际支持过度其实也伴随着代际过度干预。在中国家长制家庭中,父母对子女的"父爱主义"和"狼爸虎妈",也会对后辈产生消极影响,这也是子代接受家庭代际过度支持时必须付出的成本和代价,同时也反映出上一代在代际支持过度或干预过度时,希望代际回馈的最大化。至于留守儿童和流动儿童生活的困苦,并不是农村家庭没有代际支持,其父母为了更好的生活,不得不在外打工,目的还是为家庭积累财富,为了以后更好的生活,这是一些困难家庭在短期内不得不作出的困难选择。这和农村养老困境原理是一样的。

要打破农村代际支持过度和代际回馈的断裂所形成的代际支持与代际回馈的失衡,使二者重新回归平衡,实现农村老人老有所养,还需要国家和社会的介入与支持。

首先,改善城乡关系,根本上改变农民权利不平等问题。农民仍然受制于城乡关系总体力量所产生的支配性逻辑。[①] 要提高农民和农民工享受公共服务的水平,平等的就业权和福利权。在完善低保制度基础上,国家对贫困老人进行扶助,即实现城乡一体化是根本途径。

其次,保障新老农民工在城市生活中的权利,纳入住房保障体系和住房公积金体系。新生代农民工按揭购房正变为现实,子女在城市上学高考等权利正在实现,但与市场化相适应的工资水平仍然偏低,导致其在城市生活中的成本过高,要进一步提高其工资水平,还可以实行退税提薪政策,在可行的减税幅度内规定底层一线员工薪酬提高幅度申请退税;通过职业培训增强在城市生活中的能力;以及提高最低工资标准等一系列措施保障新老农民工的权益。[②] 对新生代农民工最大的意义就在于,生活在城市中可以减少其对家庭资源的过度汲取。

再次,在人口流动频繁的现代社会,社会养老取代家庭养老是一种必然的趋势。因此,要尽早将全体农民(工)纳入社会养老保险,适度提高缴费水平和投保档次,重视农民(工)年轻时的养老积累,借助社会保障的强制性和国家的支持,以增加农民在老年时经济上的独立性。虽然根据中国传统文化,子

---

① 张兆曙:《农民日常生活视野中的城乡关系及其出路》,《福建论坛》2009 年第 2 期,第 170 页。

② 杨达:《中国乡村的一个分析界面:农民家庭收入结构——兼谈促进农民家庭增收的政策调控手段》,《江西社会科学》2011 年第 3 期,第 65 页。

代遇到困境,父代甚至祖代都会全力支持,但每个月的养老金将为其生活提供基本的保障。

最后,根据中国传统文化和代际支持的实际,即使有了健全的社会保障,家庭养老仍有合理性,其功能也不可或缺。当然,子代对父代的赡养主要体现在精神赡养上,在物质上,对老人的赡养以社会养老为主,家庭养老为辅。这也是对中国传统文化的传承与发扬。因此,中部地区有条件的地方可以引导鼓励新生代农民工返乡就业与创业,构建相关的支持体系。[①] 同时,以新生代农民工回乡在县城购房为契机,解决农村养老的精神赡养和物质养老问题。

总之,只有这样,才能缓解农村代际支持过度与代际回馈断裂的张力,解决"40 后""50 后"养老无积累、难保障,"60 后""70 后"第一代农民(工)老而难退(休)的尴尬,"80 后""90 后"家庭养老负担重和自己养老存隐忧的家庭代际支持的结构性困境。因为我国城市居民也受传统文化的影响,本章的结论在很大程度上也可以推广到城市居民,解释框架和相关建议具有一定的普遍意义。

---

① 石智雷:《家庭禀赋、家庭决策与农村迁移劳动力回流》,《社会学研究》2012 年第 3 期,第 179 页。

第十章　返乡置业与新生代农民工土地权责对等

　　本章分析了新生代农民工土地权益保障和占地建房两个表面上看似矛盾的问题,结合学者对土地问题的争论,着重指出既要保障新生代农民工的土地权益,又要规定新生代农民工的土地义务,做到权利与责任的对等。强调土地具有社会功能,拥有土地要承担相应的社会责任,明确与土地权利相一致的责任才是实现土地流转的重要前提。只有这样,才能更好地保障新生代农民工及家属的土地权益。

　　《国家新型城镇化规划(2014—2020年)》显示,2000—2011年,在农村人口减少1.33亿人的情况下,以宅基地为主的农村居民点用地反而增加了3045万亩。在农村人口减少的情况下,以宅基地为主的农村建设用地不减反增。① 虽然没有2011年以后的数据,但从现实来看,占地建房有增无减。那么,是什么导致了这种现象呢? 宅基地闲置与浪费是一个重要原因,还有就是与新生代农民工返乡置业有关。目前,农村建设的大体状况是,"50后"及以前的农民建的是平房;"60后"和"70后"农民(工)建的是楼房,占用的基本是村庄原有宅基地和荒地;"80后"和"90后"建的是楼房(中部地区农村叫小洋楼)。现在农村建设多以新生代农民工在村庄建设占地面积大像别墅一样的小洋楼为主,因为农村空心村脏乱差且拆旧建新成本高,所以新生代农民

---

　　① 张军扩、张云华:《关于深化农村宅基地制度改革的思考》,《中国经济时报》2017年4月27日,第1版。

工建房以占自己家庭的承包地(耕地)为主。现在只要到中部地区农村去看看,人们就会发现,基本每个村庄都是楼房林立,房子无论从外观还是内部装修都非常气派,住房条件已经今非昔比。在县城购买住房是新生代农民工返乡置业的主要形式,在村庄建房也是新生代农民工返乡置业的一个比较重要的方式,现在很多新生代农民工在县城一套房,在村庄上一洋楼的二套房现象明显,在城郊虽然二套房现象少,但围地建别墅样的楼房现象普遍。这与土地确权有关,也与新生代农民工土地权益保障有关,还与土地权责不对等有关。本章的目的是,通过土地确权情况,分析新生代农民工土地权益保障和土地义务问题,强调土地权利与责任的对等关系。为了增加理论性,将调查内容与学者对土地有关问题的争论相对照,达到既反映现实问题,又回答理论争论的目的。

　　笔者资料来自实地调查和访谈。在 2015 年 7 月和 8 月用了一个半月时间,调查了中部地区部分县市的农村土地确权工作,对确权工作中新生代农民工土地权益问题进行了访谈,利用为某市作"十三五"规划的便利,做了 5 次集体访谈,对多位农民、新生代农民工、村干部和乡镇领导做了深入访谈。2017 年春节期间,笔者对江西土地确权情况进行调查发现,近年来随着江西、湖北和安徽等中部地区新生代农民工返乡建房增加,农村占耕地建房有愈演愈烈之势,由建平房变为建前后有大院的楼房,所占面积越来越大。其中,既有经济发展后改善住房条件的合理诉求因素,也有期望获得拆迁补偿的利益驱动因素,还与土地确权后新生代农民工认为可以自由支配自己家庭承包地的错误认知有关。特别是,有些新生代农民工为了保证自己家庭承包地的权利,趁土地确权之机建房,加剧了农村滥占耕地建房的势头。本章揭示既要保障新生代农民工土地权益,又要对新生代农民工占承包地建房严格审批和控制,对他们违法违规建房要坚决予以制止,一定要将新生代农民工土地权益与义务结合起来。本章的几个定义说明:农民、第一代农民工、在外经商的老板和新生代农民工户口都在村庄上,所以将他们统称为村民,农民(工)则指农民和农民工,农民工既指第一代也指新生代农民工。

第一节　新生代农民工的土地权益问题

对农村土地所有权和使用权等权利的确定称为土地确权,土地确权有利于保护农民土地权益,促进土地流转,实现土地规模化经营,对改善农村治理环境具有十分重要的作用。2010 年《中共中央国务院关于加大统筹城乡发展力度进一步夯实农业农村发展基础的若干意见》和 2011 年《关于农村集体土地确权登记发证的若干意见》两个文件的颁布显示中央对土地确权工作的重视。土地确权将对我国农村社会结构和农业现代化产生重要影响,不过,"80后"和"90 后"新生代农民工土地权益如何保障,农村以后新增人口的土地权益如何得到保证,政学两界对此颇有争论。本书通过实地调查,结合已有研究,探讨新生代农民工土地权益的保障问题。在理论上可以拓展已有研究的视角,跳出仅从土地问题来看新生代农民工土地权益;在实践上探索保障新生代农民工土地权益的可行路径,既可以实现农业现代化和规模经营,又可以保障他们的土地权益。

一、文献述评:湄潭实验及其争论

1987 年贵州湄潭试点试验"增人不增地,减人不减地"土地分配制度。所谓"增人不增地,减人不减地"简称为"生不增,死不减",就是土地承包期延长至 50 年,且承包期内无论人口增减都不调整土地。湄潭的经验主要是有利于集中土地,有利于保障农民土地权利,有利于转移农村人口并提高城市化率,等等。① 随后不久全国推广了湄潭经验。"增人不增地,减人不减地"和"土地承包关系长久不变"也成为全国土地制度改革的蓝本。在 2014 年新一轮土地流转试点中,湄潭成为全国新一轮第二批农村改革试验区,承担"农村土地承包经营权流转管理"试验。② 但是,湄潭试验也引起了广泛的争议。作为当

---

① 周其仁:《湄潭的贡献》,《经济观察报》2013 年 4 月 15 日,第 47 版。
② 蒙焕琴、詹仕飞:《湄潭跻身全国新一轮第二批农村改革试验区行列》,《贵州日报》2014年 11 月 28 日。

年的倡导者周其仁充分肯定了湄潭试验的贡献,但反对的声音在学术界和政界从来没停止过。有研究者认为,"增人不增地,减人不减地"使农户的权利刚性化,集体权利虚化,固化了土地细碎化,产生的庞大无地农民群体会影响社会稳定。① 贺雪峰从自己的调研出发,认为湄潭试验存在着严重问题,"增人不增地、减人不减地"的土地政策,既不公平又无效率,农民也不满意,要慎重考虑"长久不变"的农村土地制度,否则会影响中国现代化稳定的基础。② 也有学者认为,"增人不增地、减人不减地"确实可以避免土地细化和促进土地流转,但农民对此并不愿接受,对发放到手中的经营权证也无预期的热情,保护好农民的土地权利非常重要。③ 还有学者用自己调查的数据进行了论证,调查显示有 90%的村民希望重新调整土地,而且,湄潭试验使农村土地分化明显,1980 年以后出生的农民没有土地,还出现了大量脱离村庄却继续拥有村庄土地的人口。这样既不利于村庄建设与发展,也不利于城市化目标的实现。将湄潭经验强行推广到其他地区特别是粮食主产区,会产生不良后果。④ 支持者却认为,湄潭试验证明,"增人不增地、减人不减地"是可行的,是落实中央"现有土地承包关系保持稳定并长久不变"政策的基础性制度安排。⑤ 湄潭试验中"稳定家庭承包责任制,搞活土地使用权"的思路有力地推动了农村土地制度建设。⑥ 也有学者提出了农民市民化的对策以巩固湄潭试验的成果,认为湄潭试验的政策效果是明显的,因为劳动力非农化加速,所以土地收入对农民收入的影响程度减低。由于无地人口增加和人均分地制度已经被打破,以后的政策措施是深化以成员权为基础的集体所有制改革,促进农

---

① 孙新华:《湄潭贡献还是湄潭教训?——与周其仁教授商榷"增人不增地,减人不减地"》,《三农中国》2014 年 10 月 14 日。

② 贺雪峰:《评"增人不增地,减人不减地"》,三农中国,2012 年 5 月 13 日,http://www.snzg.cn/article/2012/0513/article_28682.html。

③ 吴敬斌:《从"湄潭试验"反思农村土地承包权的真正内涵》,中国乡村发现网,2012 年 6 月 20 日,http://www.zgxcfx.com/Article/47479.html。

④ 刘燕舞:《要反思湄潭土地试验经验——基于贵州鸣村的个案研究》,《学习与实践》2009 年第 6 期,第 116 页。

⑤ 徐谷明、江宜航:《增人不增地,减人不减地　贵州湄潭土地制度改革成效调查》,中国经济新闻网,2015 年 8 月 24 日,http://www.cet.com.cn/ycpd/sdyd/1618657.shtml。

⑥ 索小军、孙姣:《"湄潭试验":树立农业现代化标杆》,《贵州政协报》2013 年 1 月 25 日。

民在城镇落户,建立无地人口社会安全网。① 湄潭试验可以促进土地流转、农业规模经营、农业转型和整个人地关系变化,对于全国具有十分重要的借鉴意义。25 年的试验成果破解了一个中国历史的难题,带来的无地人口的增加可以通过工业化和城镇化来破解。② 湄潭试验完善了现代产权经济学理论,并且改革具有示范性。③ 还有学者对反对湄潭试验的观点进行了批驳,用详细的数据和扎实的论据说明反对者提出的论据是不成立的,并认为反对者贺雪峰等人没有提出明显证据证明自己的论点。④

从以上争论来看,以贺雪峰为代表的反方显得事实不足,更多的是从价值判断上反驳,属于规范性分析。反对湄潭试验的学者还提出了 90%以上的人提出要重新分配土地,以证明自己的观点。但是,值得注意的是,赞成分地的人多并不说明想种田的人多,或希望用土地保障生活的人多,赞成分地的人更多只是为了占有土地,作为一种资产。否则,我们怎么解释种田的人越来越少? 仅仅从分地的愿望反对“增人不增地,减人不减地”是缺乏说服力的,即使从农村出去的大学生有了固定工作,他们也会赞成分地,能在家乡占有一份土地就多了一份财富,何乐而不为? 相反,赞成“增人不增地,减人不减地”的一方观点更有说服力,是实证性研究,论据资料翔实,事实确凿可信。因此,也许正是“增人不增地,减人不减地”效果较好,才有全国土地确权政策的出台。

这场争论的启示在于,土地确权后应该重视新生代农民工土地权益的保障。目前的争论和研究将农村土地看做一个整体,存在着视角上的盲点。其实,农村土地有多种类型,比如,公共池塘、基本农田(耕地)、菜地、林地和宅基地等。这些不同类型的土地性质截然不同,耕地承担着粮食生产功能,林地

---

① 刘守英、邵夏珍:《贵州湄潭实行“增人不增地,减人不减地”24 年的效果与启示》,《中国乡村发现》2012 年第 4 期,第 32 页。

② 刘守英:《湄潭土地改革:实践意义与未来走向》,中国乡村发现网,2012 年 11 月 27 日,http://www.zgxcfx.com/Article/51707.html。

③ 黄祖辉:《湄潭县农村土地制度改革的实践、贡献与启示》,《中国乡村发现》2012 年第 4 期,第 20 页。

④ 赵俊臣:《贺雪峰“评‘增人不增地,减人不减地’”的论据错在哪?》,中国乡村发现网,2012 年 6 月 1 日,http://www.zgxcfx.com/Article/46902.html。

承载着生态保护功能,土地使用者和经营者应该服从国家土地规划,不能随意改变这些土地的用途。宅基地表现为财产功能,特别是附着在土地上的房屋更是如此。这么多种土地体现在农民身上的权利特点是不一样的,保障方式自然也不应该一样。而且,目前的讨论也忽视了征地对土地确权和对新生代农民工权益的影响,还缺乏与其他地方的土地调整状况进行比较研究。

本章通过中部省份各地区土地确权的实地调查,讨论新生代农民工土地权益保护问题,探讨不同性质的土地对新生代农民工土地权益的意义,并提出有针对性的解决措施。考虑到村庄而不是村委会是调整土地的主要单位,每个村的村民才是决定土地分配方案的实际执行者,下文以村庄作为论述单位。

二、土地确权背景下新生代农民工土地权益类型

在农村土地确权工作中同一省份不同农村,甚至同一个乡镇不同村庄的做法都有所不同。村庄的自然环境、经济状况、风俗习惯和"分田到户"后的土地调整方法等有很大关系。自然环境恶劣、经济状况差的地方基本每年都要调整土地,与中央的二轮土地调整和土地确权政策不一致。一些地方的习惯性做法是在"分田到户"后3—5年调整一次承包田,也与土地确权工作对接存在困难。只有按国家规定的承包期调整的村庄和征地型村庄基本按中央土地确权要求开展,才不存在与政策相抵触的情况。可见,土地确权工作非常复杂,有的地方矛盾增多了,如果新生代农民工土地权益得不到解决,在若干年后矛盾还可能会激发出来。根据不同类型的村庄新生代农民工土地权益保障不同,主要可以分为三类,即征地型、没有调整型和定期调整型村庄,新生代农民工土地权益保障也应制定不同的对策。并且村庄和土地类型不同,新生代农民工土地权益保障侧重点也不一样。

1.征地型村庄中的新生代农民工土地权益

一般情况下,人们常常认为,征地会损害农民的利益,农民土地权益难以得到保障。但是,如果只考虑土地补偿款在村民间分配的公平性的话,所有的新生代农民工及其子女的土地权益都能得到不同程度的保证和体现。因为所有的征地补偿,不管补偿款的数量多少,有一定比例的补偿款是按集体成员权

进行分配的。首先,在土地被征用的村庄中,所有男性都可以得到一套安置房;其次,所有的补偿款都是按每户承包地数和集体成员数按一定比例分配。据调查,最常见的是拿出60%按每户承包土地数进行分配,40%按人头分配。也有很多村庄承包地和人获得补偿款的比例是7∶3,即按每户承包地数量分配土地补偿款的70%,剩下30%按人均分配。这种比例随村庄的不同会有所变化,但基本符合公平原则。因为一户承包地多意味着征地后收入损失更多,而且在农业税时期交的税也多,符合责任与收益对等原则,这符合农民日常生活中的朴素公平思想:"按多少出,就按多少进"——"多出就(应该)多进"是农村多兄弟家庭在赡养父母时谁付出的多就多继承遗产的原则。

在留地安置方式中,村庄土地建成厂房或宾馆等经营性资产的收益都是按股份分配,每户得到的股份与前述分配方式相同。有的地方农民可以用留地安置的土地自行建房,每户得到的宅基地面积和他原来的住房面积相同。在货币方式安置中,货币的分配方式基本也是按上述人地比例进行分配。

在以上不同的征地补偿方式中,新生代农民工的土地权益得到了较好的保证和较为公平的体现。如果他们结婚生子了,配偶和子女也有集体成员权,土地权益可以得到保障。可以说,征地型的村庄对土地成员权较为重视,只要户口在村里,村庄就会承认其成员权。不过,这种方式带来的问题是,新生代农民工变成了失地农民,以后的权益又如何保障呢?据笔者调查,全国实行城乡居民养老保险政策以来,很多农村基层政府都当作一项任务来完成,所以投保比例较高,但投保人主要是中年以上的农民或失地农民,且农民和失地农民投保档次比较低,新生代农民工养老保险和失业保险等没有受到应有的重视。

2.没有调整土地村庄中新生代农民工的土地权益

贵州湄潭试验因为学者的争论和经验推广到全国而一举成名,但是,湄潭经验能推广到全国也并非没有社会基础。事实上,"分田到户"及家庭联产承包责任制实施后,中部地区也有很多村庄一直没有重新调整过土地,坚持的就是"增人不增地,减人不减地"原则,最多用公共地作微调。调查中有的村庄在第二轮土地承包期后也一直没有调整过土地。这样的村庄在中部地区大概占到了30%。因为没有重新调整土地,有的村民土地被高速公路等公共设施征用了以后,已经很多年没有土地了。因此,在农村实际上没有土地的农民已经不只是没有分配到土地的新生代农民工,还有各种原因失去土地的农民。随着近年来各种公路、高速铁路的建设,新生代农民工没有土地可分的状况已经很常见了。这种不调整土地的村庄类型,如果因为城市化征地,新生代农民工土地成员权可以保证,就是按前文所说的方式分配补偿款。如果是承包田被修建公路和铁路等公共设施征用,一般由承包人自己拿土地补偿款,村庄也不会再调整土地给他。也就是说,征了谁的地,谁就拿补偿款,这一点和全村征地变成城市不一样。当然,如果后来这个村庄又全村征地变成城市的话,公共用地还是按承包地和人头比例分配。因为举家外迁、大学入学或人口自然消失的家庭土地,一般由其在村庄上的近亲属耕种,村庄也不会再作另外的调整。土地确权后,新生代农民工土地权益保障最好的是宅基地和菜地,都可以从上辈继承。菜地大多数是以前集体时期的私留地,少数为家庭自己开垦的荒地。在农村宅基地和菜地实际上是私有性质最强的土地,宅基地可以自由买卖,只是按风俗优先卖给自己家族成员,村庄有权调整的只是耕地和林地。因为集体时期分的宅基地比较平均,菜地来自开垦或私留地,每户相差也不大,所以,新生代农民工占有的宅基地和菜地总体相差不大。在没有调整土地的村庄中,新生代农民工的耕地只能来自继承父辈的承包地,这样的一个后果是,由于家庭人口的增减,他们占有耕地的面积相差会比较大。

那么,在这种类型的村庄中,新生代农民工耕地权益如何保证?不过,从调查来看,绝大多数没有承包地的新生代农民工并没有意见,生活也没有受到影响,因为他们大多数不再种地,也不会种地,收入主要来自农业以外的打工工资,耕地收入不多且比例很小,只有在征地时才会主张自己的土地权益。现在,耕地在农民眼中变成了财产,要求分田实际上是要求利益,他们从土地上要求的并不是生存保障权和发展权,事实上,在不改变用途的情况下,对于新生代农民工而言耕地也不再能起到生存功能和发展功能了。他们是希望得到土地改变用途时财产增值的收益。仍然值得追问的是,土地已经不能保证新生代农民工的生存权与发展权,那么,他们的生存权与发展权又在哪里呢?除了愿意留在农村承包或通过流转他人土地获得土地规模经营的收入以外,还需要更开阔的思维,必须在农村外的城市中寻找。

3.定期调整型村庄中的新生代农民工土地权益

从分田到户起,有的村庄每3—5年调整一次承包地(耕地),这类村庄以山区居多,其次为人均耕地面积较多的产粮大县的村庄,调整的标准是户口在村庄之内的村民。宅基地与菜地不做调整,基本也看做是家庭私有财产。村庄中大学生就是户口在村庄常常也难分到土地,迁到外地的大学生肯定是分不到土地的。人们通常认为,上了大学就是国家的人,权利就不在村庄了。如果要在村庄获取权益,就会出现广泛的争议。在2014年开展的土地确权工作中,这种类型的村庄表面上执行了上级规定,但是,都将土地确权证放在村委会,没有下发给村民。村干部表示,在以后的实际操作中仍然会按以前的做法,即3—5年调整一次。令人担心的是,在若干年后,新生代农民工可能会要求土地确权证上的耕地权利,造成法律与风俗的冲突,可能会影响社会稳定。

目前,土地确权后,农村发生了熟人范围内的土地流转,但都是口头合同,随时有悔约的可能。由政府牵头大规模流转农民的土地虽然签订了15年或10年的合同,农民会为了利益不遵守合同,采取各种手段收回土地。笔者调查中发现,从事农业的公司或种田大户流转土地经过了村民同意而且签订了合同,在耕作过程中,请村庄中的农民在田地上做工。这本来是一举两得的好事,但是,农民看到他们挣钱后,特别是觉得自己在做工的过程中学会了技术,就会反悔要求收回土地。不过,农民收回土地后常常种植失败而导致亏损,因为他们学到的只是些表面的技术,而对于后面的销售渠道、营销理念和管理思想、种植的原理等一无所知。这些悔约的大多是3—5年调整一次土地的村庄。土地确权与村庄风俗习惯的冲突与矛盾如何解决值得进一步的研究。土地规模化已经成趋势,土地流转势不可当,即使3—5年调整土地保证了新生代农民工的土地权益,他们的土地权益也会处于尴尬状态,关键是与农业现代化发展趋势相冲突。同时,与他们长期在城市生活工作根本不从事农业生产,和在县城或集镇买房居住形成矛盾。定期调整土地有效地保护了新生代农民工权益,甚至整个农民后代的土地权益,但以上的这些冲突以及定期调整导致土地细碎化的现实却无法保证他们权益的有效实现。更为重要的是,即使按确权政策土地可以抵押,实践中的操作等难度也非常大,土地权益难以变现。如果将确权以后的耕地私自卖给他人建房,就破坏了耕地,也违反了土地管理法,对粮食安全不利。在国家对基本农田保护日益严格的情况下,这种做法也是不允许的。也就是说,短期的土地调整也无法真正有效保护新生代农民工的土地权益,在土地确权后,新生代农民工的土地权益仍处于矛盾境地,无法起到保护他们生存权与发展权的作用。

不过,村庄3—5年调整一次土地带来的一个问题是,为什么大家都将大学生的土地权益置于考虑范围之外?根本原因还在于大学生在城市有生存能力与发展能力,有机会获得健全的社会保障。正如前文所言,宅基地和菜地基本上被看成是农民的一种财产,虽然大学生没有承包耕地的权利,但仍可以继承父辈在村庄的宅基地和房屋。当然,他们有时也要为村庄做一些公益,如捐款做祠堂和修路。这对解决新生代农民工土地权益有借鉴作用,即提高他们在城市中的生存能力和发展能力,保证其社会保障权。

总之,当村庄全部土地征用后,新生代农民工会被当做失地农民对待,土地权益能够得到保证,但以后的生存与发展问题仍有待解决。当村庄长期不分地时,新生代农民工早就没有承包地,目前为止,也并没有出现人们所担忧的问题,只是新生代农民工土地权益仍悬而未决,即使他们想分田地也并不是为了耕种,而是为了获取利益。在3—5年定期调整土地的村庄,新生代农民工土地权益似乎得到了很好的保证,却处于重重矛盾之中,土地权益显得非常尴尬,并且细碎化的土地并不能真正保证他们的生存权与发展权,还阻碍农业现代化进程。

第二节　新生代农民工返乡置业与土地义务

习近平总书记多次强调:中国人的饭碗任何时候都要牢牢端在自己手上,我们的饭碗应该主要装中国粮。保障国家粮食安全的根本在耕地,耕地是粮食生产的命根子,耕地红线要严防死守。① 作为命根子的耕地不断减少,土地如何开发也存在诸多争议。2009—2015 年,贺雪峰、周其仁和华生、温铁军与秦晖等人对土地所有制和土地收益分配等进行了辩论。这几次的辩论卷入众多知名学者,论战具体涉及城市化、农地入市、小产权房诸问题。如何认识这几次论战? 论战的实质是什么? 基本没有学者将这几次理论论战结合实践经验进行分析。也就是说,学者们的争论多从理论层面上讨论问题,还缺乏经验的检验与支持。针对学者们的论战,以土地确权后新生代农民工滥占耕地建房为例,试图回答以上几个问题。即土地私有是否可以提高土地效率和更有效地保护土地? 以回应贺雪峰和温铁军、周其仁关于土地所有制的争论。农民拥有土地是否有任意开发权和独享开发利益? 以回应周其仁与华生、贺雪峰等人关于小产权房的争论。目的在于深化对农村土地的问题的认识,强调农民及新生代农民工土地权利与土地义务的均衡性,为实现农业现代化提供土地制度方面的思路。

一、学者对土地问题的四次论战

在土地所有权方面,秦晖与温铁军进行了激烈的争论。温铁军一直主张农村土地集体所有,并以印度为例说明中国农村土地私有将影响社会的稳定。② 秦晖倾向于土地私有,认为土地所有制并不是影响传统中国社会稳定的因素,对农民的盘剥才是社会不稳定的根源。③ 不过,后来他的观点有所改变,不主张土地私有化是地权改革的方向,主张保障农民现有的土地权利,同时反对完全由市场调配或买卖土地,应该强调公共利益的干预权,否则会造成土地细碎化,并认为"土地私有化"和"土地福利化"问题并不相关。④

在土地涨价归公还是归私上也存在争论。贺雪峰与周其仁的辩论集中在

① 《习近平:饭碗要端在自己手里》,新华网,2015 年 8 月 25 日,http://news. xinhuanet. com/politics/2015-08/25/c_128164006.htm。

② 温铁军:《为何我国不能实行农村土地私有化》,《红旗文稿》2009 年第 2 期,第 15 页。

③ 秦晖:《农民地权六论》,《社会科学论坛》2007 年第 5 期,第 122 页。

④ 秦晖:《"优化配置"? "土地福利"? ——关于农村土地制度的思考》,《新财经》2001 年第 9 期,第 66 页。

三方面:一是土地增值归政府还是归农民,二是农地是否应该入市,三是农民是否应该享有更多的土地权利。周其仁认为增值收益要归农民所有,农地也应该入市,保证农民土地的转让权。贺雪峰的观点与周其仁的观点相反,并主张土地集体所有,征地收益归全民共享,农户土地权力越大,集体行动越难。[1]不过,秦晖认为,"土地涨价归公"逻辑前提就是错的。因为在市场形成的价格中,与某一商品或要素的供应者"无关"的因素非常多,但那些要素涨价收益并不需要归公。[2]

　　土地制度改革方面,周其仁与华生也展开了激烈的辩论。后来这场笔仗也有其他学者的卷入,他们不但以学术论文或著作的形式证明自己的观点,而且还在网上发文相互攻讦,后来天则经济研究所的经济学学者也卷入此场论战,引起各方关注。周其仁等经济学家主张土地私有,农民可以对土地自由开发与转让,小产权房合法化。华生基本回避了土地所有权问题,特别强调了土地的政府规划权。他们的辩论涉及了土地制度改革的原则和路径问题,以及推进我国城市化的思考。[3] 他们争论的小产权房问题实质是土地收益的分配问题,但此次争论又引申出了另一个问题,即土地所有权重要还是土地规划重要? 非常奇怪的是,周其仁在论战时回避了华生的土地规划问题,转向了农民小产权房的合法化和土地收益的分配问题,其他学者在论战时也没涉及这个问题。

　　学者对土地确权也存在不同看法,这个问题实际上和前面的问题也是相关联的。对于土地确权,大多数学者认为确权是土地流转的前提条件,可以实现土地规模经营。也有学者对土地确权予以了高度评价,认为有利于保护农民权益,有利于实现耕地保护和用途管制,还提出土地确权的路线与方案。但是,贺雪峰持相反观点。他认为,土地确权将导致"反公地悲剧"。[4] 陶然也认

---

① 马常艳:《周其仁贺雪峰辩论:土地增值归政府还是农民?》,新华网,2015 年 6 月 8 日,http://www.ce.cn/xwzx/gnsz/gdxw/201506/08/t20150608_5582822.shtml。
② 周其仁:《辨"土地涨价要归公"》,《经济观察报》2014 年 3 月 24 日,第 47 版。
③ 华生、周其仁:《华生和周其仁到底在争论什么?》,共识网,2014 年 10 月 2 日,http://www.360doc.com/content/14/1023/10/185514_419334766.shtml。
④ 贺雪峰:《土地确权应当慎行》,《决策》2014 年第 7 期,第 15 页。

为,土地确权方式成本过高,收益却有限,而且还可能激化矛盾,增加农业现代化的成本。[1] 实际上,这些争论背后是各有各的前提,土地确权确实是土地流转的前提,如果权利不明确,流转就失去依托,农民的权利也得不到保障。但是,土地确权后,土地流转不必然会顺畅,一定是有前提的。因为考虑到家庭承包土地面积小,土地收入占家庭收入比重小,很多农民通过占有土地以期待土地升值,特别是对城市化提升土地价值的预期越高,越不会流转土地。所以,有学者就提出,要与社会保障制度相配套,建立多样化的农地退出机制,改革农地补贴制度等,还可以通过"土地确权确利不确地",不将具体的地块分到农户,[2]这样可以限制农民占有土地预期升值而不流转土地的做法。

二、学者论战的实质与需要澄清的问题

学者们的争论引起社会各界关注,加深了人们对农地入市、农民土地权益的认识。争论的共同点是,学者都认为应该保护农民土地权益,寻找提高土地效率的途径,维护社会稳定。学者们的分歧在于,现有土地制度是否有利于保障农民权益,特别是在维护土地权益方式方面存在关键分歧。

周其仁主张土地私有,不强调土地规划,土地涨价归公。天则经济研究所的学者也支持周其仁的观点。秦晖主张土地涨价归私。温铁军认为小农长期存在,所以稳定土地承包制是社会稳定的保证。贺雪峰等也主张土地集体所有,土地涨价归公以维护社会公平,但他们认为乡村治理更重要,为农村提供公共服务,加强农村文化建设才是当务之急。就土地收益分配问题来说,贺雪峰注重土地分配的公平性,要全社会分享土地增值收益;周其仁强调农民的自主产权和独享收益;秦晖用一般商品涨价归私类比土地涨价也要归私,不过,他忽视了城市中商品涨价也会以税收形式归公。

学者们的争论也留下了有待进一步探讨的问题。比如,土地所有制与土地规划相矛盾吗? 学者们的争论大多停留在理论层面,没有经验支持。即使

---

[1]　陶然:《中国农村土地改革的误区与进路》,《中国改革论坛》2014 年 12 月 23 日,ht-tp://www.chinareform.org.cn/Economy/Agriculture/Practice/201412/t20141223_214879.htm。

[2]　郎秀云:《确权确地之下的新人地矛盾》,《探索与争鸣》2015 年第 9 期,第 44 页。

有的学者援引实践经验也存在不少疑问,比如,贺雪峰引用的重庆土地实践,温铁军借鉴越南的经验,等等。本章用土地确权过程中农民乱占耕地建房的经验事实来回应学者们的争论,为这几次争论提供一个基本结论。

从土地确权角度去回应学者的争论,主要是因为土地确权中的权利比较接近土地私有化中的权利,而且,贺雪峰等学者对土地确权也存在争论。本章的调查案例可以给予比较好的回答,用土地确权后的事实来检视他们的争论,并可以给出一个明确的答案。

当然,对于土地所有制问题的争论,似乎意义不大,在理论和实践上都存在难以解决的问题。首先,土地私有在意识形态上具有不可能性,社会主义国家不可能允许土地私有,因此,土地私有只是停留在理论层面上的争论,显得没有实际操作价值。其次,在实践层面上也难以操作,比如,到底从哪个时点开始确立土地的所有者?是土改前还是土改后,如果是土改前的所有者主张权利怎么办?意见如何统一?是农村人还是全国人民都享有分配土地的权利?以前从农业中转移出去的人有无土地权利?长期生活于城市,户籍还在农村的大学生群体和市民群体的土地权利如何确定?土地集体所有制以及与此相关的改变将会对农民日常生活世界产生震撼性影响,激化土地改革后分田分地分产的农村矛盾。因此,保持现有的农村土地集体所有也许不是最好的选择,但应该是比较现实的选择。在目前的制度下,中央提出的土地确权、稳定承包期、土地流转政策是一种比较理性的选择。中央的制度可以从长期考虑,慢慢实现土地自由流转,形成家庭农场,实现规模经营,最后实现土地权利明确的产权,在现实上可行。只有在此基础上讨论农村土地改革的方向,才能提出比较可行的方案。

三、案例:土地确权导致的滥占耕地建房现象

现在有些农村地区滥占耕地建房已经产生了严重后果,加大了土地确权的难度,影响了土地规模化农业现代化进程,增加了土地复垦难度,浪费了宝贵的土地资源。更为重要的是,建房的农民仍拿着所占耕地的种田补贴,浪费了国家支农资金。就农民和第一代农民工而言,他们在承包地上一栋楼房,村

庄内一幢平房的二套房现象比较常见,对新生代农民工而言,县城一套房,承包地上一栋小洋楼的现象非常普遍,家城近郊的新生代农民工虽然在县城没买房,但在承包地上建别墅现象普遍。这与土地"三权分置"和土地确权的政策目标背道而驰。笔者在 2017 年春节调查发现这个问题后,暑假在湖北和安徽等地进行了调查,发现存在同样的问题,可以说在中部地区这种现象具有一定的代表性。需要强调的是,占耕地建房是以新生代农民工为主,也包括其他群体,如农民、第一代农民工和在外经商的老板等。就像费孝通所说的农村家庭是一个事业组织,建房也是家庭事业。农村家庭建房都会动员和集中全家的力量,儿子结婚前父亲是建房人,儿子结婚后建房以及所有人情往来都是以儿子名义,一是说明家庭后继有人和家庭事业接力棒的传递;二是显示家庭后浪推前浪,后辈胜前辈。因此,笔者调查的占建房者只要名义上是新生代农民工的,不管其实际出资者或资助者,都可以将新生代农民工视为建房人。

1.有些农村地区滥占耕地建房的现状

通过实地调查,中部地区农村农民住房条件不断得到改善,由原来的砖瓦房变成了楼房,但不少是以牺牲耕地为代价的。土地确权后,有些农村地区滥占耕地主要有三种类型,由于占地建房类型不一样,导致的后果也不一样。

第一,村庄向外蚕食耕地建房。在国家延长和稳定土地承包期后,出现了村民在靠近村庄旁边的承包地上建房的现象,由此引起的村庄旧房闲置和空心村问题也引起广泛关注。而土地确权政策后滥占地建房现象有增无减,有的村庄基本处于失控状态。据笔者对某村干部的访谈,近几年,在他们村这种占地建房方式占去全村耕地的近八分之一,人均耕地急剧减少,人均约 1.2 亩变为现在的约 0.8 分。在村庄旁有承包地的村民"顺理成章"地占地建房,村庄旁边没有承包地的则通过"以远换近"方式建房。土地确权后,还出现了村民私下购买他人承包地建房的事情。一面是村庄内旧房闲置导致村庄空心化,一面是耕地因建房不断被蚕食而减少。在笔者调查的 3 个县(县级市)5个乡镇中,每个村都存在村庄向外蚕食耕地建房现象。由于调查地点具有一定的代表性,因此,这种现象在江西所有村庄都不同程度地存在。

第二,大片农田中间圈地建房。有村民觉得靠近村庄建房面积也不能过大,就在承包地中选一块面积最大的建房,而这样的承包地却常常在大片农田中间。笔者在赣东北某县和赣中的某县级市调查发现,有的新生代农民工将自己承包的2亩多地圈起来,做成四周有围墙,前后左右都是院子,中间是房子的豪华住宅。圈地最少的前面也有个大院,占地在1亩以上。在某地级市的区以挖机闻名,在这个区村民富裕,农业是副业甚至收入完全非农化,很多人(以新生代农民工为主,其次为在外经商者)占用耕地建房都是按别墅标准,房子豪华占地面积大,形成在城里有商品房,村庄内还有废弃的老房和承包地上有别墅的三套房现象。在这个市辖区,富裕的村民相互攀比,原来成片的耕地被分割成基本不相连的田地。这种选最大承包地建房的最大危害在于,对农田水利设施造成了极大的破坏,沟渠的阻塞给周边的农田耕种带来困难,生活污水和生活垃圾严重污染了周边的农田,导致"建房一幢,损害一片"。

第三,乡村道路旁围地建房。很多新生代农民工选择在乡村道路旁边的承包地上建房,虽然远离村庄,但比在农田中间圈地建房进出要方便。新农村建设后,乡村道路的改善也为沿乡村道路建房提供了便利。因此,新生代农民工借土地确权之机,开始在道路两旁建房。由建一两栋楼房发展到一排楼房,常常是沿道路一字排开,形成了"村外村"现象。笔者调查的一些村庄,每户最少的占耕地在120平方米,最多的近200平方米,占耕地最少的村庄大约是3亩,最多的村庄则近10亩。但这不仅破坏了农田的整体性,而且也污染和浪费了农田。

当然,有些村庄滥占耕地建房同时存在以上三个问题或两个问题,这样占用耕地的面积更大,导致的问题更严重。

2.滥占耕地建房的深层动因

土地确权的主要目的是,理顺农村现有产权关系,构建完整的农村资产财产权益体系,盘活农村生产要素。土地确权有利于保护农民权益,促进土地流转,实现农业规模化。政策初衷是希望承包地小的农民进行土地流转,释放土地资本功能。但由于种地收入低,流转收益占家庭收入比例小,土地确权后,有些农民(工)反而占据着对家庭收入可有可无的土地不愿意流转。因此,土地确权产生了很多意外后果,其中滥占耕地建房就是其中之一。在土地确权以前,村民建房面临以下困难:一是村集体无机动用地没有办法安排宅基地;二是"空心村"改造困难重重,卫生环境差等,拆旧建新协调成本高昂。在土地确权后,建房现实困难加上人们的错误认知、基层干部不正确的做法共同推动农民滥占耕地建房。

第一,错误地认为土地确权就是个人所有导致人情批地,助长了滥占耕地建房。土地确权与延长土地承包期不一样,农民对土地的支配权更大,可以自由流转和抵押等,于是,村民和有些基层干部就产生了一些错误认知,认为土地确权就是个人所有,农民可以自由支配承包的耕地了。在改善住房的诉求下,很多农民就在自己的承包地上建房,而忽视了土地的社会功能和社会属性。为了在耕地上建房,很多村民在乡镇村疏通各种关系获得审批许可。对土地确权,媒体的宣传强调土地确权后农民权利的扩大,没有确定土地的相关责任,有些工作人员对土地确权政策了解也不详细。在人情压力和错误认知下,工作人员大多会给予审批通过。实际上,这不但助长了破坏耕地的行为,还助长了不正之风。

第二,土地确权后,一些村集体没有再调整承包地的压力导致谋利批地,纵容了滥占耕地建房。土地确权前,村干部会控制村民占地建房的审批,以减小承包期满后再调整的压力。土地确权后,虽然承包期不变,但土地权利扩大且非常明确。因此,不少村集体决定以后不再调整承包地。这样,一方面定期调整承包地的压力没有了,另一方面村民要占耕地建房,于是,有些地方村干部和基层干部就因势利导借农民建房审批的机会谋取部门利益。一般而言,农村建房用地审批权掌握在乡镇村二级干部手中,只要乡镇村审批通过,县级土地主管和建设部门一般都会同意。笔者调查的某县级市就有很多乡镇存在谋利批地问题。只要新生代农民工或在外经商的村民回村建房,不管是在村庄边、道路旁还是大片农田中间,乡镇村一律同意审批,每栋楼房要收500元1平方米的审批费。在实际操作中,不管每栋房屋占地面积多大都收取5万元,其中村委会分得2万元,乡镇政府分得3万元。结果,在短短的一两年时间这个县级市所有乡镇就都出现了大规模滥占耕地建房问题,破坏耕地异常严重。当然,这个土政策在 2017 年 1 月调查时已经被叫停。

第三,土地确权后想永久占有耕地导致私占耕地,姑息了占耕地建房。土地确权后,不少人有了永久占有土地的冲动。首先,进城工作和生活的人通过回村占耕地建房以期永久占有土地。不少外出务工和经商的农民担心土地流转出去后难以收回,加上他们不靠或不主要靠种地生活,于是就干脆在耕地上建房,先占到了再说。其次,为了永久占有家庭成员或父母的承包地,新生代农民工和农村毕业在城市工作的大学生,也想方设法占耕地建房。更严重者,个别领导干部也在自己老家家庭成员的承包地私占耕地建别墅。从新闻报道看,有的地方涉及的领导干部级别还较高。最后,长期生活在村庄中的农民,有的既不能通过缴费,也无法通过人情方式去获得建房审批许可,就会采取私自在承包地上建房。最先是比较专横的村民带头,然后是群起效仿,因为涉及人数多,离市镇远,执法有一定难度。因此,有些地方农民在自己承包地建房基本处于失控状态。滥占耕地建房现象较普遍,最后只能一罚了之或不批不罚久拖不决,"无人管,管不了"状况并存。

3.本章案例对学者围绕土地论战的启示

本章案例说明,土地规划对于保护土地特别重要,华生土地规划观点是正确的。土地规划与土地所有制无关,没有做好规划,土地私有也会损害土地,土地乱象将不可遏制。土地确权和三权分置已经最大化农民的土地权利了,虽然与土地私有有本质区别,但在市场抵押、流转等自由度上非常接近土地私有,因此,基本可以回答学者对土地所有制的争论。显然,土地确权后,占地建房、抛荒土地都说明私有制也不利于保护土地。即使是土地公有,如果没有相应的退出机制和规定相应的义务,建立在小块土地之上的土地确权也不会提高土地使用效率和有助于保护土地,因为在工业社会中,种地成了副业,农民不会也没有积极性去保护土地,甚至还会滥用土地。也就是说,在工业社会中,不管是土地公有还是私有,都不利于保护土地和提高土地使用效率。如果不进行土地规划和用途管制,农民随意支配土地还可能会侵害他人的土地权利,并损害公共利益。

实际上,土地对农民的意义随社会发展已发生了极大的变化。农民群体正更新换代，"70后"是村庄中的支柱，少数"80后"和"90后"新生代农民工对农村的决策正在产生重要影响，这双重变化使得土地在农村居民眼中的神圣意义在消失。在农业社会，农民完全依赖土地生存，于是产生了与土地有关的一系列信仰和仪式，如土地神、土地庙、祭祀仪式、乡土情结等。因为离开土地无法生存，所以将土地比喻成命根子。从生存意义上来说，农民对土地的情感十分深厚。在工业社会，农民在非农领域就业，农业收入占总收入的比重减少，农业成了副业，土地对农民的意义就会下降，神圣意义正在消失，资本意义正在上升。这就可以解释本章案例中一些农民为什么会毁坏土地了。为了防止农民不顾及他人利益和公共利益，最大化土地收益，政府制定土地规划和进行用途管制十分必要。

土地三权分置和土地确权已经充分激活了土地资源，给了农民充分的自主权，超越了单纯的土地公有与私有的争论，激发了土地资本的活力。从本章可以看出，农民对土地使用和支配一定要服从规划和用途管制，小产权房和农地入市也必须服从规划。其主要原因是，土地不同于其他生产要素，它具有保证人们生存的底线功能，承载着文化传统，发挥着生态功能。因此，对其规划和用途管制要从国家和民族利益来考虑。土地和其他生产要素相同之处在于，充分保证所有者的利益，尽可能地发挥其最大功效。在工业社会，对不依赖于土地生存的农民而言，可以让农民有偿退出土地并进入城市，不能囿于拥有一小块土地的小农是农业发展的主体的思维，要让土地真正发挥其资本功能，为社会作出应有的贡献。

最后，最近出台的《全国土地整治规划（2016—2020年）》支撑了华生的观点。而《关于完善农村土地所有权承包权经营权分置办法的意见》《中共中央国务院关于稳步推进农村集体产权制度改革的意见》的文件以土地确权和三权分置形式给农民更多更明确的土地权利，刚好又可以从实践上检验以上争论。总之，土地规划优于土地权益分配和土地所有制。通过本章案例的分析，这几次论战最后证明了华生的土地规划主张具有十分重要的价值。至于土地收益分配问题，可以通过税收等方式实现公私分配比例，但也必须在土地规划范围之内开发土地。不管是土地公有还是私有，都必须服从强调土地规划,否则,都不利于保护土地,也不会利于社会稳定。土地具有社会功能,拥有土地要承担相应的社会责任,规范与土地权利相一致的责任才是土地确权后实现土地流转的重要前提。土地制度改革也不在于土地私有化,不符合土地规划的土地开发不能合法化,即小产权房不能合法化。当然,这个问题的处理十分复杂,涉及历史问题和规划滞后问题等,具体解决办法已经超过本章讨论范畴。土地改革方向应该是在现在土地国有或集体所有基础上完善土地产权、使用权,简单私有化不能解决问题,也无法提高土地使用效率,特别是在农业成为农民副业的工业化阶段,甚至反而对土地有破坏作用。因此,当前最紧迫的是做好土地规划工作。

第三节　保障新生代农民工土地权益与
规范其土地义务

就新生代农民工土地权益与义务来说,强调土地规划具体体现就是要土地权利与义务相统一,权责相统一。既要保证新生代农民工土地权益,又要防止目前土地确权导致新生代农民工滥占耕地建房现象出现。

一、多维度保障新生代农民工的土地权益

从以上不同类型村庄的调配土地方式中可以看出,湄潭试验启示在于,细碎土地难以解决新生代农民工的生存与发展问题。通过土地规模经营解决愿意留在农村的新生代农民工土地权益,能保证其生存权与发展权;流入城市的新生代农民工的生存权与发展权应在城市中通过社会保障来实现。不过,从笔者调查来看,不能将土地当做一个整体分析,应该分成不同类型的土地——公共用地(祖坟地、祠堂地、道路和池塘)、林地、耕地、菜地和宅基地等,其权利实现方式不能一样。在城市中的新生代农民工的土地权益更多地体现在宅基地和菜地上。耕地和林地权益体现在土地流转收益,并且不能随意改变用途。因此,土地确权后,应该从多维视角解决新生代农民工土地权益问题。

1.城乡权利平等解决新生代农民工土地权益

人们之所以关注新生代农民工无地可分的主要原因是,认为离开土地他们可能失去最后的依托而无法生存。但是,问题的实质在于,土地实现的是人们的生存功能和发展功能,甚至是财产功能,而这些功能完全是可以替代的,不一定要依赖土地,或者不一定要依赖每个人拥有一小块土地来实现。工业化以后,这些功能主要可以通过提高新生代农民工的生存能力、发展能力以及获取资源的能力来实现。具体体现在提高职业技能,正如农村俗语所说,"技多不压身,走到哪儿都有饭吃"。通过提高新生代农民工整体素质,给予他们在城市中平等的社会保障权,不限户口购买住房或享受廉租房的权利,进而实现资产和能力的积累。在土地确权以后,可以通过继承获得上一辈承包期内的耕地权益,宅基地和菜地的权益等。

从不同类型村庄看,完全失地的村庄实现了新生代农民工土地权益,但城市化后,仍然需要他们增强生存能力和发展能力。所以,完全靠土地权益的实现也并不是一劳永逸地解决了新生代农民工权益。从不调整土地的村庄来看,新生代农民工土地权益虽然没有得到保障,但问题并不突出,并不是人们所想象的那么严重。笔者调查发现,在土地确权期间,中部地区很多农民工并没有回村庄确权,从一个侧面证明土地对农民的生存功能和发展功能在下降,新生代农民工也不重视承包土地的权益。坚持要分田的也不是为了生存,而是为了利益,希望占有一块土地,这土地被征收时可以获取高额征地费。几年调整一次土地的村庄似乎很好地保障了新生代农民工土地权益,但细碎化和不确定的土地占有方式也没有有效地实现生存权和发展权。从农民并不在意土地确权证保存在集体,间接地说明了这一点——如果有人坚持确权的土地,这类村庄重新分田工作不会如此顺利。实际上,农村对所有大学生不分田地,仍继承宅基地及房屋的现实,也从另一面证明了只有在城市中保证新生代农民工的各种权利,替代土地背后的功能,才能从根本上解决他们的土地权益问题。引申开来,解决新生代农民工权利问题可以借用保证农村大学生权利的思路。事实上,世界上没有哪个国家哪次经济危机是靠农民每人拥有一小块土地走出来的,也不是靠低效的农业解决失业问题和大学生就业的。只有靠发达国家那样发展现代化农业、现代化技术获得更高的农业生产率,才能保障人们的生存与发展权。因为农业国家更缺少解决自己吃饭问题的能力,他们反而要向工业国家乞食。① 农业现代化和城市化的双轮驱动才是解决新生代农民工土地权益,乃至农民工问题的根本。我国改革开放后农业发展本身也证明了现代化、城市化、工业化促进农业农村发展的基本规律。

2.权责对等解决新生代农民工土地权益

我国有世界上最严格的土地管理法,但实践中因为乱占耕地而陷入执行困境。人们通常认为,土地确权后可以任意使用支配自己承包的耕地和林地,因此,生活中乱占耕地建房,在耕地中间"开天窗",弃耕抛荒等现象比较普遍,特别是外出户担心土地流转后难以收回,宁愿撂荒也不流转——流转收入十分有限,占总收入的比重非常低,在中部地区一亩地流转费是400—600元。在这方面,国家要加强监管,特别是要注重耕地规划,加大对乱占耕地建房和撂荒土地的惩处力度。有必要可以成立像森林公安一样的单位,比如,成立土地公安,专门负责耕地的保护与惩处。土地确权确的不仅仅是权利,只享受土地流转收益、种田补贴和农村公共服务和福利,还包括责任,比如保护环境、阻止水土流失、承担公共服务的相应义务等。特别是耕地承载着国家粮食的供给功能,林地承载生态环境功能,不能随意改变用途和任意开发。因此,新生代农民工拥有土地权利,分享土地收益时,也承担着服从土地规划,保持耕地肥力等农村社区公共的责任。与过去只重视农民的义务相反,在免除农业税的农村福利时代,农民的权利意识高涨,义务和责任意识相对不足,导致土地管理法和土地规划难以执行到位,土地抛荒和占地建房屡禁不止。因此,新生代农民工的土地权益的保护既要保证其可以在农村耕种土地和享有收益,也要让他们承担应尽的义务。从一定意义上来说,权利就是责任,责任也就是权利。对土地确权以后抛荒耕地的,集体有权收回承包地并流转给他人。

3.土地分类解决新生代农民工的土地权益

目前的研究将农村土地当做一个整体来分析,当然也就希望从整体上保

---

① ［法］孟德拉斯:《农民的终结》,李培林译,社会科学文献出版社2010年版,第3页。

障新生代农民工的土地权利,这样的出发点没有错,但实施起来困难大且复杂。实际上,农村土地分为不同类型,根据土地的不同类型保证新生代农民工的土地权益是较为现实的选择,也具有可操作性。村庄集体土地大概可以分为,公共祖坟地、公共池塘、公共道路、打禾场或晒谷场、耕地、菜地(大集体时的私留地)和宅基地等,宅基地和菜地事实上归村庄成员个人所有。值得注意的是,村庄根据需要是可以给集体成员宅基地的,但随着土地日益紧张和国家控制土地的政策日趋严格,现在一般不会再批宅基地给个人,而且也无地可批了。这些不同类型的土地,有的可以分配到人即确权,有的难以分割并量化到个人,只有在征地时个人才有权按集体成员权获得部分补偿。所以,新生代农民工的土地权益,一是遵循惯例,可以继承宅基地和菜地,有权在村庄购买家族成员的宅基地或菜地,在现实生活中,只要出生在农村的人,包括从农村升学、招工和参军等进城工作的人,都享有这项权利。二是享有公共用地的集体成员权,征地时拥有成员份额的补偿。三是耕地和林地坚持确权政策。不管学界争议如何,确权政策符合中国农村现实,也是今后我国农业发展的方向。当然,新生代农民工还有权继承父辈承包期内的耕地和林地。但是,不得随意改变用途和抛荒,也不得任意开发。使用要符合政策规划,作为农村集体成员也有权流转他人的土地耕种。

以上三种方法既符合乡村风俗,也符合国家政策的规定,保证新生代农民工土地权益,就是保证其拥有的份额,保证其有流出和流入土地获得收益的权利,就是保证其农村的集体成员权。

4.长时段解决新生代农民工的土地权益

新生代农民工和农村大学生不一样,在短期内,有不少人难以找到什么替代土地生存功能和发展功能,特别是发展功能的技术与知识。在市场上的竞争力也因为年少时教育缺乏而较弱。因此,除土地分类保障外,还要从长时段的安排来解决他们的土地权益,只有等到他们的生存能力和发展能力提升以后,土地权益自然是相对"无关紧要"才会被替代。新生代农民工也自然会主动放弃比较利益低又要承担义务的土地权益(主要指耕地和林地)。首先,长期保障新生代农民工宅基地和菜地的所有权,村庄公共用地的成员权。即使无耕地的新生代农民工及其子女有权在其宅基地上建房居住在农村,也可以将工作地与居住地分离,实现工作城市化和休闲农村化。其次,有权拥有或继承父母承包期内的土地流转收益,也有权流转他人土地搞规模经营。最后,对因人口外流、自然消失或死亡而空出的土地,村庄不再分配给个人,集体慢慢集中统一流转给个人或公司实现规模经营,为实现农业现代化打基础。在符合规划的前提下,开发后的土地出租收益作为村庄公共事业费用,也可按人头进行分配。为了防止土地抛荒,还可以将新生代农民工确权后的土地统一打包出租。实际上,新生代农民工在城市收入增加后,对土地的依赖已经大为减少,他们在城市购买住房后,子女也会在城市中生活,其耕地流转收入将会占其收入非常少的一部分,会自动放弃确权后的耕地和林地。如果新生代农民工不放弃,他们长期生活在城市的子女有一天必将放弃。特别是与承担农村社区责任挂钩的情况下更会作出这样的理性决策。那个时候,自然就解决了新生代农民工土地权益,乃至所有权利,"农民工"一词也就在中国词语中成为历史。当然,这个过程还需要 1—2 代人的时间,即新生代农民工子女一代将得到彻底解决。

二、规范新生代农民工土地义务

一定要将新生代农民工的土地权利与责任、权益与义务结合起来,偏废哪一方面都是不行的,既不利于保护新生代农民工权益,也不利于保护土地,也就无法真正保证新生代农民工家庭的土地权利的实现。规范新生代农民工土地义务主要有以下两方面工作必须做好。[1]

1.土地确权也要确责

2013 年中央一号文件提出用五年时间基本完成农村土地承包经营权的确权登记。土地确权是对土地所有权、使用权和他项权利的确定,是从国家层面上确认农民法律意义上的土地权益。土地确权可以有效保障农民(工)土地权益,还可以通过产权交易市场抵押贷款增加农民财产性收入。这对于新

---

[1]　聂洪辉:《与土地确权相连的三大责任》,《社会科学报》2017 年 5 月 18 日。

生代农民工及家属合法权益的保护,强农惠农政策的落实,农业现代化,农村社区管理创新和农村社会稳定,科学规范的土地流转政策的制定,合作社和家庭农场等新型农业经营主体的成长壮大具有十分重要的作用。总而言之,土地确权的意义怎么强调都不过分。不过,权利与义务是事物的一体两面,没有无权利的义务,也没有无义务的权利。在确定土地权益的同时,土地确权也包含了相关的义务。否则,土地确权的效果会大打折扣,也不利于农业壮大、农村繁荣和农民富裕。土地确权相连的基本义务有三个:保护耕地之责,服从土地规划和用途管制之责,维护农村公共利益之责。

土地确权包含保护耕地之责。在农业社会,农民主要依靠土地生存,对土地的感情非常深厚,比喻为命根子,赋予了土地神圣意义,并产生了土地神宗教信仰,并有一系列的禁忌、仪式来保护和珍惜土地。土地与当地人们的生产生活紧密相连,人们不会随意破坏耕地和当地生态环境。随着工业化和城市化的推进,人们收入日益非农化,土地收入相对下降,土地越来越被有些农民,特别是一些新生代农民工看做是一种资本,其神圣意义不断弱化。他们会将自己及其父母等家庭成员的承包地工具性利用,有利可图时,掠夺式利用土地,无利可图时,抛荒土地。因为这些原因,破坏了土地生态保护功能,导致水土流失和土地贫瘠化的现象层出不穷。毋庸讳言,农民在征地时挺身而出保护的不是土地,而是利益。因此,土地确权时,一定要明确保护耕地的义务。一是土地不能随意抛荒的义务。有些农民(工)在外打工或经商不把土地流转或交回集体,直接将土地抛荒。有的怕流转出去后难以收回,也宁愿将土地抛荒。土地抛荒不但阻碍土地发挥社会财富的功能,而且长时间的抛荒还会使土地丧失肥力,破坏耕作系统和灌溉系统,增加复垦的难度。另外,抛荒的土地容易滋生病虫害,影响周边良田的耕作。在其他农田施药时成了害虫的避难所,降低了周边农田的施药效果,严重损害了其他耕作者的利益。所以,对抛荒而不履行义务的农民,集体有权收回土地和强制流转。二是保持土地地力之责。土地确权内在地应该包括合理利用土地,保持土地地力的义务。为了从土地上获得更多收益,有些农民(新生代农民工在县城留守的父母居多)常常会滥施化肥,掠夺式地利用土地,因为他们子代再种地的可能性很小,到县城居住后平常也不回家,一次性施足肥可省时省工,减少回家次数。土地流转经营后,流转土地的经营者更是如此。那么,农民将承包地流转出去以后,也有义务监督土地的使用情况,在流转合同上要有所体现,不能听之任之。三是保护生态之责。土地是当地生态环境的有机组成部分,土地确权不是可以随意开发和开垦土地,同时,种植的作物也要与当地环境相适宜,不能耕种损害当地生态环境的作物,以免破坏生态环境。对化肥与农药的使用必须以不损害当地植物和有益昆虫,不污染当地生态环境为宜。

土地确权有服从土地规划和用途管制之责。土地确权不是私有化,也不意味着确权后可以任意改变土地用途。即使在土地私有化的国家,土地利用也需要服从规划和用途管制。很多农民以及新生代农民工认为,土地承包期延长特别是确权,就等于是自己的土地,自己想用来做什么就做什么,导致现在农村乱占耕地建房的现象比较普遍。在农田中占地建房,不但污染周边农田,破坏了耕作系统,而且浪费了宝贵的土地资源,增加了我国粮食危机。还有的农民在基本农田上乱搭乱建养猪场、养鸡场,建围墙搞特种种养,不服从土地规划,也不服从土地用途管制,造成违建一块(田),破坏一片,污染一片,损害周边土地承包者的权益,极大地损害了集体利益和社会福利。因此,土地确权后土地承包者有义务服从土地规划,不能乱占耕地建房,也有义务服从土地用途管制,不能糟蹋基本农田。

土地确权还有维护农村公共利益之责。农业税时期,所有公益费用都通过"三提五统"等自筹方式解决。农业税取消后,农业补贴、新农村建设、新农合和新农保等政策的实施,标志着农村进入福利时代。农村福利时代的到来,不但使农民免除了所有负担,还使农民享受了诸多补贴。农业税时期,农民要自己承担农村教育、道路和水利设施等公共物品。现在新农村建设和秀美乡村建设等,农民基本不用承担费用。在少数农村居民的意识中已经没有义务了,认为农村公共物品和公共事务都由国家负担。少数新生代农民工因为长期在外,对农村负有义务的意识更差。实际上,对居住在农村的居民和农村有承包地的外出打工的新生代农民工仍有两个基本义务。无论身居何处,只要享有了土地确权的权利,就必须要承担这两项义务。一是承担"一事一议"决定的公共物品费用。农村仍有很多与土地相关的公共设施需要由村庄提供,比如,山塘水库的建设,灌溉系统的修缮与维护,农田水利的建设等。目前这些公共设施年久失修,必须通过"一事一议"来解决。"三提五统"取消后,很多村庄"一事一议"流于形式,农民与集体似乎没有关联。这样,公共物品就处于无人管理、无人负责的状态。因此,土地确权后,享受土地权益的农民应该承担"一事一议"的费用,确保农村公共物品的有效供给。这也符合"谁受益,谁承担"的权利与义务相统一原则。二是农村公共事务的参与义务。由于土地三权分置、乡村人口外流等原因,农村的社会治理、村庄公共事务的议决、村委会选举日益形式化和空洞化,有些农民(工)对农村公益事业的建设基本不关心、不过问、不热心。农民不参与村庄公共事务,使乡村治理、村庄公益事业和公共事务无法开展。有土地承包权的农民,特别是新生代农民工只从村庄抽取了土地利益,却没有承担与此相关的义务,造成了农村资源流向城市的另类形式。可见,土地确权一定要明确土地承包者参与村庄公共事务的义务,承担村庄治理、村庄公益事业和公共活动的责任。当然,参与方式可以多种多样,比如,委托他人、自己参与、捐赠和书面表达等。

因此,土地确权在保障农民土地权益的时候,明确最基本的义务是十分必要的,有利于农村繁荣与稳定,有利于提升乡村治理水平,有利于壮大集体经济,有利于涵养农村精神文化和改善农村面貌。土地确责对强大农业、美化农村和富裕农民具有与土地确权同等重要的意义。

2.遏制确权后滥占耕地建房的措施

遏制滥占耕地建房问题要坚持"疏堵并用"原则,既要严格遵守土地规划,加强用途管制,严惩违规违法占地,又要满足农民改善住房的合理诉求。

严格执行宅基地管理办法,鼓励拆旧建新或进城购房。首先,严格执行相关法律法规和各省对宅基地管理的指导意见,认真落实相关规定。《中华人民共和国土地管理法》指出,村民建住宅,必须符合乡(镇)土地利用总体规划,结合旧村改造,充分利用原有的宅基地、村内空闲地和山坡荒地,严格控制占用农用地,新建宅基地面积采取限额管理。更为重要的是,各省区市《关于进一步加强农村宅基地管理的指导意见》从加强规划管控、严格用地审批、强化监管职责、创新工作机制等方面提出具体意见。因此,不能因为土地确权,就放松了对宅基地的管制,始终要坚持耕地的社会功能和社会属性,在保障农民土地权益的同时,也不能忽视耕地的保护。其次,以秀美乡村建设为契机,改造空心村和空心房。与以前农村居民建房不一样的是,新生代农民工现在是占耕地建房。他们占耕地建房的一个原因是村庄内部房屋坐落无序,巷道狭窄,房屋、牛圈和猪舍混杂。虽然旧房、牛圈和猪舍都弃之不用了,但村集体没有采取措施进行回收、整治或统一规划进行住房改造。新生代农民工长期生活在城市之中,对现代生活耳濡目染,向往的是城市别墅,周边设施好的居住环境。村庄折旧建新成本高,周边又没有宅基地可批,那占用耕地就成了比较好的选择。因此,通过借鉴空心村改造的成功经验,鼓励农民、第一代农民工和新生代农民工拆旧建新,简化建房审批手续,补助建房资金。这样既可以满足他们改善住房的诉求,又充分利用了村庄的闲置土地。最后,鼓励农民和新生代农民工进城购房,特别是对在城市中有稳定工作的新生代农民工进行购房补贴或纳入住房公积金管理。对在县城已经有房的新生代农民工,将其在农村享有的一些权利转移到县城,同时保证其家庭承包地的流转权益。另外,除非是在村庄折旧建新或购买他人村庄上的旧宅(或宅基地)建房,否则,不再审批新生代农民工建房申请。近几年,各省区市制定了各种利好政策鼓励农民进城购房,虽然政府有去库存的考量,但对改善农民(工)住房条件,享受现代城市生活,保护耕地起到了积极作用。今后,还可以再延长补贴政策,加快城乡福利政策的对接,充分释放城市化的制度效应。

建立土地公安机关,加大执法力度。我国有最严格的《土地管理法》,土地规划和用途管制的规定也十分详细,但需要有效地执行和贯彻。《中华人民共和国土地管理法》第73条等诸多条款都有破坏耕地入刑的规定,但从实践来看,并没有得到有效贯彻,也缺乏细化和量化的标准。鉴于保护耕地的严峻形势和保证必要的执行力度,建议借鉴成立森林公安保护森林的成功经验,成立土地公安机关,加大执法力度,扩大执法权限。建议占耕地100平方米以上者,可由土地公安机关追究其刑事责任。因此,只有宣传土地规划和用途管制规定,依靠严格规范的法律,强有力的执行力度,才可以遏制滥占耕地行为。

健全监控机制,落实责任追究制度。毋庸讳言,土地部门对破坏耕地的行为是清楚的,土管部门用卫星定位系统可以很准确地知道耕地破坏情况。违规占地建房现象不断出现,与监控机制不全有关。应该建立土地管理部门、建设部门与乡镇村三方联动的土地监控机制,建立违规建房举报制度,各方实时沟通占地信息,跟踪处理结果,将违规占地建房消灭在萌芽状态,杜绝事后的以罚代管。

将耕地保护纳入地方政府政绩考核体系,严控人情批地。建立"谁审批,谁担责"的永久责任追究制度,谁不追究违规者的责任,谁就将被追究责任。将爱耕地、护耕地、守耕地作为乡镇官员的基本职责。

第十一章 新生代农民工返乡置业与
生命历程的关系

本章指出,根据我国文化传统,新生代农民工城市融入应该以在城市拥有住房为标准,在城市拥有住房并定居是融入城市的重要标志。新生代农民工城市融入并不是不能融入城市就只能返回农村的简单的城乡二元对立过程,城市是一个连续谱,可以融入从大到小各种类型的城市,融入是个反复过程,他们返乡创业成功后又会到城市购房居住与生活,城市融入是动态、长时段、循环往复的过程。结婚是新生代农民工返乡置业的关键点,小孩教育和照顾老人是新生代农民工返乡置业的转折点,返乡创业成功是返乡置业的重要机遇。

解决新生代农民工城市融入问题,从而终结农民工现象一直是学界研究的重要议题。2011 年国家人口计生委人口动态监测数据显示,1980 年以后出生的新生代农民工占劳动年龄农民工的 44.84%,已经成为农民工群体的主体,他们融入城市的主观愿望比上一代农民工更强烈。[1] 随着农民工代际继替,他们也由争取流动权向争取移民权转化,实现流动者向移民的转换。[2] 学术界从现代人、社会资本与社会网络、制度主义三种理论范式进行了阐释,并从公共政策层面提出了农民工融入城市的可行路径。[3] 当前户籍制度的改革

---

[1] 人口计生委发布:《中国流动人口发展报告 2012》,新华网,2012 年 8 月 7 日,http://www.gov.cn/jrzg/2012-08/07/content_2199409.htm。

[2] 秦阿琳:《从"流动政治"到"移民政治"——农民工城市融入的代际变迁》,《中国青年研究》2013 年第 8 期,第 5 页。

[3] 梁波、王海英:《城市融入:外来农民工的市民化——对已有研究的综述》,《人口与发展》2010 年第 4 期,第 73 页。

推动了准入制的梯度户籍城市化政策在一线城市实施。① 学界的研究取得了丰硕成果，但也存在一些不足之处。一是将农民工打工城市与农村作为两极，似乎他们要么融入打工城市，要么返回农村，忽视了还有中间道路的选择，如融入家乡县城；二是现有调查都集中于新生代农民工城市融入的意愿，在此基础上，提出融入城市的政策建议，忽视了愿望与现实的差别。因此，本章的核心问题是，新生代农民工城市融入的标准是什么？他们的城市融入是如何随生命历程中重要时机、重大事件以及能动性而发生变化的？本章旨在从长时段分析新生代农民工城市融入问题，并将城市融入视为一个动态、连续和反复的过程，并注重探讨城市融入的中间形态。在研究对象上，以婚姻状况和有无小孩为标准对新生代农民工作出区分，精确地分析他们城市融入的变化，融入方式的选择。在理论上，弥补现有研究之不足并丰富我国城市化道路研究。在实践上，可以为各城市制定住房政策，解决新生代农民工相关的创业、子女教育、父母赡养等提供助益。本章以生命历程理论为视角，以生命历程中的三个核心概念——时机、相互依存的生命和个体能动性，分析新生代农民工城市融入意愿向现实选择的转变。资料来自对中部地区 56 位已婚新生代农民工的深度访谈，样本的基本情况是，28 人结婚前在县城买房，3 人在打工城市买房（1 人在中部省会城市，2 人分别在杭州和广州），4 人在地级市买房，21 人结婚时无力在打工城市和家乡县城买房，最后选择在农村建房。在这 21 人中，有 7 人返乡创业从事现代农业，生小孩前在县城买了房，有 14 人仍然在外面打工但生小孩后在家乡县城买房。2016 年 7 月笔者调查时，这些访谈对象都在农村建了楼房（他们自己叫小洋楼），也就是说他们既在农村有楼房，又在城市有商品房。

第一节　新生代农民工生命历程、
城市融入与定居意愿

新生代农民工城市融入的研究包括生命历程对城市融入的影响，城市融

---

① 沈君彬：《社会政策视阈下的新生代农民工城市融入：一个分析的框架》，《中共福建省委党校学报》2012 年第 10 期，第 93 页。

入的标准探究,也包括了定居意愿的分析。学者的共识是新生代农民工融入城市意愿强烈,但仍存在制度、社会管理与个人能力方面的障碍。不过,生命历程对新生代农民工城市融入影响的研究并不深入。

一、新生代农民工生命历程与城市定居

生命历程会影响人们的居住流动方向和住房权属的选择。罗西是最先将居住流动与家庭生命周期结合分析的学者,他认为,居住流动是家庭生命周期变化导致住房需求变化的结果,居住选择是家庭和住房相匹配的过程。[1] 居住历程是生命历程的一部分,是个人在生命历程中根据住房主要特征定义的住房状态的先后顺序。[2] 有研究者发现,住房权属从租赁向自置的转变大部分处于夫妻和核心家庭阶段,家庭规模、户主年龄都是住房权属转换的重要诱因。[3] 而当人们自置住房以后,流动概率会下降,也就是说,住房权属影响居住迁移方向和距离。[4] 总之,生命历程理论可以把个人适应住房市场变化与更广泛的社会经济背景联系起来,生命历程对人们的居住选择会产生重要影响。沿着这个分析路径,西方学者探讨了家庭生命历程对住房权属和居住流动决策的影响,指出家庭特征和家庭生命周期的变化是影响人们居住选择的重要因素。住房市场化以后,中国城市居民居住选择改变着城市空间结构,也导致社会空间分异。但是,中国人的住房消费习惯与完全市场化的北美和政府干预较强的西欧都有诸多不同,并且,与西方的相关研究相比,从生命历程理论分析中国城市居民居住选择的研究相对缺乏。[5]

---

[1]　Rossi P.H. 1955. *Why Families Move*: *a Study of the Social Psychology of Urban Residential Mobility*(Sage, London).

[2]　Clark W A V, DeurlooM. C&Dieleman F. M. 2003. *Housing Careers in the Unite States*, *1968-1993*: *Modelling the Sequencing of Housing States*, Urban Studies, 40(1), pp.143-160.

[3]　Clark W.A.V, DeurlooM.C& Diele man F.M. 1994. *Tenure Changes in the Context of Micro-level Family and Macro-level Economic Shifts*, Urban Studies, 31(1), pp. 131-154.

[4]　Paw son, H., &Bramley. 2000. *Understanding Recent Trends in Residential Mobility in Council Housing in England*, Urban Studies.37(8), pp. 1231-1359.

[5]　刘望保:《国内外生命历程与居住选择研究回顾和展望》,《世界地理研究》2006 年第 2 期,第 101—103 页。

我国学者最早关注到生命历程中的重大事件会对女性农民工城市融入产生重要影响。有人通过对一位打工了 30 年的女性农民工的生活史的考察,揭示家庭对女性农民工城市融入的制约作用。[1] 婚恋生活对女性农民工城市融入的影响尤其明显。[2] 结婚生子、育儿养老等关键事件导致新生代农民工角色发生变化,个人与家庭关系的影响会增强,新生代农民工随着年龄增长,会不断增加是否要生活在城市的现实性考虑。[3] 如果成功了就会扎根城市,失败了就会返乡回农村。[4] 也有学者主张以职业教育为突破点,从根本上解决新生代农民工的城市融入能力问题。[5] 总之,农民工融入城市是依循年龄层级在一系列生命事件中依社会角色变化而进行反思性自我定位的行为过程。[6] 新生代农民工的流动意愿也是与家庭角色调适相伴随的决策过程,家庭角色在很大程度上锁定了他们最终的生活期望与社会归属。[7] 学者用生命历程理论分析新生代农民工城市融入问题,弥补了城市融入的静态、横截面研究特征的不足,阐释了他们的现实选择和影响因素。不过,仍然存在以下不足:一是没有将城市融入看做是多元的,城市融入可以是打工城市,也可以是希望融入的城市,还可能是次优选择或更现实的选择,如家乡的县城、地级城市等;二是将新生代农民工城市融入看成是一个线性不可反复的过程。现实中,也有不少新生代农民工返乡创业后,再在城市买房实现了城市融入,这说明城市融入是个循环往复的过程。

---

[1] 何晓红:《一个女性农民工的 30 年进城打工生活史——基于生命历程理论研究的视角》,《中国青年研究》2011 年第 5 期,第 37 页。

[2] 何晓红:《新生代女性农民工城市融入的个案素描——基于生命历程理论研究的视角》,《湖北文理学院学报》2013 年第 12 期,第 32 页。

[3] 刘雨龙:《生命历程视角下的农民工社会融入研究——在京农民工的案例分析》,《社会发展研究》2016 年第 3 期,第 129 页。

[4] 刘霞:《生命历程视角下新生代农民工的返乡选择》,《中共青岛市委党校 青岛行政学院学报》2014 年第 2 期,第 80 页。

[5] 张红:《职业教育与农民工市民化——一种生命历程理论的分析视角》,《湖北社会科学》2008 年第 8 期,第 175 页。

[6] 孙文中:《殊途同归:两代农民工城市融入的比较——基于生命历程的视角》,《中国农业大学学报(社会科学版)》2015 年第 3 期,第 68 页。

[7] 张世勇:《新生代农民工逆城市化流动:转变的发生》,《南京农业大学学报(社会科学版)》2014 年第 1 期,第 9 页。

二、新生代农民工城市融入与居住状况

目前,新生代农民工融入状况的研究最为多见。有学者从代际比较视角分析了新老农民工的城市融入的影响因素和融入意愿。[1] 无论从融入意愿还是融入程度,新生代农民工比老一代农民工都要高,但融入状况并不理想,他们仍然面临户籍制度、子女教育、社会保障等障碍。[2] 虽然新生代农民工融入意愿非常强烈,并随着社会变迁融入意愿会不断增强,比如,有 55.14%的人愿意在城市发展定居。[3] 有学者对北京新生代农民工调查也显示,选择"我喜欢我现在居住的城市"的评价持同意态度的比例高达 97.3%,但真正能融入北京的却非常少,制约因素主要是户籍等制度性因素、市场能力等经济性因素和社会参与不足的居住空间隔离等社会心理因素。[4] 在城市融入标准的探讨上,有学者提出了三标准说,即经济、社会、心理文化方面的融入,认为只有心理与文化的适应才能说明农民工完全融入于城市社会。[5] 也有学者提出了四标准说,即心理、身份、文化、经济融入,新生代农民工城市融入在这四个方面呈依次降低的趋势。[6] 也有人坚持认为是经济、行为和心理融入三个标准。[7] 且经济融入意愿最强,其次是文化、心理融入。[8] 总之,学者对融入的标准大同小异,主要体现在经济、文化、社会和心理等方面,并且都认为经济上融入是

[1] 何军:《代际差异视角下农民工城市融入的影响因素分析——基于分位数回归方法》,《中国农村经济》2011 年第 6 期,第 15 页。

[2] 卢海阳、梁海兵、钱文荣:《农民工的城市融入:现状与政策启示》,《农业经济问题》2015 年第 7 期,第 26 页。

[3] 国家统计局课题组:《城市农民工生活质量状况调查报告》,《调研世界》2007 年第 1 期,第 25 页。

[4] 徐捷、楚国清:《北京市新生代农民工城市融入意愿研究》,《北京青年政治学院学报》2013 年第 3 期,第 44 页。

[5] 朱力:《论农民工阶层的城市适应》,《江海学刊》2002 年第 6 期,第 82 页。

[6] 张文宏、雷开春:《城市新移民社会融合的结构、现状与影响因素分析》,《社会学研究》2008 年第 5 期,第 117 页。

[7] 孔祥利、卓玛草:《农民工城市融入的非制度途径——社会资本作用的质性研究》,《陕西师范大学学报(哲学社会科学版)》2016 年第 1 期,第 116 页。

[8] 赵立、郭蒙蒙:《新生代农民工城市融入意愿分析》,《杭州师范大学学报(自然科学版)》2015 年第 2 期,第 138 页。

最基本的。在经济基础上的融入最集中体现在收入能否支撑购房和租房,因此,学者认为自购住房和租房更有利于城市融入。① 对此,近年来有学者对新生代农民工城市融入标准和住房问题进行了更为详尽和具体的实证分析,②以实证研究说明了城市规模与新生代农民工城市融入的正向关系,认为政府不应该实施限制城市人口规模扩张的政策;③有的学者则通过家庭迁移状况来测定新生代农民工的融入感,④家庭化的流动比非家庭化流动更有助于新生代农民工的城市融入,⑤因为家庭化流动常常是以租房或购房的形式在城市共同居住。总之,这些因素都和住房相关,住房状况是影响农民工城市融入的重要维度。⑥

学者分析了制度、文化、社会和身份认同等制度性因素和非制度性因素对农民工城市融入的影响,推动了新生代农民工城市融入的研究。但没有将融入意愿与融入现实作出区分,使研究具有理想化的色彩。消除新生代农民工城市融入的制度和政策障碍,消弭社会、文化、权利上的不平等,都是毋庸置疑的,但是,这并不等于有融入意愿就能够融入城市,或有融入城市的意愿就可以自动实现城市融入。融入意愿变成融入现实,还取决于新生代农民工自身的因素,以及在对自身条件考量下的现实选择。

三、新生代农民工城市定居的现实状况

正是出于对住房的关注,学者对新生代农民工城市融入的探讨就具体化

① 张超:《新生代农民工城市融入指标体系及其评估——基于江苏吴江的调查分析》,《南京社会科学》2015 年第 11 期,第 63 页。
② 张振宇、陈岱云、高功敬:《流动人口城市融入度及其影响因素的实证分析——基于济南市的调查》,《山东社会科学》2013 年第 1 期,第 28 页。
③ 朱明宝、杨云彦:《城市规模与农民工的城市融入——基于全国 248 个地级及以上城市的经验研究》,《经济学动态》2016 年第 4 期,第 48 页。
④ 王春超、张呈磊:《子女随迁与农民工的城市融入感》,《社会学研究》2017 年第 2 期,第 119 页。
⑤ 田艳平:《家庭化与非家庭化农民工的城市融入比较研究》,《农业经济问题》2014 年第 12 期,第 53 页。
⑥ 魏万青:《从职业发展到家庭完整性:基于稳定城市化分析视角的农民工入户意愿研究》,《社会》2015 年第 5 期,第 196 页。

为定居的研究。① 与抽象地讨论城市融入意愿相比,这方面的研究更务实,更注重新生代农民工基于自身现实因素作出的选择,市场因素受到更多的关注。② 其隐含的假设是,拥有住房是衡量新生代农民工城市融入的重要指标,而且不再拘泥于打工城市与农村的二元对立思维,将三四线城市和县城都看做融入城市的途径。安居、乐业是新生代农民工定居地选择的首要考虑因素。有学者通过数据分析发现,经济收入高且已购房的新生代农民工在工作的城市定居可能性较大,国内城市分工体系削弱了新生代农民工在小城市的定居意愿,考虑他们到一二线城市定居压力大,要引导他们到三四线城市定居比较好。③ 这是他们无法融入城市的折中选择,属于满意原则。融入意愿与定居的关系也得到了关注,有学者调查显示,如果将城市融入具体化为定居,那么意愿会有所降低。④ 但对"90 后"的新生代农民工而言,在城市购房意愿仍然不低,且占到调查总数的 71.79%。⑤ 男性、已婚、在中小城市务工者、来自打工城市附近的县城农村的打工者,都倾向于回家乡中小城市定居。⑥ 也有学者对安徽农民工的调查发现,51.7%的被调查者定居于中小城镇。⑦ 随着政策制度的松动,经济、社会因素是新生代农民工融入城市的主要障碍,他们更倾向于城市定居。⑧

---

① 王玉君:《农民工城市定居意愿研究——基于十二个城市问卷调查的实证分析》,《人口研究》2013 年第 4 期,第 19 页。

② 叶鹏飞:《农民工的城市定居意愿研究——基于七省(区)调查数据的实证分析》,《社会》2011 年第 2 期,第 153 页。

③ 王伟、陈杰、艾玮依:《新生代农民工在三四线城市定居意愿及其影响机制研究——基于 2014 年长三角地区流动人口动态监测数据的考察》,《华东师范大学学报(哲学社会科学版)》2016 年第 4 期,第 37 页。

④ 常伟、张雪婷:《新生代农民工定居意愿研究:基于安徽的经验分析》,《统计与决策》2017 年第 3 期,第 121 页。

⑤ 邓宗豪、甘悦:《城镇化进程中农民工的城市融入问题》,《甘肃社会科学》2014 年第 6 期,第 18 页。

⑥ 黄庆玲、张广胜:《新生代农民工中小城市定居意愿探析——基于辽宁市县的调查》,《调研世界》2013 年第 7 期,第 29 页。

⑦ 庄道元:《新生代农民工定居中小城镇意愿的实证分析》,《西北农林科技大学学报(社会科学版)》2016 年第 4 期,第 96 页。

⑧ 章雨晴、郑颂承:《农民工城市定居意愿的代际比较——基于南京市 284 位农民工的调查》,《湖南农业大学学报(社会科学版)》2013 年第 2 期,第 41 页。

现有研究没有注意到,城市融入是农村到城市的一个连续谱,而不是二元对立,城市具有多种类型,城市融入有多种路径。因此,学者们近期的研究更为具体,对新生代农民工城市融入划分为三四线城市和中小城市等,并且将城市融入具体化为定居,强调家庭特别是购房对城市融入的重要意义。这些研究与早期研究还有个共同的缺陷,即都是横截面的静态研究,忽视了城市融入是一个动态的、长时段的过程,同时,将租房作为定居的条件或融入城市的标志还有值得商榷的地方。

第二节　生命历程理论与研究框架

本章以生命历程理论的三个核心概念,即生命时机、相互依存的生命、个体能动性为视角,以在各类城市中购买住房为线索,分析新生代农民工的城市融入,以弥补当前研究的不足。

一、生命历程理论

生命历程理论将个体生命历程看做是更大社会力量和社会结构的产物,是一个由多个生命事件构成的序列,以生命事件概念为中介打通了社会结构与个体社会化过程之间的关系,生命事件发生的轨迹、先后次序以及生命事件之间的过渡关系,是生命历程理论研究的基本主题。[1] 生命历程有四个基本概念与原则,即时与空位、相互依存的生命、生命的时机和个体能动性。[2] 目前,虽然从就业、就医、住房到小孩就学等农民工城市融入的宏观政策,还有许多不如人意的地方,特别是在大城市入户难,申请廉租房和贷款买房难,但子女教育、异地高考和医保异地接转等国家政策都在朝着有利于新生代农民工城市融入方面发生变化。因此,本章主要从新生代农民工自身、农村政策以及家乡县城住房政策等中微观方面进行分析,时与空位的分析包括农村发展特

---

① 郑杭生主编:《社会学概论新修》,中国人民大学出版社 2014 年版,第 120 页。
② 徐静、徐永德:《生命历程理论视域下的老年贫困》,《社会学研究》2009 年第 6 期,第 125 页。

色农业,农业补贴政策和乡村旅游等,返乡创业政策、县城和地级城市农民购房优惠政策等;生命时机包括生命重大事件,结婚、生育子女及子女上学;个体能动性分析包括新生代农民工返乡创业成功后在家乡县城呈现城市融入的非线性特征。

二、拥有城市住房是城市融入的根本标志

中国"家本位"文化在传统社会中发挥了非常重要的作用,人们的生存智慧在乡土社会中首要体现就在于"家"这一重要社会结构中。[1] 虽然"家"文化是指家族为载体的一系列文化,但个人的家处于非常重要的地位,是家文化的基础。从字面上理解,"家"字本身就是指房屋里有猪,即不但要有房子也要有家产。人们要定居下来,安家是首要任务。费孝通认为,居处是社会的基本结构,从居处入手研究人与人的关系非常方便,也是观看社会结构的方法。[2] 房子在中国人生活中具有家业和信仰等物质文化与精神文化双重特征。因此,中国人一直坚持有自己的住房才是安了家,才叫定居。这是中国文化的特色,是人们的精神信仰,也是人们内心深处的根,所以房子仍然是绝大多数中国人——无论城乡居民——结婚的必需品。同理,人们评价自己是否融入某个地方,也是以在那里有没有自己的房子作为标准。这与西方城市融入的标准有所不同。笔者在调查过程中发现,新生代农民工坚持的标准就是要有自己的住房,对住房的要求居于户口之上。

住房属于城市融入中的经济因素,若能拥有住房说明其经济收入较高。人们只有在一个地方拥有了住房,才会在那个地方固定下来,就能形成相对稳定的社会网络。同理,新生代农民工在城市拥有了住房,与城市居民互动的频度才会增加,交往质量也会提高,才会更主动地参与到城市分工体系中去,身份认同就会增加。我们很难赞同某个人在一个地方没有住房,却认为他是那个地方人的观点。家文化的认同也是要有"根"的,因为离开老家很多年,自

---

①　杨善华、孙飞宇:《"社会底蕴":田野经验与思考》,《社会》2015 年第 1 期,第 81 页。

②　费孝通:《乡土中国》,上海世纪出版集团 2013 年版,第 488 页。

己的家族仍在,标志性的祖屋、祖坟等仍在。更为重要的是,在城市拥有住房后,文化上的自信会增强。第一代农民工可能会羞于自己农村人的身份,但现在农村发展日新月异,农村户口比城市户口含金量更高,土地三权分置、乡村旅游、绿色食品等无不显示农村的魅力和价值,城乡文化的差距或城市人的文化优势在缩小。新生代农民工已经不避讳谈自己农村人的身份。如果在城市中拥有住房,在农村有几亩地或山林,还有房屋,则是一件十分自豪的事情。

当然,并不是说社会、文化和心理认同对城市融入不重要,这三个因素也会对新生代农民工融入哪个城市产生巨大影响。但是,只有经济上的自足,才会有选择上的自由,以上三个因素只有建基于经济基础之上,讨论才有意义。尤其是房子对中国人来说具有特别的意义,更是如此。本章只是说明住房是融入城市的基础,社会、文化和心理等因素通过这个基础才能起作用。理论框架可以用下图表示:

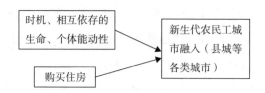

第三节　新生代农民工住房与城市融入

结婚是新生代农民工生命历程中的重要事件,生育小孩和照顾老人是相互依存的生命的重要体现。鼓励农民工返乡创业,现代农业、休闲农业、乡村旅游、特色小镇和田园综合体等乡村发展是新生代农民工的重要机遇。这些因素共同推动新生代农民工在县城买房,或在离自己村庄近的地级市买房,极少数人会到大城市买房。

一、结婚是新生代农民工在县城买房融入城市的关键点

无论在传统农业社会,还是现代社会,不管是城市,还是农村,婚姻"从夫居"制度要求男方结婚必须要有自己的住房,并且对房子的要求也在不断提

高,"没有房子难娶亲"是中国婚姻的真实写照。20世纪80年代,中部地区农村女方要求男方至少要有平房,90年代要求有楼房。据笔者对中部地区县城买房的考察,新生代农民工在县城买房最早出现在2006年,在县城有一套房子比在村庄有楼房在婚姻上占优势,因此,很多人就在县城买房。农村聚居方式极易产生跟风和攀比,现在有的地方女方要求男方结婚必须要在县城有商品房,比20世纪80年代和90年代平房和楼房又提高了一个档次。除了县城买房外,还要"三金"(金手镯、金耳环和金项链),就像在80年代女方结婚要求必须有缝纫机等"几大件"一样,都是结婚条件的底线。另外,很多人在县城买房后,当经济条件再次改善时,还会再返回农村建楼房,这样更可以增加婚姻市场上的竞争力。2013年,在中部地区农村,有的女方甚至要求在地级市以上城市有房。湖南永兴李先生就是因结婚在县城买房居住的。他和亲戚中的几个年轻人约好在同一小区买房以便相互有个照应,他村庄上的其他年轻人也分别在不同的小区买了房。他说到了房子对结婚的重要性:"我们村在山区,现在村上就只有几个老人了,是他们自己不愿意搬,我们过年才回去,(年轻人)都不喜欢住农村,(问:农村环境挺好的啊,在山中居住幽静空气也好,怎么不喜欢呢?)你是没住过,住久了就知道,蚊虫不知道有多少,晚上飞得房间里到处是,你以为舒服? 交通也不方便,买个东西,生个病不知道多麻烦。你还在村里住,县城没房子,老婆都找不到,哪个嫁你呀,还跟你住农村?"(L2015060307)

在外打工的小李和同村的同龄人都是过年才回家,平常回家乡基本是住在县城的房子里。不过,他们在结婚时买房大多得到家里的经济支持,凭自己的能力当年还是没有那个经济实力的。阎云翔就指出过,新娘在新郎的合作下,从婚姻契约谈判起就控制了彩礼,新郎新娘小利益推动了他们去索取更高的彩礼和嫁妆。① 笔者访谈对象中,有两位分别是在杭州和广州打工创业成功后才买房的,是一步实现城市融入和身份的转型的理想类型。江西小王的父亲20世纪90年代一直在杭州做手秤的生意,属于自产自销。2009年,小

---

① 阎云翔:《私人生活的变革》,上海世纪出版集团2006年版,第175页。

王初中毕业后跟父亲做生意,不过这个时候已经由做手秤生意过渡到了电子秤生意了,在小王的努力下,又拓展到了地磅等各种类型的"秤",从销售到售后一条龙服务,业务越做越大,结婚前在杭州下沙区买了房。在广州的江西人小张初中毕业后跟姑姑一家人做家具生意。随着姑姑家生意越做越大,姑父考虑到小张跟了自己十几年,在他结婚前帮他买了房。

可以说,结婚是新生代农民工买房的重要关口,即使儿子成年应该独立了,父母仍然会在结婚、带小孩等等方面提供支持。这也是费孝通所说的,中国的家庭是个事业组织,关系着传宗接代和血缘传承。为了儿子结婚成家,父母和近亲都会全力支持,婚姻从来不是一个人的事,买房自然也就不是一个人的事,融入城市是新生代农民工全家"共同的事业"。

二、子女出生及教育是新生代农民工买房的转折点

在城市融入方式中,还有一种就是结婚前没有在城市买房,只在村庄上建了楼房。夫妻结婚后共同打拼,有了积蓄后再在家乡县城买房,如果村庄离家乡的地级市更近,就会在地级市购房。中西部地区在 2000 年以后买房都可以入户,小孩可以在当地上学。因此,很多新生代农民工即使在结婚前没买房,有了小孩后为了小孩的教育,也会在家乡县城买房。不过,他们中的大多数人仍在沿海打工,平时由父母带着小孩在县城上学(包括幼儿园),放寒暑假就带着小孩回农村,或者去新生代农民工打工城市游玩。在广东打工的小罗就是这种情况。他说:"生小孩后,就想到小孩怎么带,都来广东肯定不行,乡下的学校基本没人了,小孩大了还是要到城里上学,这样对孩子也好,和我爸妈商量了一下,在上饶市买了房,当时还比较便宜,1700 元每平方米,现在涨了好多了,也挣钱了。小孩和我爸妈在放假的时候会到我们这里来玩,现在条件也允许,要小孩出来见下世面。"小罗也谈到照顾父母和奶奶,他说:"上饶离家近,回家(回农村的家)也方便,奶奶年纪大了,要回去看看,孩子读大学了,爸妈以后就会回去,我也可以接他们来住,也可以回家(看他们),都方便。"(L2016070803)像小罗这种情况的在他的村庄和邻村都很多。当然,全家老小都搬到城市居住以后,中部地区城市社区管理没跟上,存在诸多需要改进的

地方。笔者还发现,这种城市融入方式可以解释一种社会现象,即中部地区中小城市麻将馆特别多。其中一个重要原因就是,爷爷、奶奶把孙子、孙女送到幼儿园或学校后也不回家,就在附近麻将馆打麻将,放学后再接孩子回家,循环重复形成了生活规律。这提醒我们,新生代农民工城市融入后,确实存在文化融入、生活方式融入和社会角色转变问题。因此,不是说社会、文化和心理融入不重要,只是其重要性是建立在经济融入即已经购房的基础之上。

三、返乡创业成功再回城市买房是重要机遇期

我国村庄空心化、农业老人化和妇女化、农民荒为传统农业向现代农业转型提供了契机。中央和地方都鼓励农民工返乡创业,各种惠农政策也推动了乡村发展。休闲农业、秀美乡村和田园综合体建设等也为新生代农民工创业搭建了平台,许多新生代农民工返乡创业从事现代农业和乡村旅游。他们创业成功后,还是会回到城市买房,以实现城市生活的梦想。安徽小范以前在上海打工,2009 年他在工作之余发现上海周边农民种植芦笋收益很高,是一条致富途径,就向当地种植户学习种植技术。2011 年,他回乡和两个同伴一起流转了村里的 250 亩土地,种植芦笋和其他蔬菜,次年成立了芦笋合作社。凭借政策支持和自身经营能力,2013 年成了省级示范社,种植品种多样化了,收入也越来越高。现在,他仍然和那些沿海的种植户保持联系,除了不断向他们学习相关技术外,还通过那些朋友去参加各种农产品展销会。2016 年笔者调查时,他正在流转 500 亩土地,准备扩大种植规模。他结婚时因为家里困难就在村庄建了三层楼房,2014 年收入增加后在县城买房并居住在县城,买了私家车,在县城与农村两边跑。白天一般在村庄的合作社工作,晚上回县城居住。他还主动帮助家乡其他农民并提供技术指导。他说:"我的创业很幸运,刚好碰上新农村建设支持土地流转,干部说利用了荒地,还给了不少补助,在这个地方我是最早种植芦笋的,芦笋价格高比较挣钱。小孩在县城重点中学读书了,小时候没有想过种地,没想到还会回来种地(笑),不过,技术还是要的,不学技术会亏本的。我不太喜欢住村上,还是县城比较好,买东西方便,除了小时候在村上,长大一点就出去了,都在外面(城市),习惯了城里,有钱自

然就会想到城里买房,没钱想也没用。"(F2016080910)

生命历程范式认为,个人、社会、历史三位一体,个人也具有能动性,轨迹、转变和持续概念可以解释个体层面的行为过程及原因。① 笔者调查也发现,有人创业成功后,在大城市先租门面推销自己的产品,然后再买房。在县城或其他城市买房居住融入城市,以城市为销售点,以农村为生产基地的现象,不但在中部地区,而且在福建武夷山桐木村等发达地区也多见。所以,新生代农民工返乡创业融入城市的方式是,既要在县城或其他城市买房居住融入城市,也要以农村为基地,城市为销售点,实现创业致富。这说明生命历程理论对此有非常强的解释力,也显示新生代农民工城市融入是个持续反复的过程,更是他们发挥主体能动性的过程。

第四节 讨 论

已有研究从静态和横截面分析新生代农民工城市融入,忽视了城市融入是个长时段的过程,是个动态的过程;忽视了生命历程会对新生代农民工的选择产生影响,将城市融入意愿与融入现实相混淆而带有一定的理想色彩;也没有将城市进行细分。新生代农民工城市融入似乎成了打工沿海城市与农村的二元对立选择,使研究缺乏弹性;将城市融入不成功便返回农村看做是一个线性过程,忽视了城市融入是个持续反复的过程。本章用生命历程理论的时机、相互依存的生命和主体能动性三个核心概念分析了新生代农民工城市融入问题,揭示了新生代农民工城市融入是个长时段、连续和反复的非线性过程。

有学者认为,新生代农民工在城市中居住,空间隔离对他们的融入有负面影响。② 这忽视了移民融入城市是个渐进的过程,城市本身也是由不同阶层居住在不同空间构成的区域,其他城市群体也同样会面临空间隔离问题,而且新生代农民工从农村到城市,无论是经济还是社会资本都难以支撑一步到位

---

① 包蕾萍:《生命历程理论的时间观探析》,《社会学研究》2005 年第 4 期,第 121—124 页。

② 戚迪明、张广胜:《空间隔离与农民工城市融入》,《华南农业大学学报(社会科学版)》2017 年第 2 期,第 81 页。

式的城市融入。新生代农民工的现实处境决定城市融入是一个渐进过程,不能一蹴而就,完全融入城市成为主流阶层可能需要两代人的努力和积累,不能因为难融入就觉得他们回农村更好,也不能因为他们在城市中处于空间隔离状态,就人为地让他们在中高档社区居住,这不但不现实,也会带来其他问题,如阶层冲突。李培林和田丰从经济、社会、心理和身份四个层面的社会融入分析了人力资本、社会资本和政策制度因素对城市融入的影响。他们认为新老农民工融入城市无根本差异,经济层次的融入并不必然带来其他层次的融入。[1] 实际上,他们忽视了一个关键点,经济收入要实现量变到质变才能对城市融入起促进作用,而在经济上购买得起住房就是这个关键点或临界点。只有在某个地方拥有住房,他们才会认为是那里的人,这是中国文化的特点之一。比如,在北京有房,才会认为自己是新北京人等。"上无片瓦,下无寸土",怎么会让一位中国人认为是那个地方的人呢? 也就是说,经济融入能不能促进文化、社会等方面的融入是有条件的,只有具备了这个条件,才能发挥促进作用,房子就是新生代农民工城市融入的临界点。就像人们说读书无用一样,读书也要超过某个临界点(比如本科或其他文凭)才能有用,否则,对经济收入来说,确实是没有用。

王春光认为,新生代农民工从暂住到居住或常住的实质性转变,有三大难化解的张力,即政策的碎步化调整与新生代农民工越来越强烈的城市化渴望与要求之间的张力;他们对城市的向往与他们实现城市化的能力之间的张力;中国城市化政策与地方落实城市化措施之间的张力。[2] 如果新生代农民工长期处于这种张力之中,那么,他们凭自身能力跻身入城市后会建构出不同于城市主流社会的文化圈与社会圈——他们常常相约在城市同一小区购买住房,这在中部地区已经成为趋势,处理不好,会产生更大的结构张力,对社会的破坏力更大,因此,尽快化解这三种张力,给予他们平等的权利和公平的机会,才能实现城市的和谐,才能从根本上消除新生代农民工的城市融入问题。

---

[1] 李培林、田丰:《中国农民工社会融入的代际比较》,《社会》2012 年第 5 期,第 1 页。
[2] 王春光:《新生代农民工城市融入进程及问题的社会学分析》,《青年探索》2010 年第 3 期,第 5 页。

第十二章　返乡置业与城市社区文化建设

本章探讨了新生代农民工返乡置业后在城市的居住状况。通过对一个新生代农民工与城市居民混居的小区的调查,以差序格局和"善分不善合"作为理论框架,分析一些小区失治失序的内在根源。指出社区文化建设不能囿于文化娱乐活动和满足文化精神需求,既要注意发挥传统文化在城市社区文化建设中的优势,又要克服传统文化因素在城市社区文化建设中的缺陷;既要加大惩处力度规范社区行为,也要纠正善分不善合的缺点,发挥参与的力量,形成团体格局和"善分善合"。

社区文化建设是社区建设的重要方面,社区文化建设的状况影响社区治理的效果。在理论研究和实践运作上,我国社区文化建设强调宏观上的传承和宣传社会主义核心价值观;中观上着重打造社区特色文化以增强城市软实力;微观上重点在满足居民精神文化需求。特别在微观层次上,社区文化建设主要是组织群众开展文化娱乐活动,满足居民精神文化需求,但对社区自治的效果并不理想。无论是大城市还是小城市,成立了业主委员会的小区比例都很低。2005 年北京市共有 3032 个住宅小区,但成立业主委员会的小区仅占14.5%,85% 以上的小区没有成立业主委员会。[1] 即使是到 2011 年,北京市小区业主委员会成立率也只有 28% 左右。[2] 管理规范的大城市都是如此,其他

---

[1]　《85%小区没有业主委员会》,《北京日报》2005 年 11 月 4 日。

[2]　马力:《北京 2015 年前所有小区要建业主大会》,中国新闻网,2011 年 9 月 28 日,ht-tp://www.chinanews.com/estate/2011/09-28/3359341.shtml。

城市的情况就不难想象。在中小城市小区,不但业主委员会难成立,而且三五年后小区物业都不复存在,不少小区处于失序和失治状态。这些问题完全归咎于物业公司和开发商的有意阻挠,或者社区管理机构不作为,显然是不客观的。广场舞扰民引发的纠纷早为社会所关注,有人调侃,中国的大妈在跳广场舞,美国的大妈在做公益,意在指责大妈只顾自己娱乐忽视社会公益。那么,为什么开展得如火如荼的社区文化建设会出现如此尴尬的情况呢?

本章案例来自中部地区某县城的一个小区,此小区80%以上的业主是返乡置业的新生代农民工,其他业主是县城的城市居民,属于不同阶层混合居住型小区。新生代农民工家庭主要是其父母或夫妇一方带着小孩居住,小孩在县城上学,新生代农民工仍在沿海地区打工。在中部县城郊区新开发的商品房小区基本都是这种情况,本章案例具有一定的代表性。随着我国城市化进程的加速,由农村居民和城市居民组成的混合居住小区会越来越多,这将成为一种新趋势,这样的小区极具研究价值。通过描述农村居民与城市居民共同居住在一个小区的社区文化建设和社区建设状况,我们从传统文化入手,探讨差序格局和善分不善合两个特点影响社区文化建设,并最终影响社区治理和社区建设的效果。目的在于揭示我国社区文化建设的局限,及制约社区治理和社区建设的深层动因,探索社区文化建设的传统维度,既要强调发挥传统文化的作用,又要注意克服传统文化的消极影响。在理论上,拓展了社区文化建设的传统维度,解释了社区治理的深层困境;在实践上,为各地社区文化建设提供参考。

第一节　社区文化建设研究及局限

滕尼斯在《共同体与社会》中提出社区概念时,指出社区是强调具有共同归属感的社会团体,是从文化角度进行界定的。后来西方学者如芝加哥学派的帕克、沃思和伯吉斯等对城市社区进行了研究。20世纪60年代后,坚持亚文化理论的学者认为不同的人口组成的文化背景,如族裔背景、阶级背景、家庭结构等,都会对城市文化现象产生重要作用。① 我国早期学者,如吴文藻和费孝通等,对社区也进行了研究。新中国成立后,在我国城市是以居民委员会为基层社区,农村是以大队为单位的基层社区。不过,那时候的社区是一级行政区划的机构,属于总体性社会的一部分,内部也是总体性的,即党、政、经(济)、文化一体化。文化建设的主要内容与任务是以硬件建设、宣传社会主义文化和相关的文艺活动为主。在城市,社区制主要是单位制,单位办社区,单位大院或小区的事务全由单位负责,社区文化的组织也以单位为主。单位无所不包,从社区文化设施的建设,到社区精神文明建设,再到每个家庭的家风状况——夫妇离婚、夫妻一方的生活作风、赌博等。20 世纪90 年代住房商品化以后,社区文化建设的主体由政府转变为公民、市场和政府复合主体,社区文化建设的内容主要为文艺活动、娱乐活动、精神文明建设的硬件和软件建设,不再干预家风——对离婚更加宽容和理解,对夫妻的生活作风和赌博问题似乎也难以管理了。总的来看,在实践中,社区基层工作者基本将社区文化建设等同于文化娱乐活动。随着社会变迁,城市社区文化建设呈现多元化特征,城市社区文化建设由初级形态转变成社区文化建设的复合形态。在理论研究方面,主要体现在宣传社会主义核心价值观,打造特色社区文化,增加城市竞争力,以及满足人们的精神文化需求,建设社区文化建设的队伍上。学者们对城市社区文化建设的研究主要体现在以下几方面。

第一,城市社区文化建设存在的问题与对策研究。有学者认为,城市社区文化建设面临的主要问题,是社区参与自主性不足,社区文化教育功能弱化以及社区认同意识薄弱等。今后社区文化建设的方向是,加强社区文化设施建设,深化社区参与,拓展文化经营项目以及规范社区组织和管理体制。② 也有学者指出,随着市场经济下国家与社会关系的调整,我国城市社区文化建设由

---

① 郑杭生主编:《社会学概论新修》,中国人民大学出版社 2014 年版,第 235 页。
② 文军、唐亚林:《变迁与创新:我国城市社区文化建设的历史考察与现实分析》,《求索》2001 年第 2 期,第 46 页。

政府推动已经进入了市场、政府共同推动,兼具硬件和软件建设的阶段。① 有研究者认为社区文化建设的新思路是社区文化活动的普及、社区精神的提炼和社区形象的良好展示。② 社区文化是社区精神的内核,其建设水平体现社会的文明程度和现代化水平。针对社区文化建设存在的管理体制问题、高雅文化活动不足以及文化工作队伍薄弱等问题,社区文化要着重营造社区精神,提升社区文化综合效力,提高社区居民素质。③ 学者们也从组织建设方面论述了社区文化建设。在分析了城市社区文化建设存在的问题后,有人提出构建"以文补文、多业助文"的经营机制,注重社区文化多样性的培育,规范社区的组织管理体制,深化社区参与等对策。④ 有人探讨了社区文化建设中社会组织的作用,认为社会组织可以发挥组织优势、专业优势和视角优势。在社区文化建设上要实现组织运作、资金运作和制度运作的有序化和社区文化队伍的高素质化。⑤

第二,社区文化建设对社区建设和治理的作用。有学者从社区文化的含义入手,指出社区文化与经济活动、科技活动和旅游活动结合起来,为发展社会经济服务,对发展文化产业和培育文化市场有重要作用。利用各种形式开展文化娱乐活动,普及科技、法律知识,从而推动社会主义物质文明和精神文明建设。⑥ 针对社区文化建设存在认识不足的问题,有学者提出要借目前社区建设热潮进行社区文化建设,将社区建设与社区文化建设结合起来。要正确认识社区文化建设的作用,充分认识居民文化权利,明确社区文化建设中的

---

① 城市社区文化建设课题组:《新时期中国城市社区文化建设的理论思考》,《江淮论坛》2001 年第 2 期,第 76 页。

② 刘庆龙、冯杰:《论社区文化及其在社区建设中的作用》,《清华大学学报(哲学社会科学版)》2002 年第 5 期,第 19 页。

③ 叶木全、黄重、周晓景:《构建和谐社会视野中的社区文化建设和发展探究——基于对闽东社区文化建设的调研与思考》,《东南学术》2011 年第 3 期,第 203 页。

④ 查志强:《试论中国城市社区文化建设的变迁与创新》,《中共杭州市委党校学报》2001 年第 1 期,第 46 页。

⑤ 王平:《社区文化建设的多维度思考》,《毛泽东邓小平理论研究》2006 年第 7 期,第 43 页。

⑥ 龚贻洲:《论社区文化及其建设》,《华中师范大学学报(哲学社会科学版)》1997 年第 5 期,第 1 页。

主导力量和主体。① 有学者认为社区文化建设体现着社区居民价值观和精神面貌,对构建和谐社会有积极意义。② 在分析以往社区文化建设模式的基础上,研究者提出社区文化建设需要创新政府管理,政府对社区的管理要改直接管理为间接管理,从而为社区文化自主发展提供空间,提高社区居民文化建设的水平,发展社区文化团体等组织,形成良好的文化氛围。③ 还有人强调了社区文化建设对基层社会教育的作用,主张只有回到社区文化的逻辑,重视社区文化建设才能解决社区建设过程中的问题。④ 也有学者通过实证研究,探讨了社区文化建设对居民幸福的影响。⑤

第三,社区文化建设的内容与方式。社区文化建设的根本要义是人文关怀,要引导社区居民树立和谐伦理观与倡导宽容谦让的社会公德观,这些都是社区文化建设的重要内容。⑥ 有学者通过社会调查认为,社区文化建设既要以主流文化为主导,也要结合社区亚文化资源,从形式上注重创新,功能上补充市场文化,调和主流文化与社区亚文化,目的在于满足居民的精神文化需求,提升居民生活质量。⑦ 有人认为社区文化建设要坚持以人为本的理念,坚持物质文化、制度文化和观念的协调发展。⑧ 还有人通过调查,认为民俗文化对城乡社区文化建设有重要作用,具有教育陶冶功能,培养社区居民的社区意识,促进社区居民的人际交往。⑨ 有学者指出社区文化建设不能单靠政府自

---

① 刘小流:《城市社区文化建设新思考》,《理论月刊》2008 年第 4 期,第 60 页。

② 何斌:《关于社区文化建设的思考》,《人民论坛》2011 年第 5 期(中),第 150 页。

③ 张娟:《城市社区文化建设的政府管理模式:转换及其实践》,《云南行政学院学报》2012年第 6 期,第 26 页。

④ 郎友兴:《从小区到新故乡:社区文化与中国城市社区建设》,《浙江社会科学》2013 年第5 期,第 76 页。

⑤ 黄小军:《社区文化建设中居民幸福感影响因素实证研究》,《福建论坛(人文社会科学版)》2014 年第 10 期,第 170 页。

⑥ 班保申、宫娜:《和谐社会构建中的社区文化建设》,《学术交流》2007 年第 4 期,第29 页。

⑦ 卢汉龙:《经济多元化发展中的社区文化建设》,《江苏社会科学》2000 年第 4 期,第89 页。

⑧ 江赛清:《论我国城市社区文化的兴起及建设思路》,《求实》2002 年第 7 期,第 12 页。

⑨ 黄艳、陈悦悦:《民俗文化在城乡社区文化建设中的作用——以三峡地区为例》,《社会科学家》2010 年第 4 期,第 108 页。

上而下的推动,强调要培养社区居民公共观念,提高其文化主体意识和参与能力,促进社区文化内生机制的建立。① 还有学者基于实践调查认为城市社区人员流动性大,居民关系淡漠,要从突出社区文化个性,强化居民公共精神等方面提升社区文化建设水平,从而为城市化背景下的社区治理提供思路。② 在全国性的调查数据基础上,有学者指出农村社区文化活动比较匮乏,加强农村社区文化建设有利于增加社区社会资本和认同感,增强人际关系,使村民超越个体私利,形成有集体责任感和归属感的社区。③ 农村社区文化建设滞后对城市社区文化建设提出了挑战,特别是对由农村进入城市的居民形成的城市社区影响尤为明显。

第四,"村改居"等转变为城市社区中的文化建设。很多地方因为征地等原因将整个村庄转变为城市社区,管理体制由村委会变为居委会,农村居民全部变成城市居民,但是,"村改居"的社区需要社区文化来连接,社区文化建设并不顺利,存在传统价值观的衰落和居民公民意识淡薄等问题。④ 还有研究者研究了"村改居"社区的治理问题,认为人的文化理念的适应性成了"村改居"社区的突出问题,要从以居民为主体的精神文化生活入手,重建人生价值和生活意义,形成新的身份认知和社会认同,才能实现社区的有效治理。⑤ 有学者通过说明社区文化对社区的重要性,认为乡土社区文化是中国现代社区文化建设之根。⑥

最近,还有研究者对社区文化建设做了综合性的论述。杨敏认为,构建社

---

① 郑萍:《文化民生视野下的城市社区文化建设研究》,《城市发展研究》2011 年第 11 期,第 115 页。

② 赵丽江、吴雪芹:《文化建设:城市社区治理的路径选择——基于武汉市 T 社区的实证分析》,《江汉大学学报(社会科学版)》2015 年第 4 期,第 64 页。

③ 赖晓飞、胡荣:《论社会资本与农村社区文化建设——基于 CGSS2005 调查数据的分析和思考》,《西北政法大学学报》2008 年第 6 期,第 116 页。

④ 吴记峰、吴晓燕:《"村改社"过程中的社区文化建设:困境与出路》,《天府新论》2010 年第 6 期,第 97 页。

⑤ 吴晓燕:《从文化建设到社区认同:村改居社区的治理》,《华中师范大学学报(人文社会科学版)》2011 年第 5 期,第 9 页。

⑥ 李晟赟:《乡土社区文化——中国现代社区文化建设之根》,《石河子大学学报(哲学社会科学版)》2009 年第 3 期,第 78 页。

区意义共同体和秩序共同体的过程中,传统的回归与复兴发挥了重要作用。在社区治理转型过程中,社区文化建设具有重要意义,其彰显大传统,体现小传统,又丰富了"中国经验"。① 正如有研究者所指出的,我国传统文化中的优秀部分确实对社区文化建设发挥着重要作用,对维系社区共同体起到了黏合剂的功能。但是,我国传统文化中的某些因素也会对社区文化建设及社区治理有消极影响。如果不对此有清醒的认识,社区文化建设的效果会大打折扣,也难以解决和解释社区建设和治理困境。无论如何,一个人要完全摆脱自身文化的影响,特别是消极影响,那是非常难的。随着我国城市化进程的加速和农村居民进入城市居住,对"村改居"社区的文化建设的讨论,将越来越成为一种常态。新生代农民工及其家属会将传统乡土文化带入城市社区,这对社区建设必将产生不可忽视的影响。在社会转型期,我国城市居民仍会受传统文化的影响,所以,社区文化建设必须建基于传统文化基础之上,不管自觉还是不自觉,传统的力量总会以这种或那种形式重现。其实,学者在研究社区文化对社区建设的作用时,都强调了社会公德的重要性,指出了要着重培养居民公共精神和公共观念,这说明我国公民缺乏公德和公共精神会影响社区建设。总之,学者更多地论述了传统文化对社区文化建设的积极作用,对消极影响虽有所关注,但没有揭示传统文化消极影响的发生机制,因此,也就难以提出具有针对性的对策。那么,处于从传统文化向现代文化转型的新生代农民工及家属进入城市社区后,社区文化建设状况如何? 又会对社区治理和社区建设产生哪些影响?

事实上,确有少数研究关注到了上述问题,并且指出社区文化对新生代农民工城市融入和乡土文化的传承都有不可忽视的影响。通过调查新生代农民工在打工城市居住的社区,有学者认为,提高新生代农民工的文化认同感和心灵归属感,可以使他们能够顺利实现城市融入。② 也有学者分析了新生代农

---

① 杨敏:《历史视域下的社区文化建设新趋势》,《华中师范大学学报(人文社会科学版)》2015 年第 5 期,第 29 页。

② 王丽霞、王连伟、堵琴囡:《文化认同、社区融入与市民化:新生代农民工城市融入的有效路径》,《晋阳学刊》2013 年第 2 期,第 101 页。

民工在城市生活中受农村文化的影响,以及他们为了适应城市文化而对乡土文化的选择逻辑。[①] 有学者讨论了社区文化建设中新生代农民工的城市融入和在城市打工过程中农村文化传承的关联,即"移植—解构—抽空"的过程。当然,这只是新生代农民工受在大城市和沿海城市打工过程中社区文化的影响。当新生代农民工在县城购房后,他们成为小区业主,显然是与城市过客的身份不一样的。那么,新生代农民工居住的社区文化建设是什么样子,又受什么因素影响,是值得研究的问题。本书借用费孝通的差序格局概念和曹锦清提出的"农民善分不善合"作为理论框架,分析传统文化中不利于社区文化建设的因素,揭示社区失治和失序的深层动因,探索社区文化建设的方向,提出一些可操作性的对策。

第二节　理论框架:差序格局与善分不善合

费孝通在《乡土中国》中提出差序格局概念说明中国人的处事原则,曹锦清在农村调查时提出了"农民善分不善合"的观点。从本质上来说,二者有内在一致性。本章案例是一个由新生代农民工业主组成的小区,这两个观点可以适切地解释小区文化建设进而影响社区建设和治理的机制。

一、差序格局

费孝通提出差序格局实际上是从批判中国"乡下佬"最大的毛病"私"开始的,"各人自扫门前雪,莫管他人瓦上霜"基本上是中国人的信条,而提到公家差不多就是占便宜的意思,有权利无义务。[②] 中国的社会结构像一块石头扔在水面上所发生的一圈圈推出去的波纹,每个人都在社会影响所推出去的圈子中心,而实际上是以"己"为中心,但伸缩自如,可以将任何人拉入圈子,办事不是讲权利,而是讲交情攀关系。这种以"己"为中心并不是个人主义,

---

① 汪国华:《移植、解构与抽空:新生代农民工对中国传统文化的实践逻辑》,《人文杂志》2010 年第 3 期,第 171 页。

② 费孝通:《乡土中国》,上海世纪出版集团 2013 年版,第 23 页。

而是自我主义,一切价值以"己"为中心,为了自己可以牺牲家,为了家可以牺牲党,为了党可以牺牲国,为了国可以牺牲天下。① 他还认为这个观点和《大学》里的"修身、齐家、治国、平天下"道理是相通的。笔者认为,差序格局还与中国人生活中经常用的"气"有关联,正是差序格局的低信任度和远近亲疏不一样,导致以"己"为中心的自我主义,讲感情不讲规则,才会有"出口气"和"争口气"的感性,也有"宁为玉碎,不为瓦全"的举动。可以说,这些表面各异的民情内在是相通的。

如果说差序格局是现实生活中个人的处事原则,那么,梁漱溟提出的中国是"伦理本位"的社会,则是上层阶级倡导的建立社会秩序的原则。实际上,差序格局最接近人们的日常生活,对人们的影响也最深,但并不排斥伦理规范。伦理本位来自官方倡导,一定程度上人们也会遵守。人们在现实生活中按其所需和视情形而择机选择实施哪一个,这只不过是"伦理本位"的表面化和仪式化。二者相通之处还在于,梁漱溟也认为中国人"缺乏集团生活,地方自治欠明确坚实,与官治有时相混淆"。② 士人和农人止于微有联络而已,他们散漫,中国便不得不散漫。③ 费孝通和梁漱溟都认为,出于工具主义目的,中国人也会形成团体——圈子,形成了中国的圈子文化。在这些规则支配下,人们常常讲感情,不讲原则,即使工作中的公也要与私关联起来,在工作中掺入感情因素。虽然有时利于工作的开展,但也强化了差序格局。潜规则是自我主义的表现,随意变通规则或无规则就是公私不分、感情与原则、权利与责任不分的"混沌"状态。这些无疑会影响人们处理公域与私域的思维方式和行为方式。人们通常认为,只要打着感情的幌子或掺入感情,就能解决所有问题,但是,此举会导致规则不确定,反而产生更多的纠纷。孔融让梨的故事最能说明问题。当他拿最小的梨子时,对弟弟而言,是因为弟弟小要让着哥哥;对哥哥而言,他又说是因为哥哥比弟弟大,要让着弟弟。分梨最好的办法本来应该是让兄弟平等协商,共同讨论出分配标准,这样产生的规则是确定的,以

---

① 费孝通:《乡土中国》,上海世纪出版集团 2013 年版,第 28 页。
② 梁漱溟:《中国文化要义》,上海人民出版社 2014 年版,第 71 页。
③ 梁漱溟:《中国文化要义》,上海人民出版社 2014 年版,第 72 页。

后分配食物也就不会出现纠纷,只要按规则办就行。但孔融的感情因素掺入后,规则就模糊了,实际上是没有规则了,必须每事一议,协调成本非常高且矛盾多。事实上,孔融让梨的故事在现实中产生榜样的作用并不有效——如果都像孔融,这个故事恐怕也不会流传至今,也不会一直成为教育的题材,社会生活中兄弟相争的事件倒是层出不穷。

差序格局使人们只讲交情不讲原则,自我主义使人重私轻公,形成有权利无责任观念。讲到为公,人们会认为是要牺牲私。这些观念导致人们合作是讲实利的——不是功利主义,以自我为中心的合作成了利用,过于看重个人利益而牺牲公共利益。就像费孝通在论述人们向苏州河倒垃圾是因为河是公家的一样。实际上,我们所说的"为公"就是指在公共领域中权利与责任的平衡,是通过"为公"达到"为私"的目的,即"为公"与"为私"是统一的。

差序格局的这些特点可以很好地解释本书案例,比如,在商品房小区很多人图一时方便从高空扔垃圾,开垦公共绿地种菜,在小区养鸡鸭,跳广场舞扰民,业主委员会等自治性组织难建立,业主因为搭便车不交物业费导致物业公司撤出小区。正如有学者所提出的,"差序格局"是理解中国社会结构、运行以及民情的重要概念。在市场经济背景下,差序格局并没有消失,反而实现了自身的创造性转化,其消极影响使中国现代化道路变得更加艰难与漫长。①

二、善分不善合

费孝通提出差序格局概念时就指出,中国人的"私"并不是能力问题,中国人也非常善于经营且取得的成就令西方人侧目。可见,应该暗含善分不善合的意思。曹锦清在《黄河边的中国》中提出了"农民善分不善合"的观点,由此,他认为中国激进知识分子提出的政治制度"像一件可以随时替换的衣服"的观点是不对的,因为不能忽视政治制度赖以运作的社会心理与习惯。② 这

---

① 肖瑛:《差序格局与中国社会的现代转型》,《探索与争鸣》2014 年第 6 期,第 48—54 页。
② 曹锦清:《黄河边的中国》,上海文艺出版社 2013 年版,第 154 页。

正是本书引用他的观点作为理论框架的原因。值得注意的是,他在书中认为农民会合作的南街村是个例外情况,今天来看也并不是个例外。不过,因为他提出此观点缺乏严密的推理,有的学者认为得出的结论太感性。有人指出"中国农民善分不善合"不切实际,"不善合"其实是标准的经济人行为。将"自私"当做"愚昧"批评是不对的,失去伦理制约后的西方公民同样在变得不善合。① 也有人认为,善分不善合是一种假象,其实他们的合作是有选择和有条件的,农村环境以及中国文化观念是造成农民这种人格和心理的原因。② 还有人认为,用结构主义的视角分析农民合作问题,会形成农民不善合的认知,导致了对农民不善合的误读,忽视了农民个体差异和合作情景差异。③ 当然,曹锦清提出的中国农村现代化的要害是农民行为方式的现代化,即从"善分不善合"的无组织状态,向以共同利益为纽带、平等协商的有组织状态转变,确实有一定的积极意义。④ 正如费孝通所说,私并不是愚昧,个人能力很强且善于经营,也有可能是因为太精明了而难以合作。

笔者认为,凭日常经验,善分不善合确实有一定的道理,比如,现实中有俗语说,中国人合作是"先君子后小人",开始合作非常好,但后来却以翻脸告终。有人将合作过程描述为:开始是同心同德、同舟共济,然后是同床异梦、同室操戈,最后是同归于尽。虽然这是调侃,但也不能说全无道理。笔者调查农业合作社也发现,只要是按法律规定由五位以上农民组成的合作社运转都不是很好,协调成本非常高,所以,现在很多农民合作社采取了合作社的名义,实际上采取的是公司化或家庭农场公司化运作的方式,这就是为什么有人说现在很多合作社是假的的原因。与此相印证的研究是,对上海地区农业合作组织的调查,有研究者也发现合作社主要是为对接政府政策,向上获取资源,而

---

① 韩德强:《中国农民善分不善合?》,《天涯》2001年第3期,第44页。

② 关璐、朱启臻:《中国农民"善分不善合"心理机制分析》,《长治学院学报》2009年第6期,第6页。

③ 李义波:《论"农民不善合":兼论生活世界里的农民合作问题》,《社会主义研究》2010年第4期,第79页。

④ 韩德强:《有谁懂得农村?——读〈黄河边的中国〉有感》,社会学视野网,2009年12月13日,http://www.sociologyol.org/shehuibankuai/shuping/2009-12-13/9300.html。

非真正的内生合作。① 在理论上,善分不善合也可以得到解释。首先,农村生活是"混沌"的,个人与他人关系非常模糊,公私关系、工作生活等也是混在一起的,家庭收入与支出也是混在一起的,都难有清晰的界限,而合作是要有明确规则的。因此,农民合作能力低,合作观念弱,遇到问题时,感情规则就成了解决问题的办法,感情的混入使解决问题没有规则。现实生活中我们可以看到兄弟姐妹的合作大多会反目。其次,农民经济实力不强,彼此在合作时都很难付出比别人更多,付出更多要承担更大风险。另外,小块农地的耕作模式也难以产生合作的需求。最后,差序格局决定了人们只讲交情不讲原则,合作时遇到问题难解决,而以"伤害了感情"为由不计代价且毫不妥协地处理纠纷和矛盾,即所谓"争口气"。现实中我们也经常可以发现,正是由于这个原因,即使是对大家有利的公共事业,有些人仅仅是为了"出口气",哪怕对自己有利也不会选择合作。总之,差序格局导致农民合作的观念弱,合作能力差,且缺乏处理合作问题的妥协精神。差序格局使农民在现实生活中的各种关系界限模糊,难以产生合作规则,且小农耕作方式无合作需求,导致农民善分不善合。

　　当然,梁漱溟说的中国农民无团体生活经验,不是说农民不能合作或没有一点团体生活经验,而是说传统社会农民的合作大多是强制性的合作。在中央集权、家族惩罚和村庄舆论压力下,农民还是有合作的。必须注意的是,皇权不下县的乡绅自治并不是今天意义上的自治,二者内涵相差甚远。这些都是非自愿性的合作,属于涂尔干所说的机械团结。当国家权力退出,家族惩罚因宗族权力取消而失效,舆论压力因人口流动而无效,合作问题就出现了。差序格局基础上形成的人格不平等,规则面前的不平等,每个人都希望制定规则,但只是希望他人或外人遵守规则,导致合作不对等并使合作失败,一定程度上暗合了梁漱溟所说的"中国小农最大的缺陷是缺乏平等协商的精神与能力"。可以说,合作还是要建立在农民自愿组织、正式规则之上,最终还是要靠农民自己来解决内生性合作问题。

---

① 王阳、李宽、曹东勃:《社区中的职业农民——基于上海市金山区贡村的调查》,曹东勃主编:《职业农民的兴趣——对长三角地区"农民农"研究》,中国政法大学出版社 2013 年版,第195 页。

如果说差序格局是导致小区高空扔垃圾、养鸡鸭、开垦绿地种菜、广场舞扰民等问题的传统因素的话,那这些问题的久拖不决,社区自治失序失治而难以维系,则主要在于善分不善合。对小区内存在的公共问题无人能管也无人去管,合作行动难以达成。那种严重损害业主利益的事件,只有在切实损害到个人利益的时候,才能形成共同行动,如各种维权行为。即使如此,也是出于功用目的的,行动结束后没有形成解决小区公共问题的日常机制,也没有产生小区共同行动的意识。有时即使为了公共利益可以给自己带来利益,但如果这种利益比别人更少,或损害了自己的面子,那也不会采取合作行为,社区合作也会陷入派系政治的泥潭,更不用说还可以有机会以权谋私了。①

本章的理论框架如下:

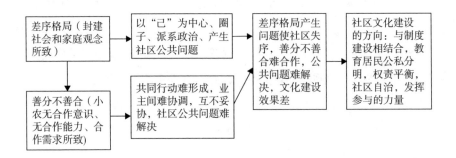

第三节　案　例

在住房市场化改革前,城市小区都是单位制,小区基本不会陷入失序状态,但并不是说那个时候人们就不受传统文化影响。其主要原因是单位无所不包,大到单位分房,管理小区卫生,组织文化娱乐活动,小到单位领导负责协调家庭矛盾,调解夫妻关系,单位包办一切掩盖了差序格局和善分不善合的缺陷,即传统文化的影响体现不出来。20 世纪 90 年代住房市场化后,社区制代替了单位制,政府干预减少,单位退出社区管理,社区秩序的维系主要靠居民自治,但效果并不理想。针对这样的现实,近年来国家试图重新回到社区,并

---

① 石发勇:《业主委员会、准派系政治与基层治理——以一个上海街区为例》,《社会学研究》2010 年第 3 期,第 142 页。

采取了一些举措,如增设了社区工作站、进行网格化管理等。①

　　本书案例的 A 小区位于某县城,业主由返乡置业的新生代农民工和县城居民组成。由于中部地区缺少就业机会,新生代农民工在县城购房后还在外地打工,平常由其父母带着小孩居住。农村中的老人受传统文化影响较深,社区生活正面临着转型,他们的观念与行为直接导致了城市社区的失序失治。本书以如下几个小事件为例进行说明。

　　首先,新生代农民工家庭拒缴纳物业费。中部地区市县小区的物业公司常常不是因为,或主要不是因为提供的服务不好而退出小区,而是在小区建成3—5 年后,无法收取物业费而退出;能普遍维持 3—5 年的,也主要是因为此期限内的物业费主要由开发商承担。很多新生代农民工家属认为,自己买房花了几十万元,对还要交物业费感到非常不理解,认为农村就没有物业费——忽视了农村社区生活的卫生是靠“各扫门前雪”完成的,而在城市社区却是物业公司提供了服务。A 小区新生代农民工业主大多来自同一个地方,很多事情会抱成团,形成一个小圈子,一人不交就会造成一群人不交。笔者访谈时发现,很多人不说自己不交,而是说物业这里没搞好,那里没搞好,随便找个借口不交,实际上是想搭便车,因为小区内总是有人会交的。A 小区物业公司考虑到照顾小区业主的就业,雇用了本小区的一个阿姨扫地,但这个阿姨不按规定完成任务。规定一周扫两次楼道,她扫一次,甚至两周才扫一次,物业公司在多次提醒没有效果后,重新雇用了一个人。但与前者来自同一地方(一个村或邻村)的业主都拒绝缴纳物业费,除非重新雇用那个阿姨。笔者调查发现,这个阿姨对老乡居住的单元扫得非常干净。这样抱成团,只讲感情不讲规则,自然使物业公司的工作难以开展。

　　其次,损害小区公共利益还集中表现在养鸡鸭、高空扔垃圾和占用绿地种菜。A 小区刚入住不久,就有新生代农民工家属往窗外扔垃圾,物业公司张贴了告示,对部分业主还进行过劝导,但收效甚微。有热心的业主组织了业主委

_____

① 李强、葛天任:《社区的碎片化——Y 市社区建设与城市社会治理的实证研究》,《学术界》2013 年第 12 期,第 40 页。

员会,对这些事情也进行过干预,当事人常常以吵架、谩骂进行对抗,谁管就针对谁,为此,业主委员会还叫过城管、打过 110,但城管和民警走后依然如故。笔者到当地派出所进行过访谈,片区民警和副所长都说,他们也头疼,没有更好的解决办法。最后有的业主委员会成员自动退出,小区陷入瘫痪。A 小区现在变成了无物业、无业主委员会的失序小区。这种只顾自己利益的行为看似是自己获利,实则损害了公众利益,也损害了自己的长远利益。笔者调查时发现,这样的业主却为自己的行为找各种理由,比如因为自己扔垃圾、养鸡鸭、种菜等行为受到干扰,所以以物业公司让自己受气了,与业主委员会关系不好为由拒绝交物业费,将两件风马牛不相及的事通过感情联系起来,最终指向自己想达到的目的。比如,不交物业费、在小区种菜和养鸡鸭等损公肥私现象,呈现出典型的感情与规则的混沌状态。就事论事成了中国人最常见的提议,但人们又真正难以做到。访谈时,物业经理就说,你养鸡鸭、种菜,我不管,物业费总是要交的吧,可物业费也不交,这是什么道理?事实上,该物业公司被迫离开后,A 小区有热心的业主还试图再请其他物业公司,但已经没有公司敢来了。有些经济条件较好的业主正在逐渐搬离 A 小区。正如学者所言,中国目前的公共性困境,不完全在个人主义泛滥和传统道德的衰落,主要在于差序格局在市场经济条件下复兴,以及与此相关的自我主义的膨胀。应该将个人带回社会,重建个人主义,以公共性建设引导个人主义而不是自我主义。①

最后,小区的文化娱乐活动难开展。由基层政府和居委会组织的各种大规模文娱活动,全程由政府和居委会干部参与的活动效果常常比较好。但只要由居民自己组织的文化娱乐活动,都会受到差序格局和善分不善合的影响。同时,广场舞扰民引发了其他居民放枪、放狼狗、放高音炮对抗的新闻被人广泛关注。较易忽视的是,广场舞等团体里面也并不团结,加入一个团体要拜师,一个师傅带几个徒弟,各师傅之间相互攻讦。A 小区的两个广场舞团体原来在一起跳,但因为相互之间不团结,分化为两个团体,他们还将彼此的矛盾

---

① 肖瑛:《重建公共性的核心议题——转型期个人主义与公共性建设的关系探讨》,《人民论坛(中旬刊)》2014 年第 11 期,第 14 页。

带入日常生活。在生活中划界,在小区里相互说坏话,相互指责,从对方舞技不正宗到生活作风无所不包,有窝里斗和内耗的特征。师傅之间还相互挖徒弟,呈现派系特征。正如有学者所指出的,差序格局不但体现中国人交往的亲疏远近特点的等差性,还反映了公与私、自我与他们及内外群体的模糊关系。① 因此,A 小区的娱乐活动的组织难统一,最后居委会想的办法是,无论小区谁组织跳广场舞都可以登记领音箱。本来人们之间分团体是很正常的事情,用正式规则处理团体之间关系就可以化解矛盾,但这两个团体内师徒相称,徒弟还要给师傅送礼,实际上是将关系人情化了,破坏了交往的规则,呈现差序格局的内卷化。结果就是两个团体将所有关系都看成对立的零和博弈,把矛盾带入日常生活的所有方面。笔者调查发现,文娱活动组织里师傅与徒弟分得清清楚楚,通过师徒关系将新加入者拉入自己的圈子。这种娱乐组织仅限跳舞,关系人情化,且将内外矛盾扩大化,在社区文化建设上没有也不会发挥太多积极作用,对高空扔垃圾、小区养鸡鸭等也没有提出有效的解决办法,对提高公民素质是无效的。应该说,广场舞组织也是一个符合差序格局特点的,以"己"为中心的,仅仅满足自己个人需求的非公共组织。

第四节 讨 论

目前,在实践上,人们将社区文化建设基本等同于精神文化需求和文化娱乐活动,对提高公民素质和社区自治能力效果有限,对实现社区建设和社区治理价值也不高。在理论研究上,过分重视对西方社区治理理论的采用,提出的对策也基本是西方学者的思路,对我国传统文化在社区文化建设中的影响关注不够,使得很多建议难以和社区建设实践对接。毋庸讳言,社区建设和社区治理一定要建立在传统文化基础之上。受传统文化影响,1949 年以前的官僚统治和家族统治,1949 年以后政府包办的总体社会,使得社区建设过程中,主

---

① 翟学伟:《再论"差序格局"的贡献、局限与理论遗产》,《中国社会科学》2009 年第 3 期,第 153 页。

体发育不成熟,表现为差序格局与善分不善合,这不是劣根性,而是文化和制度双重作用的结果。差序格局与伦理本位的社会使公与私、感情与原则混在一起。可以说,我国城乡社区并不是像社区概念的提出者滕尼斯意义上的共同体,而更像是一个混合体,所有的关系边界都不清,都处于混沌状态。这使得社区无合作规范,小农社会中的小农在公共利益中的利益比例太小导致无合作动力,中国人"气"的存在,使人们无合作精神,"争口气"和"出口气"使得宁愿牺牲自己的小利也要损害他人或公共利益。差序格局的社会结构以及善分不善合的公共生活特点,实际上都是建立在封建社会和小农社会基础上的。随着社会转型及工业化和城市化水平的不断提高,人们的观念在不断进步,差序格局和善分不善合的社会基础也在慢慢发生改变。由于文化改变是缓慢的、长期的甚至是反复的,因此,某些消极影响还是存在的。在某些方面由于这种或那种原因,还会有所加强。普特南在《使民主运转起来》中发现,地方历史经验会对一个地方的发展产生重要影响,要超越私人信任必须通过互惠规范和公民参与网络两方面产生复杂社会的社会信任,即形成社会资本,使公民产生自愿性合作以解决集体行动的困境。他的研究其实也暗合了托克维尔民情比法律更重要的观点。这对解决目前社区文化建设方面的困境也有诸多启示。在社区文化建设方面,要促进社区文化转型,由特殊原则过渡到普遍原则,由善分变成善合,应该做好以下几点。

首先,社区文化建设要引入公共性和公民文化教育内容,达到改变差序格局的社会结构。教育形式可以多样化,但平等协商、自由原则、公共领域和私人领域、公德与私德、规则意识和公共意识等教育内容必不可少,这也是社区文化建设中被忽略的部分。在社区文化活动中,将公民知识、公共领域和私人领域的知识灌输给居民,使居民对公私不分的混沌状态有所认识;正确认识自我主义、特殊主义的缺陷,树立权利与责任的平衡观念。目前社区居民对公共领域和私人领域,公德与私德常常分不清,甚至读了大学的居民都不一定清楚,普及这些知识才能有效避免差序格局的影响。另外,社区文化建设中的文化娱乐活动要有意识地融入现代文化元素,不仅仅是指组织跳舞和旅游。将现代文化内容融入社区文化教育之中,只有使传统文化与现代文化不断交流、碰撞,人们才能认识到自己已有的价值观和行为方式上的优劣,才能达成共识。当遇到公共问题时,允许人们公开讨论,在讨论中树立规则意识、公共意识,在讨论中学会正确处理私与公的关系,避免零和博弈,实现多赢博弈,学会妥协宽容和理性。只有在懂得了公共领域与私人领域的不同规则后,人们才可能建立公共性,善分也善合才能成为可能。因为"公共性"仍然是当下中国社会建设面临的主要瓶颈。除制度性因素外,社会心理和共识缺失也是阻滞公共性发展的重要原因。只有提升不同利益群体参与社会建设的积极性,增进公共权力部门与民众之间的相互信任,才能形成公共性。①

其次,加大惩罚力度,规范社区行为,达到改正善分不善合的缺点。A 小区业主的不良行为之所以难以解决,个人去干预还会被报复,主要是惩处力度不够。除通过教育改变人们的观念外,还要用法律制度去规范其行为,相应的处罚不可或缺。现在中部地区县城商品房失序失治,有的是立法滞后造成的,更重要的是执行法律和规范不到位,执行力度不够。可以通过引入现代法制及相应的惩罚机制,达到改变不良行为的目的。孟德斯鸠在《论法的精神》中就指出通过立法可以形塑特定民族的风俗、礼仪和精神。② 对合作中的问题,公共领域中损害他人或公共利益的行为,自我主义膨胀导致的损人利己和损公肥私的行为必须给予处罚,让人们逐渐改变行为方式,在处罚中知道尊重他人和公共利益的重要性,改变善分不善合的缺点。

最后,发挥参与的力量,形成团体格局和善分善合。参与可以改变人们的思维模式、认知态度和行为习惯。如果说人是被动地接受文化影响的话,参与无疑是主动改变文化的过程。在社区参与过程中达到主动改变文化、风俗的目的,消除差序格局和善分不善合的消极影响。也只有在参与中人们才能学会在公共领域中处理分歧,达成共识,完成自我教育,提升自我开放度,培养责任意识。而目前社区居委会的工作只是上传下达,处理行政性事务,社区治理中居民参与度非常低,基本也不动员居民参与。如果说在教育中知道了什么

① 李友梅、肖瑛、黄晓春:《当代中国社会建设的公共性困境及其超越》,《中国社会科学》2012 年第 4 期,第 126 页。

② 陈涛:《政治与社会:基于对〈论法的精神〉的诠释》,《社会》2015 年第 6 期,第 51 页。

是公私界限,公德与私德,权利与责任的平衡,那么,参与则是在日常行为中实现改变。通过参与,知道如何正确避免差序格局和善分不善合问题,树立普遍主义规则和公私分明的权责意识,真正懂得如何通过尊重他人利益或公共利益来实现自我利益。可能是基层政府对居民自治的谨慎态度,目前社区的共同行动仅限于环境抗争、权益抗争并无政治诉求,公民参与都不会脱离政府控制。实际上,公民参与作出决策的新方式,与其说是取代旧的政府决策,不如说是对后者的补充,正是积极性消极性混在一起的方式才是公民文化的特征所在。① 也就是说,通过社区参与反而可以支持基层政府的工作。

总之,在差序格局的社会结构特征下,人们的主体发育不成熟,无合作能力,差序格局导致的信任度低使合作无规范,不懂尊重合作规范,感情与规则混合使人们在公共领域没有合作的规则意识。在实践中,社区文化建设只注重满足人们的精神文化需要,公民合作文化形成更加迟缓,导致社区失序失治。本研究的对象虽然主要是由农民及新生代农民工与城市居民组成的小区,但对城市社区建设也有非常重要的启示。因为差序格局与善分不善合作为传统文化的一部分,影响非常广泛,就是一些知识分子都有小生产意识,是"戴着眼镜的农民"。② 有学者认为,在当代中国的某些权力和利益空间中行动的,表面上是一个个的现代法人,实际上是按差序格局逻辑重组的各种帮派性质的利益集团。③ 可见,本研究的对象具有代表性,结论具有推广性。

---

① 加布里埃尔·A.阿尔蒙德:《公民文化——五个国家的政治态度和民主制》,张明澍译,商务印书馆 2014 年版,第 371 页。

② 姜义华:《百年蹒跚——小农中国的现代觉醒》,(香港)三联书店 1992 年版,第 43 页;转引自张敦福:《"消遣经济"的迷失:兼论当下中国生产、消费与休闲关系的失衡》,《社会科学》2015 年第 10 期,第 53 页。

③ 肖瑛:《差序格局与中国社会的现代转型》,《探索与争鸣》2014 年第 6 期,第 48—54 页。

第十三章 "机器换人"背景下新生代
农民工进城与返乡之困

本章认为,"机器换人"后,新生代农民工不但将面临融入发达地区城市的困境,而且使返乡置业后的返乡就业成为困难,可能陷入进退失据的尴尬境地。"机器换人"在解决民工荒的同时,也将在岗的新生代农民工挤兑出去了,这会对社会稳定产生威胁。为了调适"民工荒"和农村剩余劳动力并存的状况,将"机器换人"的速度与新生代农民工能力提升的速度相匹配,可以在资本密集型和技术密集型企业、高危工种和高危行业率先"机器换人";劳动密集型企业可适度放缓"机器换人"的速度,通过提高产品质量来提高企业利润。否则,产品仍然没有竞争力,也与"机器换人"的目的不相符。

近年来,不但在江浙和广东等制造业发达地区,而且在江西和湖北等中部地区都出现了"机器换人"的热潮。2012 年,浙江省为加快推进产业转型升级,全省加速推进"机器换人"进程。[①] 2014 年,广东东莞市政府发文件指出设立"机器换人"专项资金支持"机器换人"。[②] 杭州将成为全国"机器换人"的设备供应商。[③] 对企业来说,"机器换人"的初衷是解决用工荒,降低人工成本和减少劳资纠纷。对地方政府来说,不少地方政府都以文件形式强调"机器换人",以新闻报道形式动员"机器换人"。"机器换人"似乎不是产业结构

---

① 祝惠春、温济聪:《"机器换人"撬动产业升级——来自浙江省宁波市北仑区的调研》,《经济日报》2013 年 9 月 26 日。
② 黄锐、李其聪:《"工业机器人产业"与"机器换人"齐飞》,《东莞日报》2014 年 8 月 7 日。
③ 李长灿:《机器换人勾勒"工业 4.0"实践路径》,《杭州日报》2014 年 12 月 10 日。

升级而是一种时尚,不提倡"机器换人"就代表着地方政府官员思想落后。"机器换人"由手段变成了目的。因此,全国各地兴起"机器换人",除产业升级的必然要求和人工短缺的原因外,也与各地政府"赶时髦"有关。

本章目的就是分析"民工荒"与"机器换人"的关联,使人们对"机器换人"有客观的认识。从理论上廓清"民工荒"的原因,从而有助于合理推进"机器换人",并从社会稳定的高度看待"机器换人",从而对各地"机器换人"和新生代农民工就业有所助益。本章资料来自笔者在 2015 年为中部某地级市工信委做"十三五"工业规划的实地调查和访谈,以及各县市工信委、工业园区和企业的汇报材料。访谈对象包括 12 个县市区的企业管理者、国税局和地税局领导、开发区管委会领导、各级工信委领导以及企业工人。共进行了 12 次集体访谈,分别与政府相关人员、企业管理者和工人共 28 人进行了访谈。还有部分资料来自 2016 年 7 月和 8 月,笔者在安徽无为和湖北阳新等地做的实地调查和访谈。

目前对"机器换人"和机械化还没有研究者进行系统区分,我们认为,"机器换人"应该理解为"机器人换人",是生产的现代化、智能化、自动化和数字化,有"工业 4.0"意义上的"智能工厂"、"智能生产"和"智能物流"。人们通常意义上的机械化是指,用电力或其他动力操纵机器替代手工劳动,由人工操作的机器来替代人工,类似于"工业 2.0"的概念。

第一节 "民工荒"、"刘易斯拐点"与
"机器换人"的研究述评

2004 年以来,"民工荒"由东南沿海波及全国,学者对此进行了广泛的讨论。最大的一个争论就是,中国"民工荒"现象和劳动力工资上涨是否标志着"刘易斯拐点"的到来? 有学者认为刘易斯拐点已经或即将到来。他们利用修正的刘易斯二元经济模型分析了中国民工荒现象,指出了刘易斯拐点和人口红利的区别与联系,并从人口红利角度提出应对刘易斯拐点的对策。[①] 也

---

① 蒋伏心、谈巧巧:《民工荒、刘易斯拐点和人口红利拐点——基于经济学角度的再认识》,《江苏社会科学》2014 年第 2 期,第 35 页。

有学者进而从人口红利角度来研究"民工荒"与"刘易斯拐点",他们以贵州省为例讨论了欠发达地区的劳动力红利释放问题,甚至推断了贵州省"刘易斯拐点"到来的时间。[①]

不过,相反的观点认为,近几年来中国两部门实际收入差距增长缓慢,劳动生产率呈扩大趋势,中国刘易斯拐点还没有到来。[②] 有学者通过分析 284 个地级市宏观层面数据后指出,"刘易斯拐点"还没有出现,剩余劳动力与"民工荒"现象主要是受外部冲击、城镇化和工业化不相匹配所致,即中国的二元经济转型是城镇化、工业化和经济开放过程的结果。[③] 有学者通过研究认为,刘易斯二元经济模型的结论——只有当二元经济越过了"刘易斯拐点",实际的劳动工资水平才能明显提高——无论是在封闭经济或开放经济条件下都是不能成立的。在长期经济增长过程中,无论是一元经济,还是向一元经济转轨的二元经济,劳动工资都应当随着劳动生产率的提高而相应提高。[④] 有学者认为,沿海地区出现的"民工荒"现象是经济高速发展时期劳动力需求超过劳动力供给的暂时性现象,这种结构性不平衡会随着时间的推移逐渐回落。[⑤]因此,也有学者认为,制造业吸纳农民工的能力依然较强,沿海发达地区应继续发展劳动密集型产业。[⑥] 到目前为止,学界对刘易斯拐点是否来临并没有得出一致的结论。

社会学更多地是从权利角度进行分析,弥补了经济学研究的不足。有学

---

① 贵州省人民政府研究室:《从"刘易斯拐点"看欠发达地区劳动力红利的释放——以贵州省为例》,《经济社会体制比较》2014 年第 4 期,第 17 页。

② 李刚:《工资上升、劳动力短缺与刘易斯拐点幻觉》,《人口与经济》2012 年第 6 期,第39 页。

③ 周燕、佟家栋:《"刘易斯拐点"、开放经济与中国二元经济转型》,《南开经济研究》2012年第 5 期,第 3 页。

④ 李文溥、熊英:《"刘易斯拐点"的一个理论证伪——基于产品市场的视角》,《经济研究》2015 年第 5 期,第 134 页。

⑤ 刘尔铎:《城市劳动力市场结构性短缺与"民工荒"》,《人口学刊》2006 年第 1 期,第3 页。

⑥ 葛晓巍、叶俊涛:《刘易斯拐点下农民工就业结构及产业结构变化——基于苏、浙、粤的调查》,《经济学家》2014 年第 2 期,第 67 页。

者认为,农民工权利问题是造成"民工荒"的主要原因。① 中国特有的二元经济结构与农民工迁移问题是中国"民工荒"和技工短缺的原因。② 新生代农民工在就业机会和社会保障等方面的不公平感支配下,就会"用脚投票"。③ 因此,有学者认为,"民工荒"是农民工自发调适权力结构和权力运用以求达到平衡的结果。解决"民工荒"需要重塑社会交换关系以求得权力结构和权力运用的适配。④ 地方政府应在职业培训、宣传推广、失业救助、社会交往等方面制定政策和采取措施;企业要提高农民工薪酬,并关注农民工的满意度。⑤ 有学者通过对"民工潮"和"民工荒"现象的历史回顾,认为"民工荒"是对"中国劳动力无限供给"观念的挑战,是对农村转移劳动力的剥夺性利用的不良后果,说明农民工自我权益保护意识的增强,将对沿海经济发展产生不利影响。⑥ 值得注意的是,也有不少学者认为"民工荒"是结构性矛盾。有研究者指出,中国"民工荒"和农村剩余劳动力其实是并存的,并且由于存在制度约束,在将来的一段时间还会持续。⑦ 从"刘易斯拐点"角度分析中国的"民工荒",虽有合理之处,但经济学的分析忽视了农民工因为权利受到侵害而自愿性失业或"用脚投票"的问题,这是中国与符合"刘易斯拐点"规律的其他国家的不同之处。不过,与以上学者认为中国"民工荒"和农村剩余劳动力并存的观点一致。很多社会学研究者认为,中国存在大量农村剩余劳动力和城市

---

① 王雨林、黄祖辉:《从"民工荒"看农民工权利问题》,《南京社会科学》2005 年第 9 期,第 82 页。

② 王国辉、穆怀中:《民工荒、技工短缺与农民工社会保障制度建立的临界点》,《人口与经济》2005 年第 4 期,第 13 页。

③ 张笑秋:《基于参照点依赖的新生代农民工"民工荒"成因分析》,《福建论坛(人文社科版)》2011 年第 2 期,第 157 页。

④ 国虹、毛丹:《交换关系的断裂与重塑——关于"民工荒"的政治社会学分析》,《浙江社会科学》2006 年第 4 期,第 82 页。

⑤ 王兴周:《结构转型、期望值与工作满意——对民工荒成因及对策的新视角》,《南方人口》2006 年第 2 期,第 32 页。

⑥ 黎民、杨惠:《民工潮、民工荒与中国农村劳动力的战略转移》,《社会科学战线》2006 年第 3 期,第 206 页。

⑦ 约翰·奈特、邓曲恒、李实:《中国的民工荒与农村剩余劳动力》,《管理世界》2011 年第 11 期,第 12 页。

"民工荒"之间的矛盾,与产业结构的升级、劳动力成本上升和农民工权利保障制度不完善等因素有关。① 还有学者认为,农民工有效供给不足而有效需求扩大;劳动者技能低下,新生代农民工观念的转变和产业转型升级落后;劳动力市场转型与缺乏人文关怀等都是农村剩余劳动力和"民工荒"并存的重要原因。②

无论如何,"民工荒"和"刘易斯拐点"的研究成为"机器换人"的重要推动力量,企业招不到工也是事实,而且产业结构升级也是我国工业化和现代化的必然要求。因此,"机器换人"也就在全国大范围开展起来。目前,"机器换人"的研究并不多见,仅有几篇学术论文。有研究者认为,"机器换人"是信息化、自动化技术以及产业转型升级的必然趋势,要构建现代职业教育体系,大专院校应该优化专业设置、深化产教融合、拓展职业教育功能,使"机器换人"与工人职业技能相耦合。③ 还有研究者关注了农业领域的"机器换人"。他们指出其中存在的问题及原因,提出了增强农机技术创新能力、农机化专业人才队伍建设等对策。④ 关注"机器换人"的新闻报道非常多,主要关注的是,"机器换人"的现状以及在"机器换人"的背景下,新生代农民工何去何从。《人民日报》就专门调查和讨论了"机器换人"会不会影响就业⑤及农民工的应对方式。⑥

这也就意味着,不管"民工荒"到底是什么情况,以及"刘易斯拐点"是否真的到来,"机器换人"对新生代农民工就业的冲击成了一个不可回避的现实问题。如果是权利问题导致的"民工荒",那么,"机器换人"将更不利于新生

---

① 龙翠红、洪银兴:《城市发展模式转型过程中的"民工荒"问题研究》,《经济问题探索》2012年第2期,第73页。

② 萧琛、胡翠、石艾:《"民工荒"的原因、应对与劳工市场制度变革前景》,《社会科学战线》2010年第11期,第44页。

③ 刘晓、徐珍珍:《"机器换人"与职业教育发展:挑战与应对》,《教育发展研究》2015年第12期,第13页。

④ 马广、周建忠:《农业领域机器换人存在的问题及对策探讨》,《现代化农业》2014年第11期,第45页。

⑤ 白天亮:《招工难、用工贵,部分企业用机器替换人力——"机器换人"会影响就业吗?》,《人民日报》2014年6月6日。

⑥ 邓圩、张文:《机器换人 农民工向西向东?》,《人民日报》2014年6月22日。

代农民工就业。在"机器换人"的背景下,大面积的非自愿性失业将使他们更没有谈判能力。即使"刘易斯拐点"真的到来了,"机器换人"也将直接影响大量低文化水平的新生代农民工就业,使他们被迫离开现有的工作岗位。如果真的是像研究者所指出的,"民工荒"和农村剩余劳动力是并存的,那么,"机器换人"将导致比较严峻的局面。不管是哪种情况,"机器换人"对新生代农民工的就业都将产生重要影响,而失业作为影响社会稳定的三大主要因素(失业、通货膨胀和贫富差距)之一,意味着"机器换人"如果速度过快过猛,波及面积过大,将对社会稳定产生重大影响。可是,这个问题还没有得到应有的关注。

目前"机器换人"的研究主要集中讨论对产业升级和企业利润的意义,对工人就业的影响关注不多,更没有从社会稳定的角度看待"机器换人",并且缺乏"机器换人"的微观调查与分析。本章试图从具体企业的"机器换人"状况的调查入手,探讨"机器换人"对新生代农民工就业的影响,进而分析对社会稳定存在的潜在威胁。在理论上进一步推进"刘易斯拐点"在中国的适用性,以及对社会稳定的影响的认识,为产业升级背景下的新生代农民工就业找到一条切实可行的路径。

第二节 "民工荒""机器换人"与社会稳定

"机器换人"在各地如火如荼地开展,各行业用工人数正大幅减少,"机器换人"速度与新生代农民工就业能力提升速度不匹配,将会对新生代农民工就业和社会稳定产生不良影响。

一、"民工荒"是权利荒、能力荒和态度荒

正如社会学研究所指出的,权利没有得到保障是"民工荒"的重要原因。第一代农民工因为长期的城乡隔离而生活极度贫困,进城打工后,经济状况明显改善,社会流动上升速度快,因此,他们愿意吃苦耐劳,甚至忍受一些权利不公。可以说,生活改善的积极效应抵消了权利不公和工作艰辛的负面影响。

新生代农民工进城打工的情况却不一样。他们的父辈(第一代农民工)积累了一定的财富,家庭更加富裕,生活水平明显提高,对外界的不公平有不忍受的资本,权利意识增强。当他们的社会流动的上升速度减慢,受到企业不公正对待时,自然会难以忍受——实际上,第一代农民工富裕起来后,他们也不会再接受最初非常差的工作条件与工作待遇。第一代农民工在权利不公和艰苦条件下工作,与其说是吃苦耐劳和忍受力强,不如说是一种无奈。换句话说,第一代农民工忍受各种不公是特殊情境下的产物。农民工没有得到应有的权利保障,劳动没有得到与付出相对等的收入,没有得到与其他劳动者一样应有的尊重,是导致"民工荒"的一个重要因素。

"民工荒"也是能力荒。"民工荒"背后隐藏着技工荒,我国制造业高级技工缺口超过 400 万人。① 因此,真正的用工缺口发生在技术领域,而新生代农民工整体素质堪忧。《2013 年全国农民工监测调查报告》指出,新生代农民工受教育程度为:初中文化程度以下文化程度占 6.1%,初中文化程度占 60.6%,高中文化程度占 20.5%,大专及以上文化程度占 12.8%。② 具有初中及以下文化水平的新生代农民工接受技术培训,提升自己工作技能非常困难,甚至是基本不可能的事。笔者调查发现,初中及以下文化水平的新生代农民工虽然参加了汽车修理培训,但很难学会或根本学不会,更学不精。这从根本上制约着他们职业技能的提升,因为要学会一门技术还需要明白其工作背后的基本原理,已有的初中及以下的文化水平是不可能明白的。要完全脱产再学习,对已经工作的他们恐怕也不现实。因此,企业招不到人且短期内难以缓解,并不是缺普通工人,而是缺技术工人。这就是为什么很多企业会雇用已经退休的熟练工,与此相对照,大量新生代农民工因缺乏技能而失业。

"民工荒"是工作态度荒。工作待遇低,权利无保障,没有因工作而获得同等尊重,直接导致新生代农民工工作意愿降低,特别是有经济条件支撑时更

---

① 《杭州工厂老板:开价七千为何招不到一个技术工?》,《新京报》2016 年 9 月 23 日。
② 《我国新生代农民工三分之一有高中及以上文化》,新华网,2014 年 5 月 12 日,http://news.xinhuanet.com/fortune/2014-05/12/c_1110650719.htm。

是如此。据调查,我国工资占 GDP 比重连续 22 年下滑。[①] 工人在工资、福利方面谈判的能力微弱,谈判权利缺失。因此,新生代农民工短工化,持续换工的现象十分突出。[②] 更换工作的频率很高,只有 1.4 年。[③] 笔者在访谈时有的新生代农民工说:"工资太低就会不愿意干,然后再看看有没有工资更高的工作(WJ201508193)。"也就是说,新生代农民工短工化并不是他们不想工作,而是在不断寻求与"自我价值"相符的工作,这也是导致"民工荒"的重要原因。长期工作权利缺失和工资低下,农民工工作意愿在减弱,工作态度变差。在劳资关系紧张的情况下,新生代农民工没有工作的积极性,发现有更高工资的工作后就会跳槽,很难产生敬业精神,或者宁愿短暂失业在家"啃老"。长期劳资权利关系不对等,使新生代农民工没有合理定位工作待遇的能力;工人没有工资议价权利,使他们对工作预期的收入都比现实水平要高。没有技术的新生代农民工常与其他人群比工资和福利待遇,并且总认为自己的工作没有得到应有的回报,他们试图通过频繁跳槽找到自己理想的工作。如果找不到自己满意的工作,自然会影响工作态度,也失去了追求工匠精神的动力。这从另一方面也说明,单纯指责新生代农民工比第一代农民工劳动态度差、无敬业精神和工匠精神、对企业忠诚度差并不完全合理。目前,在中部地区地级市和县城基本每条街上都有网吧和麻将馆(有的叫茶楼或棋牌室),大量新生代农民工聚集于此,就是一个非常好的例证。

二、"机器换人"的基本情况与特点

"机器换人"是生产自动化、现代化、智能化和产业结构升级的内在要求,也是有效缓解"民工荒"的重要手段。企业也将"机器换人"作为应对劳动力成本上升的有效措施。因此,近三年来"机器换人"在全国各地各行业被推广

---

① 央视《新闻 1+1》:《工资占 GDP 比重连续 22 年下降　工人称不信任工会》,网易新闻,2010 年 5 月 15 日,http://news.163.com/10/0515/00/66MEHTOM0001124J.html。

② 黄斌欢:《双重脱嵌与新生代农民工阶级形成》,《社会学研究》2014 年第 2 期,第 179 页。

③ 王政:《农民工就业现"短工化"趋势　短视阻碍个人发展》,人民网,2012 年 3 月 19 日,http://finance.people.com.cn/GB/70846/17423844.html。

开来,形成所谓的"机器换人"潮。然而,"机器换人"在有效缓解用工荒和降低劳动力成本压力的同时,也将现在工作岗位的新生代农民工挤出了劳动力市场,形成新生代农民工在沿海城市"留不下",回乡就业"回不去"的窘境。大量新生代农民工并没有回到农村,而是滞留在原来打工的沿海城市或家乡中小城市,做短工或靠父母经济支持等待就业,给社会带来不稳定因素。事实上,广东已经因为工厂裁员而出现了大量劳资纠纷,中部地区企业也因为裁员引发当地农民工冲击企业维权的事情。在发达地区,"机器换人"后,工厂产能增加,但用工明显减少,裁员人数逐年增加。宁波一家制衣公司"机器换人"后,工人数量从 800 人减为现在的几十人。① 2016 年,富士康昆山厂区"机器换人"后,工人人数由 11 万人减少至 5 万人,减幅高达 54%。② 2014年,嘉兴为确保 800 家企业实现"机器换人",计划减少用工 8 万人。③ 2015年,嘉兴"机器换人"扩面升级减少用工 9 万人。④ 在中部地区"机器换人"也紧随其后,导致裁员现象也十分明显。美的公司武汉工厂"机器换人"的这几年共裁员 7000 人。⑤

2015 年,笔者利用为中部某地区作"十三五"工业规划的机会,调查了当地所有工业园区的企业,通过与政府相关部门和企业人员的集体座谈及对工人的访谈,获得了大量第一手资料。调研发现,对企业来说,"机器换人"主要是为了降低生产成本,增加企业利润,减少劳资纠纷。上饶某工业园区的李总在接受访谈时说:"我们'机器换人'就是为了减少成本,还有,招工难又不难,(用手指车间里的人)你看,我们这基本是中老年人,或年轻的妇女。如果我们要招人还会有人来。难在不好招年轻人,他们不会来。我们招工难不是因

---

① 邹倜然:《"机器换人"正在浙江兴起》,《工人日报》2013 年 7 月 12 日。

② 吴晓喻:《富士康开启"机器换人" 昆山厂区员工减少 6 万》,腾讯网,2016 年 5 月 26日,http://finance.qq.com/a/20160526/012872.htm。

③ 杨洁:《嘉兴"机器换人"全面提速》,《嘉兴日报》2014 年 3 月 18 日。

④ 杨洁、阮虎祥:《今年"机器换人"扩面升级将释放更大红利》,《嘉兴日报》2015 年 1 月31 日。

⑤ 康鹏:《武汉一工厂减 7000 工人产能反增 机器换人告别用工荒》,长江网,2015 年 11月 11 日,http://hb.ifeng.com/dfzx/detail_2015_11/11/4546786_0.shtml。

为工资低,在这里有2000多(元)一个月,做得好3000多元,有的年轻人还是觉得家里不好玩,喜欢到发达地方去,其实工资和我们差不多,在家打工还可以照顾家,省很多。有的小年轻不喜欢企业的管理,宁愿到社会上玩,自由,他们不想受上班的基本约束。还有,机器加班不会叫(注:抗议),加班时间不管多长都可以,还不会要求这要求那(LI201508052)。"政府也在助推"机器换人"。从浙江、广东许多地方政府下发的文件要求采取各种方式支持"机器换人"可以看出,有些地方政府在有意识地推动这个进程。除了宏观层面上的产业升级要求外,还有解决招工难问题的因素。不过,从中部地区调查来看,"机器换人"成了一种口号,成了一种时尚,成了官员紧跟时代的标志。客观方面,政府支持企业发展是招商引资的必然结果。所以,政府会大力支持企业"机器换人",解决企业用工难,减少劳资纠纷——也是减少自己的麻烦,增加本地的财政收入和GDP。主观方面,"机器换人"成了中央到发达省份广为宣传和推动的一个产业升级措施,是解决用工荒的重要措施。中部地区对"机器换人"也不可小视。2014年以后,在笔者调查的这个市,参加会议的各级领导言必称"机器换人","机器换人"已经成为地方工业会议的关键词之一。一位主管工业的某副县长说:"有些人(注:他指的是比他更高级的官员)在会上讲'机器换人',放开讲稿的时候说就是机械化,这不是和我们以前讲的机械化是一样的吗?好多人根本不知道'机器换人'的真正意思,大家都在说,就这样说,不能落后(笑)(WW2015080161)。"在各种力量的共同推动下,中部地区"机器换人"速度之快,对新生代农民工就业冲击之大,是值得关注的。调研发现,"机器换人"不但从技术密集型、资本密集型企业渗透到了劳动密集型企业,而且从工业蔓延到农业,从发达地区扩散至欠发达地区。

资本密集型企业和技术密集型企业"机器换人"速度迅猛。从事机械制造的东江机电厂年产值1亿元,用工只有60人,在车间只见机器不见人。从事金属加工类的远祥实业年产60万吨铅等金属,用工300人左右,企业管理人员表示"机器换人"后2015年下半年还要裁员。某药业公司年产值4亿元,员工只有200人,正在进行"机器换人",用工人数将在半年后进一步减少。一家半机械化生产的轴承企业年产值 6000 万元,"机器换人"结束后实现全自动化,原有员工 100 人将减至 70 人左右。也就是说,在最适宜采用"机器换人"的资本密集型企业和技术密集型企业,原本员工人数就少,"机器换人"后用工人数将更少。虽然这会减少用工人数缓解用工难问题,但也会将现有工作岗位人员排挤出去。

即使是资本密集型兼劳动密集型企业"机器换人"后用工也大幅减少,万青水泥厂年产值近 8 亿元,工人只有 500 人。某大型纸业公司年产 70 万吨,"机器换人"前工人有 500—600 人,"机器换人"后工人减至 200 人。更值得关注的是,生产自动化后,除维修需要专门技术人员外,很多生产环节机械操作"傻瓜化",对生产线上员工的技术要求反而更低了,劳动强度不大,只是劳动时间更长。因此,企业多雇用工资要求低的中老年农民,新生代农民工面临失业的可能性更大,不但被机器排挤,而且被老年人替代。

劳动密集型企业"机器换人"提速进一步挤压新生代农民工就业空间。劳动密集型企业也在大量使用数控机床,比如,生产鞋的正博实业年产值近 6 亿元,"机器换人"前员工 2000 人,"机器换人"后用工人数减少不多,只减少了 60 人左右,但劳动强度下降了,因此,企业多雇用女工,甚至是老年女工。企业附近 60 多岁身体健康的农村妇女都有机会进企业工作。某生产家居用品的企业,年产值 8000 万元,"机器换人"前 200 名员工,"机器换人"后员工减少 70 人左右,减少幅度还是比较大的。生产纺织品的某纺织公司,年产值 3—4 亿元,"机器换人"后只剩下 150 名员工。从事农产品加工的西龙食品公司,年产值 1 亿元,"机器换人"后员工大概 300 人,并且农产品加工企业做到一定规模后会趋于稳定,解决用工岗位也十分有限。因此,劳动密集型的鞋帽企业和农产品加工企业,不但用工人数比资本密集型和技术密集型企业下降更明显,容纳就业人数也呈逐渐下降之势,而且也在排挤现有工作岗位的新生代农民工。

随着环保压力增大,近年来中部地区招商引资不再是"挑到篮里就是菜",而是有选择性地引进企业,特别注重引进高科技企业。不过,高科技企业对地方财税收入有贡献,对解决当地就业无帮助。如生产 LED 灯的惠明科技公司,只招大学生,还有技术熟练的退休工。网络公司只招大学生,对低文化水平的新生代农民工基本无需求。

在农业方面,农业机械化也在如火如荼地进行中,"机械换人"在压缩用工人数,马克思所说的"机器排挤工人"的现象正在出现。收割机、插秧机和粮食烘干机正在推广,现在水稻收割基本不用人工,而且粮食作物的耕作培养主要靠季节性用工,对新生代农民工就业帮助不大。只剩下资本密集型和劳动密集型的农业,如经济作物和特种养殖,所需人工较多,可以解决部分就业。

可以说,工业方面既有"机器换人",又有工业机械化以及农业方面的机械化,双重挤占工人岗位,新生代农民工就业存在巨大压力。

三、"机器换人"对新生代农民工就业与社会稳定的影响

从目前情况来看,"机器换人"使新生代农民工就业不但被机器挤兑,并且机械化后操作也"傻瓜化",很多岗位也将被老年农民、退休人员挤占,新生代农民工就业空间缩小。沿海发达地区"机器换人"使新生代农民工"留不下",中部地区的"机器换人"使新生代农民工"回不来"。企业解雇新生代农民工产生的大量劳资纠纷也引起了社会关注。大量无业失业的新生代农民工滞留在打工城市和家乡的市县城市,对社会稳定产生了不容忽视的影响。每年春节期间中部地区的偷盗现象基本成常态,一出现社会治安案件,围观人数猛增,可能会使当地社会矛盾激化或转化。

"机器换人"对新生代农民工就业的挤兑效应。首先是阻止了潜在有就业意愿的新生代农民工,虽然他们频繁跳槽,短工化,但终究是希望就业并找到一份理想的工作。"机器换人"基本从源头上阻止了他们工作的机会,切断了他们的工作愿望。"机器换人"在解决用工荒问题的同时,也排挤了在岗的新生代农民工。笔者调查发现,大多数新生代农民工创业并不是那么理想,既有经济上的原因,也有自己商业能力的原因。低文化水平的新生代农民工创业主要集中于农业种植和养殖业。服务业可以解决大量人口就业,不过,服务业发展也依赖制造业和农业的发展,没有第一产业和第二产业的支撑,服务业解决新生代农民工就业的效果有限。

"机器换人"对社会稳定产生威胁。新生代农民工在城市中因工作不稳定,犯罪呈上升趋势已经引起广泛关注。比如,北京 2010 年 1—10 月比 2009 年同期,新生代农民工的刑事案件增加了 60.7%。① 也有研究者调查发现,2006—2010 年新生代农民工发案率比前五年上升了 21.7%。② 事实上,近年来已经出现了新生代农民工为加班而游行示威的事件。2011 年佛山工人为了多挣钱而集体罢工。③ 2014 年,重庆富士康工人因为加班时间减少,收入降低而出现了 1000 多工人罢工的事件。④ 如果"机器换人"使新生代农民工失业,导致的社会问题会更严重。笔者调查发现,中部地区有些工业园区的企业因"机器换人"裁员,也导致当地返乡的新生代农民工冲击工厂的行为,有的还暗中破坏企业生产。中部地区近几年春节期间小偷横行已经是见怪不怪的现象。政府高层也注意到了这个问题。人力资源和社会保障部部长尹蔚民指出,新生代农民工比重大幅增加,文化水平和技能素质总体不高,但对就业岗位有更高的要求,对融入城市有更强的诉求,一旦经济下滑出现大规模失业,他们就很难回到农村。⑤ 事实上,新生代农民工失业后,并不会回农村去种地,而是逗留在市县城市或乡镇——新生代农民工、辍学和高中毕业后没工作的农村青少年基本待在这些地方,常常成为犯罪重要人群之一。我国与西方发达国家不同,他们社会保障制度健全,国家富裕且保障水平高,失业保险和职业培训实施效果好,年轻人失业基本能体面地生活。而我国社会保障制度不健全,失业保险覆盖面窄,职业培训制度有待完善,新生代农民工一旦长期失业,极易产生越轨行为和反社会行为而影响社会稳定。

---

① 郑凤田:《新生代农民工犯罪率高城市亦应检讨》,《东方早报》2010 年 1 月 20 日。

② 许圣义、许昌浩:《调查称农民工犯罪率 5 年升 2 成 近 7 成因一时冲动》,《检察日报》2011 年 1 月 26 日。

③ 《财经》综合报道:《佛山一工厂工人为能加班集体罢工 称想多挣钱》,财经网,2011 年 12 月 20 日,http://finance.sina.com.cn/china/dfjj/20111220/125011024802.shtml。

④ 马燕:《富士康重庆厂区工人罢工:因"加班时间减少了"》,《京华时报》2014 年 10 月 13 日。

⑤ 王晓易:《一旦经济下滑大规模失业 新生代农民工很难回农村》,中国经济网,2016 年 8 月 1 日,http://money.163.com/16/0801/10/BTCJ4QL700253B0H.html。

第三节　有序推进"机器换人"，多途径 解决新生代农民工就业

失业是影响社会稳定的三大因素（失业、通货膨胀和贫富差距）之一，"机器换人"速度过快、面积过大与新生代农民工素质产生了错位，形成了巨大落差，导致大量初中文化水平的新生代农民工失业。他们在哪儿都扎不下根，处于城乡之间的悬浮状态，最终将影响社会稳定。必须从社会稳定的高度看待"机器换人"，坚持有所为、有所不为的原则，掌控"机器换人"的边界。

第一，有序分步推进"机器换人"。"机器换人"不能仅仅以解决用工荒和避免劳资纠纷为目的，更不能当做一种时尚。一定要考虑劳动力素质状况，以及对就业的冲击和社会稳定的影响。"机器换人"也要与提高产品品质为前提，否则仍然达不到产业结构升级的目的。

资本密集型与技术密集型企业用工人数少，技术要求高，可以率先实行"机器换人"，这对现有劳动力冲击不大，对我国产业结构升级也可以起引领作用和示范作用。高危行业与工种，有毒有害生产车间可以优先实行"机器换人"，既有利于保障工人人身安全，也符合产业升级的内在要求。

劳动密集型企业，资本密集型兼劳动密集型企业，以及农产品加工企业可以适度放缓"机器换人"的速度。这三类企业应该着力提高产品质量，打造品牌，以适应人们因生活水平提高而对产品品质提高的需要。单纯的"机器换人"替代现有劳动力，产品难有竞争力。否则，随着新技术的发展，现有的机器投入效益也将减少，甚至是负效益。这将违背"机器换人"与产业结构升级的初衷。

第二，拓宽新生代农民工就业渠道。第三产业的发展最终还需依赖制造业和农业的发展，如果没有发达的制造业和农业，只发展服务业对增加就业人数效果有限。另外，以初中文化水平为主体的新生代农民工创业也存在困难。因此，拓宽新生代农民工就业，一是仍然要立足于农业和工业。现有劳动密集型工业企业可以放缓"机器换人"的速度，重点要提升产品质量，注重产品的

研发和品牌的打造,从而提高企业利润,增强企业的竞争力。要改变长期以来劳动密集型企业低福利、低工资和低人权的状况,必须提高工人工资,保障劳动者权益,让他们获得应有的尊重,刺激新生代农民工提高职业技能的需求。这也是培养敬业精神,培育工匠精神的基础,对企业长远发展,对我国加工制造业产品升级换代才有真正的帮助,也是"机器换人"的真正内涵。二是要大力支持资本密集型兼劳动密集型农业。农业经济作物、特种养殖所需要的人力较多,利润空间大,在提高产品品质的基础上,能解决大量新生代农民工就业。现代农业是以后解决劳动力就业的重要领域,国家应该大力支持。三是要制定科学合理的政策,合理引导离退休人员再就业,防止挤占新生代农民工就业。"机器换人"后,劳动强度下降,但要限制企业延长劳动者工作时间,保障劳动者休息权,也可以增加就业岗位促进就业。

第三,多管齐下提升新生代农民工职业技能。大量新生代农民工只有初中文化水平,为了适应"机器换人",职业培训必须多管齐下。一是要尽快普及高中教育与职业教育。这有利于他们素质的提高,会形成迁移性才能。只有具备了基本的文化素质和职业素质,学习其他技能才可成为现实,才能适应社会发展和技术进步的要求。二是市场化培训。从目前来看,市场化培训是新生代农民工接受技术培训非常有效的方式。政府可以对有一定声誉的技校给予免税等优惠。同时,对新生代农民工职业培训坚持事后补助原则。针对目前农民工职业培训存在套取资金的现象,或参加职业培训的农民工时间不固定难统计,培训机构难得到政府资金的现象,可以实施让培训机构收取新生代农民工培训费,新生代农民工在拿到职业证书后,个人直接领取政府培训补助的办法。三是推广职业的师徒制。从实践来看,很多企业着重内部培养技术人才,同行间在工作中指导,对新生代农民工培训具有十分明显的效果。企业中老员工带新员工的"以老带新",分厂员工到总厂进行职业培训,农业中同乡间的技术传授,国家技术、科研部门接受工人或农民的技术咨询,都可以显著提高新生代农民工的职业技能,适应"机器换人"的大趋势。

第四,非常重要的是,保障新生代农民工的各项权利是实现其技术转型的前提。初中文化水平的新生代农民工没有基础学习高级技术,高中水平的新生代农民工在短期内难以实现技术转型和技术水平提升,见效最快的莫过于确保其工作中的权利,以及让他们获得合理的工作报酬。因此,必须提高新生代农民工的工作待遇,只要合理合法,不管从事什么工作,他们都有权利得到社会平等的尊重。

第四节　讨　论

学界对"刘易斯拐点"是否到来存在争论,如果仅仅从经济数据分析,或简单地从招工现象来看,中国的劳动力似乎短缺。但是,社会学的研究更有启发性。基本富裕的农民工对工作有选择权,那么他们宁愿闲暇也不会去工作,也会表现出劳动力短缺,即"民工荒"与农村剩余劳动力并存。这也意味着"刘易斯拐点"在西方有其适用条件,我国特殊的国情并不能简单套用这个理论进行分析。从我们的调查来看,中国"民工荒"和农村剩余劳动力并存的观点有合理之处,也符合现实情况。更值得注意的是,各领域大规模的"机器换人"后,由解决"民工荒"的问题变成了现有工作岗位的新生代农民工被挤兑出去的问题,从而对就业产生冲击和对社会稳定产生影响。在2016年9月,《中国劳动保障发展报告(2016)》指出,2016年就业承压,就业格局进一步分化,创业带动就业成为重要的就业增长动力,同时隐性失业问题也更加突出。因此,如何掌控"机器换人"的速度及其边界是值得探讨的,也凸显了本章的研究意义。

我们认为,"机器换人"已经渗透到了各行业、各领域,由资本密集型和技术密集型企业扩展到了劳动密集型企业,由工业延伸到了农业。然而,目前"机器换人"只停留在对"民工荒"的替代、利润的增加、劳资纠纷减少的目的上。对政府而言,则上升到了不"机器换人"就说明当地官员思想保守,不响应中央产业升级精神的高度。所以,"机器换人"的速度远超过现有劳动力素质提高的步伐,对新生代农民工就业产生了强大冲击。新生代农民工在短期内也难以通过职业培训适应"机器换人"的要求。这会对社会稳定产生重要影响。为了调适"民工荒"和农村剩余劳动力并存的状况,将"机器换人"的速度与新生代农民工能力提升相匹配,可以在资本密集型和技术密集型企业、高危工种和高危行业率先"机器换人",劳动密集型企业可适度放缓"机器换人"速度,要通过提高产品质量来提高企业利润。同时,为了适应产业结构转型升级,要多渠道提高新生代农民工的职业培训渠道,提高他们的文化水平和职业素养。

第十四章　返乡置业与中部地区城市化道路

通过对中部地区新生代农民工返乡置业的调查,在综合分析他们的主体选择和乡土观念等文化因素基础上,本章认为,中部地区应该发展地市级的中等城市和县城小城市为主的道路,即走中小城市为主的城市化道路,在坚持新型城镇化原则基础上,实现城市均衡发展。为此,中部地区的中小城市要进一步承接东部等发达地区的产业转移,实现以产业结构优化来支撑城市化;加强城市社区管理,提升社会服务。中部地区走以中小城市为主的城市化道路的结论与中央"三个一亿人"的思路相辅相成。

2014 年,中央公布国家新型城镇化规划,"三个一亿人"的提法值得关注。中央希望通过户籍改革,使 1 亿左右有意愿的农业转移人口在城镇落户,通过棚户区和城中村改造实现 1 亿左右的人改善居住条件,加快中西部地区发展及城镇化进程实现 1 亿人就近城镇化。① 这意味着我国城市化进程将提速,对农民工融入城市将起到十分重要的促进作用。因为我国中部地区城市化只有 48.5%,与东部地区的 62.6% 相差比较大,与一般世界水平的大约 60% 或 70% 的城市化率相差也不少。② 因此,这对输出农民工最多的中部地区的城市化是重要机遇也是巨大挑战。当然,由于我国幅员辽阔,城市化道路应该坚持多元化原则。如果东部地区和其他沿海发达地区可以走"小城镇转市"的

---

① 中共中央国务院印发:《国家新型城镇化规划(2014—2020 年)》,新华网,2014 年 3 月 17 日,http://news.xinhuanet.com/city/2014-03/17/c_126276532.htm。

② 胡怀邦:《助力实现"三个 1 亿人"目标》,求是理论网,2014 年 2 月 16 日,http://www.qstheory.cn/zxdk/2014/201404/201402/t20140213_320446.htm。

道路的话,中西部地区则更适合走中小城市之路。本章遵循人们常用说法,小城镇指乡镇集镇,不包括县城所在地的城关镇,事实上,县城所在城关镇已经改为街道办事处。中小城市则指地级市和县城,按我国大中小城市划分标准,它们也许还不符合,但发展方向是逐渐符合目前国家制定的城市划分标准。本书通过对中部地区新生代农民工返乡置业的调查,揭示我国中部地区城市化道路的机制,目的是指出发展中小城市是中部地区城市化道路的现实选择,进而提出实现中小城市化道路的制度保证或对策建议。正如有学者所言,如果没有建立新城市化的制度和理顺其机制,只单纯地争论城市化道路是没有意义的。① 可见,研究我国城市化道路和探讨城市化机制仍然具有十分重要的意义,对我国今后城市化道路的选择非常必要。我国幅员辽阔,东中西部地区产业结构、社会文化等都差异较大,城市化道路应当多元化。在对新生代农民工返乡置业的调查研究基础上,本书运用新生代农民工主体性视角和社会文化视角,就中部地区城市化道路进行了探讨,回答了中部地区城市化道路选择问题。本书结论是,由于中部地区产业结构有待提升,难以支撑大城市发展,小城镇也缺乏劳动密集型企业,不适合发展太多的大城市和小城镇。中部地区应该走中小城市道路,即发展地级市和县城,特别是以县城为主的中小城市发展之路。有必要指出的是,本书根据中部地区人们习惯叫法,小城镇一般指乡镇的集镇,小城市则指县城——县政府所在的城关镇,不过大多县城已经将城关镇改为街道办事处,中等城市则指地级市。

第一节　我国城市化道路的争论

学界一直以来存在我国城市化应该走发展大城市,还是小城镇,或是中等城市,以及大中小城市均衡发展的道路争论,最近,又出现了新型城镇化的提法。各种主张有理有据,但各自又被对方指出存在诸多缺陷。

---

① 赵新平、周一星:《改革以来中国城市化道路及城市化理论研究述评》,《中国社会科学》2002 年第 2 期,第 132 页。

一、大城市论

学者认为,大城市可以发挥经济和人才的聚集优势和对周边地区辐射功能,有利于节约资源,相对于小城镇的缺陷较小,中国应该选择大城市为主体的城市化模式。可以继续发展现在的大城市,将经济效益较好的中小城市扩大为大城市,新建一些大城市等方式发展大城市。[①] 为了回应社会人士和学界对大城市的质疑,也有学者一直在为发展大城市辩护,并指出即使在现代化程度很高的美国、加拿大等国,他们的城市化率达到 80%,人们还是不断地挤往大城市,而亚洲的印度情况基本相同,大城市还在不断增大。[②]

二、中等城市论

在城市化模式的争论中,也有学者对发展中等城市情有独钟。学者认为,从发达国家城市结构变化看,中等城市是发展规律;从规模上看,中等城市也比较合适;从优势上看,中等城市可以避免大城市和小城市的缺陷。[③] 也有学者在指出了小城镇的弊端以后,认为随着我国经济增长方式由粗放型转变为集约型,城乡二元结构的打破,发展中等城市是适合我国国民经济战略转型的要求,对城乡共同进步具有十分重要的意义。[④]

三、均衡发展论

有学者认为,我国农村改革面临的问题实质上都和城市化密切相关,应该借鉴世界城市规律,走发展大中城市为主,大中小城市协调发展的道路。进一步挖掘大城市的发展潜力,建设中等城市,有选择性且适度地发展小城市。这

[①] 李迎生:《关于现阶段我国城市化模式的探讨》,《社会学研究》1988 年第 2 期,第 36 页。
[②] 陆铭:《中国大城市的生与死》,《东方早报》2014 年 12 月 9 日。
[③] 李金来:《我国城市化应走优先发展中等城市的道路》,《城市问题》1990 年第 2 期,第 30 页。
[④] 黄兴国:《发展中等城市是我国农村城市化的重点》,《理论前沿》1997 年第 16 期,第 8 页。

是比较符合我国国情的。[1] 也有学者认为,在促进大中小城市合理布局的基础上,走发展都市圈模式的城市化道路。[2]

四、小城镇论

目前,发展小城镇以温铁军为代表。他认为新生代农民工应该回到小城镇。金融危机后研究农民工返乡创业的学者实质是暗合农民工留在小城镇,应该发展小城镇的主张。不过,温铁军关于小城镇的概念和内涵却在不断发生变化。最早提出发展小城镇主张的是费孝通,他指的小城镇是指乡镇。1983 年"江苏省小城镇研究研讨会"上,他在《小城镇 大问题》一文中有一句话非常明确地表达了这个观点:"今年的春末夏初,我在江苏省吴江县住了一个月,对该县十来个小城镇的历史与现状作了初步探索。此后打算写一篇关于小城镇的类别、层次、兴衰、布局和发展的文章。"[3]他认为小城镇化是中国农村城市化道路。后来在《小城镇·再探索》中他又提出了经济发展模式的概念,一定地区在一定历史条件下会形成具有自身特色的经济发展模式。[4]在这篇文章中,他再次明确提出小城镇的定位。他主张小城镇应该归为农村的中心,他倡导的小城镇建设就意味着强调农村城镇化。他提出的"苏南模式"基本也是遵循此思路。当时,费孝通提这个观点其实有个重要的政策前提,就是中央政策规定农民"离土不离乡"。因此,这个思路在当时是正确的,也是符合实际情况的。后来,温铁军一直坚持此观点,不过他虽然用小城镇概念,但内涵在不断发生变化,开始他和费孝通一样指的是农村集镇,温铁军在最早由他执笔的文章中提出"县以下城镇建设用地制度应与大中城市在目标

---

[1] 廖丹清:《中国城市化道路与农村改革和发展》,《中国社会科学》1995 年第 1 期,第 53 页。

[2] 《专家普遍认为中国应选择适合国情的城市化发展道路》,新华网,2008 年 3 月 22 日,http://news.xinhuanet.com/newscenter/2008-03/22/content_7839061.htm。

[3] 费孝通:《小城镇 大问题》,1983 年,http://www.71.cn/2013/0328/708152_2.shtml。

[4] 费孝通:《行行重行行》,宁夏人民出版社 1992 年版,第 539 页;转引自宋林飞:《费孝通小城镇研究的方法与理论》,《南京大学学报(哲学·人文科学·社会科学)》2000 年第 5 期,第 13—16 页。

和方法上相区别"的政策建议来发展小城镇。① 后来,他在相关文章中的小城镇概念发展为中心镇和城关镇,而事实上,城关镇是县城的所在地,那么发展小城镇就应该指县城了。前后观点有待修正或明确化。

五、新型城镇化

最近,中央提出了我国发展新型城镇化道路。在继承上述城市化道路争论的基础上,学者认为,从城市布局、形态和治理,以及城乡统筹来看,我国应该走区域协调、城乡统筹和城市良治,强调以人为本的新型城市化道路。② 还有学者认为,在现有城市发展基础上,中部地区要通过提高城市竞争力,发展大城市带动中小城市,中小城市带动城镇和农村,实现中部地区新型城市化道路。③ 另有学者通过研究美国芝加哥城市郊区化的发展路径,认为多中心格局的大都市区化的新型城市化,在美国甚至世界城市化发展史上都具有非常典型的意义。④ 也有学者指出,通过创造城市发展机会、内部系统协调、外部系统拓展、政府与市场相结合、完善公共政策和规范管理等措施实现中国新型城市化的包容性发展之路。⑤ 还有某些研究者通过个案调查,认为中国新型城市化应该以基层治理民主化为基础,以"持地"城市化、"就地"城市化、"主动"城市化和"田园"城市化为特征。⑥

六、文献述评

我国以城市规模划分城市化模式的城市化道路争论一直存在,但行政性

---

① 温铁军:《中国农村的小城镇建设》,香港中文大学中国研究服务中心网,1997 年,ht-tp://www.usc.cuhk.edu.hk/PaperCollection/Details.aspx? id=459。

② 王鹤、尹来盛、冯邦彦:《从传统城市化到新型城市化——我国城市化道路的未来选择》,《经济体制改革》2013 年第 1 期,第 17 页。

③ 杨重光:《新型城市化是必由之路》,《理论参考》2010 年第 2 期,第 38 页。

④ 王旭:《芝加哥:从传统城市化典型到新型城市化典型》,《史学集刊》2009 年第 6 期,第 84 页。

⑤ 张明斗、王雅莉:《中国新型城市化道路的包容性发展研究》,《城市发展研究》2012 年第 10 期,第 6 页。

⑥ 郭晓鸣、廖祖君:《中国城郊农村新型城市化模式探析——来自成都市温江区的个案》,《中国农村经济》2012 年第 6 期,第 40 页。

限制一定程度上阻碍了城市化进程,与世界人口集中规律不符,乡村工业发展没有实现乡村城市化。① 中国城市化人口迁移落后于经济发展,空间又滞后于人口,社会发展落后于空间发展,人文发展落后于社会发展,环境发展落后于文化发展。因此,中央才提出新型城镇化道路。即城市化目标是宜居,实现以人为本的新型城镇化,②实现路径包括社会、环境、经济、时空和文化等向度。③ 正如前文所言,发展大城市、中等城市和小城镇等都有不同方面的缺陷,陷入相互批评之中。另外,针对某些经济学家提出城市发展要符合市场规律的论断,有人指出了市场决定论的不足,认为城市发展在尊重市场规律基础上,也要注重其他方面的因素。④ 其实,我国东中西部差异很大,自然禀赋、人文环境、产业结构和经济发展程度等都不一样,城市化道路不能只有一个模式,各地应该根据自身地方特点走不同的城市化道路。

从理想形态看,大城市能发挥资源聚集优势,人才优势,我国很多人向往大城市,都挤往北上广,发展大城市似乎是较好选择。但是,一个不容忽视的问题是,国家政策一直在限制或控制大城市的发展,就是在 1989 年《中华人民共和国城市规划法》中都有"严格控制大城市,合理发展中等城市和小城市"的表述。某些政策上的障碍至今存在,社会上发展大城市的反对声音也非常多。从现实上看,大城市也确实难以满足所有技术水平低、收入低的人群在大城市生活工作的意愿。就中部地区而言,大城市数量较少,有的还缺乏发展大城市的经济社会基础。

从均衡论和新城镇化模式看,二者的主张应该是放之四海而皆准的,因为城市发展肯定是不能失衡的,也必须要与生态环境保持平衡。但不管是均衡论还是新型城镇化,都存在一个城市规模问题。比如,大、中、小城市均衡发展,其中也有重点,到底发展哪种城市为重点是不容易回避的问题。新型城镇

---

① 王颖:《城市发展研究的回顾与前瞻》,《社会学研究》2000 年第 1 期,第 69 页。

② 杜宾宾、白雪:《论纠正城市化偏态发展的新型城市化变革》,《经济体制改革》2014 年第 2 期,第 5 页。

③ 王晓玲:《新型城市化:研究述评、内涵及路径》,《学习与实践》2014 年第 7 期,第 46 页。

④ 谢雅楠:《促进城镇化与经济结构同转型》,《中国经济时报》2014 年 12 月 29 日。

化主张确实体现了很大的进步,但终究还是要回答以大城市、中等城市还是以小城镇哪个为重点的问题。总之,城市均衡论和新型城镇化都回避了城市规模问题。大都市圈或城市带的主张实际上都回避了以哪种城市或哪几种城市为重点的问题,显然,这个问题有待深入探讨。

发展中等城市的主张得到比较多的人认同,但现在我国中等城市不是很多,仅以中等城市为重点难以支撑65%以上的城市化率。如果再考虑区域特征,中西部地区中等城市更少,经济发展水平更低,发展中等城市很难提升城市化水平和提高城市化质量。

那么,发展小城镇的主张又怎么样呢?小城镇实质是城乡二元体制下农村自我提升的城市化路径,小城镇道路面临困难非常多。经过多年的发展,"苏南模式"和乡镇企业发展问题慢慢显露,应该说证明了发展小城镇不可行。温铁军最早提出发展小城镇的时候和费孝通的意思是一致的,即他指的是农村集镇。不过,后来温铁军的观点有所变化。温铁军认为,由于小城镇经过近20年的发展,只有数量的扩张但人口规模严重不足。因此,他认为,发展小城镇要限制一般乡镇,应该发展县级城关镇和中心镇。[①] 再后来,他将发展中心镇和城关镇的观点进一步深化。他认为,要在县市以下增加农村投入,以优惠政策吸引农村人口向城关镇在内的中心镇集中,降低农村城镇化的成本,这也有利于解决"三农"问题。[②] 他还认为,城镇化不等于城市化,城镇化就是将县级以下的城镇化,这也是一个去城市化的过程。他甚至还提出了非常明确的指标,认为中国城镇化重点立足于县域范围的中心镇和城关镇等建制镇,就是人口30万以下的小城镇。[③] 不过这种划分是存在问题的,因为我国官方对城市类型的划分为,20万人口以下为小城市(镇),20—50万人口为中等城市,50万人口以上为大城市。[④] 显然,温铁军发展小城镇观点,包括城镇化与

---

① 温铁军:《中国的城镇化道路与相关制度问题》,《开放导报》2000年第5期,第23页。
② 温铁军、温厉:《中国的"城镇化"与发展中国家城市化的教训》,《中国软科学》2007年第7期,第28页。
③ 温铁军:《推进新型城镇化重点要发展县域经济》,中国经济导报网,2013年12月12日,http://www.ceh.com.cn/llpd/2013/12/281265.shtml。
④ 郑杭生主编:《社会学概论新修》,中国人民大学出版社2014年版,第342页。

城市化的区别的论断有待商榷,30 万人口的小城镇是当时国家城市划分的中等城市了。更为重要的是,在 2014 年,国务院在《关于调整城市规模划分标准的通知》中对城市划分又进行了调整,将城市类型分为超大城市、特大城市、大城市、中等城市和小城市。小城市人口上限由 20 万提高到 50 万,中等城市是 50—100 万,大城市是 100—500 万,特大城市是 500 万人口以上。这种划分在大城市有利于人口分类管理,小城市有利于规划建设。① 显然,温铁军所指的标准并不适用于这个标准,因为他的观点在国务院城市规模划分标准前就提出来了。更为重要的是,发展小城镇是在我国限制农民流动基础上提出来的,但为 20 世纪 90 年代后农民工"离土又离乡"的现实所否定。从温铁军文章的观点和相关论述中,我们可以看出,他小城镇观点的实质内涵是继承费孝通的观点,小城镇是指乡镇的集镇,后来观点变为县城(城关镇)。概念的模糊与不确定导致发展小城镇的观点存疑。如果还是指原来的小城镇,他的观点又被事实所否定,如果是指中心镇,人口在 30 万以下,那不符合国家城市的划分,成了小城市甚至是中等城市,那又不是发展小城镇了。实际上费孝通自己也清楚地认识到,当时要发展小城镇的原因。即这种方式既有当时大中城市发展的不充分,无法吸纳农村人口进城的无奈,又是城市化分阶段推进,人口逐级进城的必然。② 实际上现在也有不少学者在反思小城镇问题,认为小城镇的提出是基于中国工农业互赖的历史传统,可以实现工农互惠,以工补农。但是,到了 20 世纪 90 年代后,特别是邓小平南方谈话后中国整个经济的发展趋势已经完全不同于费孝通的设想,并且,小城镇问题凸显,比如,集约化程度低、效益低、能耗高和吸纳人口有限,它只能是中国城市化进程中的过渡阶段,要重新思考费孝通的小城镇观点。③ 其实,费孝通小城镇理论是建基于"离土不离乡"、户籍制度和社会保障等权益不能接转的现实,在当时确实有

---

① 国务院印发:《关于调整城市规模划分标准的通知》,新华网,2014 年 11 月 20 日,http://news.xinhuanet.com/2014-11/20/c_1113330964.htm。

② 李培林、沈关宝等:《小城镇关系大问题》,《光明日报》2013 年 12 月 8 日。

③ 王小章:《费孝通小城镇研究之"辩证"——兼谈当下中心镇建设要注意的几个问题》,《探索与争鸣》2012 年第 9 期,第 44—48 页。

积极意义,反映了当时的社会现实,并且他指出了"如果我们的国家只有大城市、中等城市而没有小城镇,农村里的政治中心、经济中心、文化中心就没有腿"。费孝通的小城镇理论仍然对我国的城市化道路有十分重要的启示意义。因此,笔者认为,并不是说小城镇不重要了,而是随着时代的发展,国家政策的改变,户籍制度障碍消除,社会保障权能异地对接,人口的自由流动的实现,城市扩张和郊区化,高铁时代的到来,以及小城镇发展存在的问题等,我国城市化道路应该有新的思路。而且更多地要考虑农民和农民工的主体选择——不完全由政治、经济因素决定,还有社会文化因素等。

总之,目前城市化道路的讨论,注重了国家政策、经济发展方面的分析,但缺少人们主体选择的分析,还缺少从社会文化角度进行分析。同时,我国幅员辽阔,地区差异非常大,我国城市化道路的争论没有考虑地区差异。显然,除非受到无法克服的强制,人们选择居住地会考虑自己的经济状况、当地社会的接纳程度、自身文化适应和社会适应的因素。特别是中国特有的家乡观念和故乡情结是选择居住地的重要因素。如果缺乏人们主体选择和社会文化分析,对我国城市化道路的讨论就不可能符合实际,形成所谓的"学者讨论热烈,农民岿然不动"的局面,理论的探讨会脱离实际。因此,本章在考虑学者探讨的因素外,将新生代农民工的主体选择性和社会文化因素纳入城市化道路的分析,还将地区差别考虑进来,试图将学者的理论探讨与新生代农民工选择结合起来分析,以找到适合中部地区的城市化道路。

第二节　新生代农民工返乡置业与
中部地区城市化道路

现在,政府政策基本限制人们流动,因此,人们的自由迁徙的方向决定着城市化的方向和道路选择。笔者在中部地区很多县调查发现,中部地区的大多数新生代农民工返乡置业主要选择县城,少部分选择地级城市。这是他们理性选择的结果,既考虑到自己的收入和家庭状况,又考虑了自己的现实利益,还考虑到了自己的故乡情结与城市居住愿望。因此,返乡置业是新生代农民工综合权衡最后作出的理性选择。从农民工主体性视角和文化角度,有力地支持和支撑了中部地区发展中小城市的城市化道路。

一、现实考量:融入不了大城市或打工沿海城市

新生代农民工难以实现工作与居住的融合,一是他们绝大多数人文化素质偏低,技能缺乏;二是发达地区的城市没有给他们提供廉租房等社会福利和社会保障。新生代农民工选择返乡置业是理性选择的结果。从自身角度看,在大城市或沿海城市的收入处于下层水平,不足以支撑在那些地方的体面生活。即使为他们提供了相应的社会福利和社会保障,他们也不会有当地人的感觉,因为在中国文化中,如果一个人在某个地方没有自己的住房,就不会有认同感,这和西方文化不一样。从家庭状况来看,费孝通提出的中国家庭反馈模式,西方家庭接力模式至今还是有解释力的,中国个人的决策常常要考虑家庭的影响。因此,新生代农民工选择在哪里购房定居一定会考虑整个家庭的现实情况。比如,整个家庭的迁移后的生活水平,对上一代的赡养和对下一代的抚育,等等。笔者在中部地区调查时,接受访谈的新生代农民工说,在发达地区打工个人收入也许不低,甚至还可以按揭一套小商品房,但如果要实现自己核心家庭的迁移,那就困难了。更为重要的是,在法律都规定子女有探视父母义务的背景下,他们还要考虑扩展家庭的因素,最后他们大多会选择返乡置业。当然,尽孝的义务观也会使他们考虑这些问题。所以,新生代农民工在家乡县城或离村庄更近的地级市购房居住,既满足了在城市抚育后代,又照顾到了在农村的父母及祖辈,还实现了自己城市居住的愿望。从文化角度看,"宁做鸡头,不做凤尾"的传统文化,也会使他们选择返乡置业,即在家乡的中小城市定居。荣归故里和衣锦还乡的荣耀仍然残留在很多农村人心中,新生代农民工父母也会为之骄傲。只要中国人见面打招呼语"你是哪里人?"没有消失,人们在家乡居住——不管在农村还是城市的现象就会一直存在下去,即所谓的"落叶归根"。

现在学界和社会舆论认为,发达地区的城市应该为新生代农民工提供各种公共服务,包括医疗卫生、社会保障、住房、就业和教育等。虽然从理论上看

是对的,他们享受平等的公民权是毋庸置疑的。但这些观点仍然有理想色彩。因为没有考虑到新生代农民工的主体性、家庭和文化等因素的影响。特别是有人反对一些城市采取的积分制,认为积分制不公平,似乎人们自由的流动到哪里,哪里就应该立即提供所有的公共服务。其实,这对长期以来为当地作出纳税贡献的公民不公平。所以,不能不问条件、不问是非一味地站在同情的立场,更不能将新生代农民工主体性选择排除在外。有学者研究显示,大多数农民工愿意留在大城市,以此为依据,他们认为要发展大城市。其实要注意到意愿与现实的区别,城市化道路的决策应该建立在现实基础之上而不是愿望基础之上。公民的迁徙自由应该得到保障,但并不是一个人迁徙到哪里,哪里就应该立即满足其各种权利。权利一定是建立在义务基础之上的,如纳税义务等。在这方面,新生代农民工反倒能将愿望与现实区分开来,愿望也许是留在大城市,但从现实考虑会选择返乡置业。笔者调查显示,他们基本上做好了通过二代以上人努力然后居住大城市的准备,因为他们将小孩放在城市里上学,尽量让小孩有更好的学习环境,提供更好的学习条件,希望小孩能有美好的未来。所以,城市化道路一定要考虑新生代农民工的现实选择、主体性选择,而不是想当然从应然出发,要从实然出发。

二、弱乡土文化:回不了的农村与小城镇

新生代农民工少有农村生活经历,社会化过程中缺少乡土文化的传承一环,长时间的城市生活形成了现代化的生活方式,乡土文化对他们的影响比较弱。显然,他们无法再回到农村生活,对城市认同感更强。农村教育、医疗卫生、交通文化娱乐和物流都缺乏,使他们会逃离农村。与新生代农民工体验到的农村艰苦生活不同,有些城市人则提出要保留乡愁。为挽救农村衰败,有人甚至主张不要农村小孩高考而保留传统文化。笔者在中部地区调查发现,有些农村古迹确实有保存价值,但是,保存成本要农民来支付既不现实也不公平。与城市人美好想象并不一样,对农民来说,那样的房子不如楼房干净卫生和舒适,他们宁愿拆掉建楼房,因此,他们会主动拆掉所谓的古迹建楼房。保存农村传统文化我们需要更开阔的思路,古村落的保护要政府或社会组织支

持。通过强行措施将农民留在农村带来的只能是破坏。笔者调查发现,有一个值得注意的问题,农民离开农村虽有消极影响,但农村生态环境却得到保护或恢复。因为少有人居住,农村山上的树木没有被砍伐,梯田没有种水稻,水土流失少,森林覆盖率提高,生态环境反而比以前更好。当然,新生代农民工不想回到农村,并不是要放弃农村利益,除他们的祖辈、父辈生活在农村的原因外,土地升值也是他们不放弃农村利益的关键因素。

新生代农民工也不会去小城镇的乡镇集镇。学界对小城镇的不足之处论述得较深入。笔者通过调查发现还有三个原因。首先,小城镇生活成本低,但小城镇建房成本却很高,因为如果要在小城镇居住,一定要买土地建楼房,且很多地方为了小城镇的美观,政府的规划中都明确每栋楼房最少要建四层或五层。这样,要在小城镇建房所需要的费用比在县城或地级市买一套商品房差不多甚至更多。其次,小城镇生活虽然比农村便利,但整体环境仍然较差,生活环境和教育资源缺乏,医疗卫生落后,并不会成为热爱城市生活的新生代农民工的首选。最后,中部地区只有县城工业园区发展较好,小城镇大多没有产业支撑,无法提供就业。更重要的是,据笔者调查,中部地区绝大多数小城镇没有自来水供应,也没有对污水进行处理,整体环境欠佳,久居城市的人并不喜欢这种生活环境。目前,愿意在中部地区小城镇居住的,主要是县内打工的农民工、当地的农民和在集镇经商的农民。

总的来说,不管是农村,还是小城镇,其实都无法满足新生代农民工的住房需求、生活需求、娱乐需求和追求现代化的舒适生活方式的需求,农村和小城镇都不是新生代农民工定居的现实选择。

三、理性选择:中小城市置业定居

中部地区新生代农民工选择在地级市或县城购房定居是非常现实的选择。从支付能力上看,他们在发达地区打工收入虽然不高,但还是可以承担中部地区的中小城市房价的,而且经过上一代的财富积累,他们凭借代际支持买一套房没有问题。从家庭来看,他们返乡置业后,大多数老人跟随着进入城市生活,生活质量得到提高,在本村也很有面子。小孩在中小城市上学,接受到了更好的教育。笔者调查发现，很多中部地区县城已经出现了农村老人或妇女带着小孩在县城居住，形成"新留守"现象。但"新留守"后的家庭的生活比农村留守生活的质量明显提高。从利益上看，因为离家近，农村的利益得到了保证，比如村上有分红，社会保障缴费等都可以及时地回家，还可以防止自己在村上的利益被不明侵害，医疗报销在本县或本市不存在接转问题。从新生代农民工自身来看，中部地区县城基本现代化了，特别是近年来，各地都建设了新城区，在"50年不落后"的口号下，城市基础设施还是比较完备的。有的新生代农民工在接受笔者访谈时，对家乡县城能接到快递很高兴，经常用快递寄父母和小孩所需要的物品。在中部地区，不少快递公司并没有在小城镇和乡村开展业务。并且，在县城购房居住也满足了他们故乡情结与家乡观念的需求。比如，新生代农民工家庭居住在家乡中小城市后，当他们亲戚做红白喜事（如结婚、丧葬等）时，他们很方便就可以回家参与，可以有效维护人际关系网络，保持人际网络的连续性，同时也满足了由此带来的精神上的需求。

第三节　讨　论

中国中东西部地区自然禀赋、经济结构和文化底蕴相差较大，决定了城市化道路是多元的。发展小城镇在东部地区是可行的，而在中西部地区经济社会发展水平低，应该走以地级市和县城为主的中小城市道路。当然，新老农民工定居选择的主体性也是决定城市化道路的重要因素。小城镇依托的是政府"离土不离乡"的限制流动政策，以及乡镇企业的发展。随着政府对农民流动限制的放松和乡镇企业的衰败，人们离土又离乡，实际上证明小城镇在中部地区的不可行性。如果说老一代农民工回到农村是他们自主选择的话，新生代农民工回乡意愿减弱，但整体素质并不适应或者说能够融入打工的发达地区城市。从技术和收入方面来说，相对于老一代农民工，新生代农民工并没有得到大幅度的提升，仍然难以体面地生活在打工城市，实现工作与居住的融合。不能带理想化和情感化色彩看待新生代农民工融入城市问题，要做好长期准备，他们和整个国家都需要二代人以上的努力才能实现。从现实来看，第一代农民工回乡建房,新生代农民工返乡置业在地级市和县城购房,很好地证明了农民工的城市融入应该循序渐进,否则只能适得其反。因为和第一代农民工在生活方式和发展目标上的巨大差异,新生代农民工不愿意回农村,在综合考虑自身经济条件、技术水平、家庭状况等因素后,他们大多选择了返乡置业。这既满足了家庭需要,又实现了自己城市生活的愿望,给他们的下一代也奠定了阶层上升基础,这无疑决定着中部地区城市化的道路。所以,从第一代农民工返乡建房到新生代农民工返乡置业,都是他们理性选择的结果。不管何种城市化道路,政府不能人为推动,只能进行引导,因势利导,否则,就会像小城镇发展乡镇企业一样,最后导致失败,也会形成鬼城。

笔者在调查时发现,很高比例的新生代农民工返乡置业都是理性选择的结果,这种理性选择可能与意愿并不完全相符,但又是最现实的选择。在2013年,国务院发展研究中心课题组的研究也发现,68%的农民工愿意在大城市落户,32%的人愿意在中小城市落户。[1] 新生代农民工融入大城市只能是理想,而想融入中小城市则是容易实现且能实现的意愿,这项研究间接地证明本研究的观点,即新生代农民工会返回家乡中小城市购房定居,因此,中部地区发展中小城市是我国的城市化道路的选择。此项研究甚至还可以推广开来,我国城市化道路应该以中小城市为重点,兼顾东部发展小城镇,全国发展几个或几十个大城市,在此基础上,实现城市均衡发展的城市化道路。当然,也应该坚持新型城镇化道路的原则,新型城镇化与发展中小城市并不矛盾,侧重点不一样,中部地区城市化道路可以二者兼顾。

中部地区发展中小城市也具备了以下几个条件。首先,东部等发达地区产业逐渐向中部转移,中部地区中小城市工业园区得到较快发展,工业化水平逐年提高,有利于吸收新生代农民工返乡就业,改善他们家属"新留守"情形下的就业,做实城市化,促进中小城市发展。其次,随着信息时代,特别是高铁时代的到来,东中部地区空间大幅度缩小,交通快捷与便利减少了农民工流动之苦,满足了人们工作与居住分离的需求,发挥了中部地区生态良好又满足了

---

① 《人民日报谈户籍改革要让农民进退有路》,《人民日报》2014年8月25日。

有乡愁的优势。最后,农村福利政策的实施和中小城市户籍的放开,保证了新生代农民工在家乡县市的各项市民福利。

今后,中部地区的城市的工作就是,进一步承接东部等发达地区的产业转移,实现以产业结构优化来支撑城市化。加强城市社区管理,提升社会服务,全面实现新生代农民工返乡置业后的思维方式、生活方式和教育方式的身份、地位和素质的转型,使他们真正成为高素质的现代公民。

本章与中央提出的"三个一亿人"的思路相辅相成,里面不但有两条涉及农民工城市化,中部地区城市吸纳农民工与发达地区吸纳农民工是相互补充的。发达地区吸纳一亿农民工,可以发展小城镇,小城市升格为市的工作也在试点之中。即使有很高比例的新生代农民工愿意留在发达地区的城市,实现在发达地区城市的市民化,较低比例的新生代农民工返乡置业也不会影响中部地区发展中小城市。因为新生代总量很大,所以,只会提高中部地区城市化的质量,减轻中部地区城市化容量的压力。因此,中部地区城市化走中小城市之路是务实的选择。

第十五章 异乡置业和新生代农民工
城市创业与适应

本章通过对三个在打工城市置业的新生代农民工案例的分析,一方面指出,社会资本对新生代农民工城市适应的重要意义;另一方面也说明,大多数新生代农民工在打工城市缺少社会资本,这是他们难以将工作地与居住地统一起来的重要原因。

据《深圳新生代农民工生存状况调查报告》显示,新生代农民工的创业意识较强,且明显高于老一代农民工。其中,38.2%的人希望在未来一年中能够创业当老板,55.9%的人希望获得创业知识的培训。[①] 学界对农民工创业大多立足于返乡创业,特别是2008年金融危机后,对农民工返乡创业的研究成了热潮。在现实生活中,确实有大量农民工返乡创业成功者,但是,常常被忽略的一个群体是——在城市中创业成功的农民工群体,既包括第一代农民工,也包括新生代农民工。学界对此的研究也付诸阙如。新生代农民工在城市中创业成功者人数目前还没有相关研究进行统计。笔者在江西和湖南的调查显示,新生代农民工在城市中创业成功者人数也许占新生代农民工总数比例不高,但农民工总量大,所以人数并不会少。但是,预示着农民工城市适应和融入的另一种可能,可以给我们带来有益启示。那么,这些人在城市中创业成功的因素是什么? 其创业机制是怎么样的? 对这些问题的解答有利于拓展目前新生代农民工创业的研究,也有利于深化新生代农民工城市适应的研究,还有

---

① 《38.2%深圳新生代农民工希望未来一年创业当老板》,人民网,2010年7月15日,
http://news.sohu.com/20100715/n273531898.shtml。

利于新生代农民工城市融入政策的制定。本章以社会资本理论为视角,对三个城市中创业成功的新生代农民工进行探讨,试图回答以上问题。本章案例均来自笔者的田野调查,笔者界定创业成功的标准是新生代农民工在城市成了雇主,在城市中有自己的房产和企业(或公司)。与雇主相对应的概念是他雇和自雇,他雇是指就业,自雇只是创业的早期阶段或者是创业的雏形。同时,笔者认为,虽然学者将新生代农民工的城市适应分为经济适应、文化适应和社会适应,但是那只是一种理论上的分类,城市适应的实际过程是以上几个过程同时进行且很难进行区分。所以,新生代农民工如果在城市中创业成了老板,或买房安家了,就是几种适应的同时转型,即使在程度上有所不同。本章的所有案例都是城市创业与城市适应的一个过程的两个方面,互为一体,密不可分,即城市创业成功就是城市适应成功。如果有人说是经济上的适应成功,他们还带有乡土文化,与城市文化适应还有距离的话,那有个问题就必须回答:所有城市居民都适应了所谓的城市文明或文化了吗? 如果大量经济上中上层的农民工创业成功者在城市生活,恐怕城市文化也会因之而改变。那么,这应该如何解释呢?

第一节　现有研究的检视与理论框架

过往研究主要集中于新生代农民工返乡创业,鲜有研究者关注城市创业。在社会调查基础上,笔者认为社会资本理论对新生代农民工创业有较强的解释力,因此,采用社会资本理论作为本章的理论框架,对三个新生代农民工城市创业案例进行分析。

一、现有研究检视

新生代农民工创业的研究主要集中于以下几个方面:第一,返乡创业的原因和特征。[①] 学者认为新生代农民工返乡创业的原因是创业成功的预期,内

---

① 刘光明、宋洪远:《外出劳动力回乡创业:特征、动因及其影响——对安徽、四川两省四县 71 位回乡创业者的案例分析》,《中国农村经济》2002 年第 3 期,第 65 页。

地政策的吸引,照顾家庭的需要,沿海产业的梯度转移等。第二,返乡创业的困难分析。研究者指出了新生代农民工创业的新特征和发展性障碍。[1] 比如,创业所需资金的困难,内地融资政策缺乏,相关政策缺失,应该加大就业扶持政策和税收政策的支持力度等。乱收费、农村基础设施和公共服务缺乏也增加了新生代农民返乡创业的困难。另外,新生代农民工整体素质偏低,所需创业知识不足,应该完善职业教育和加强创业教育培训。第三,返乡创业的功能分析。学者认为新生代农民工创业可以促进内地城市化进程和经济发展,提高农村现代化水平。[2] 第四,返乡创业的内在机制。学者认为,新生代农民工返乡创业的主要动力在于经济效益、稳定生活预期和体面生活形式的追求,三者相互作用形成"三位一体"的创业内在机制,在这种模式的内部则是传统文化与现代思想的不同组合。[3] 第五,还有少数研究者通过调查,提醒新生代农民工返乡创业存在的风险,认为在金融危机背景下,中西部地区创业机会缺乏,一味鼓励农民工返乡创业,农村会因为容纳不下大量返乡的劳动力将导致治安状况的恶化,还有激发农村的潜在矛盾引发社会风险的可能。[4]

更少数的研究认为,新生代农民工创业具有地域性,创业不一定要返乡,文化程度越低越有可能返乡创业,有技术懂管理的则愿意留在城市创业,不同务工地和不同职业也会影响新生代农民工创业地的选择。[5] 还有人认为,在城市中国家对大学生等其他群体创业出台了很多优惠政策,但对新生代农民工城市创业却缺少政策扶持,为保证公共政策的公平公正,要为他们城市创业

---

① 黄兆信、曾纪瑞、曾尔雷:《新生代农民工城市创业的职业教育初探》,《东南学术》2012年第6期,第317页。

② 黄振荣、郑英隆:《农民工回乡创业:我国农村工业化的内涵扩展》,《学术研究》2009年第9期,第72页。

③ 江立华、陈文超:《返乡农民工创业的实践追求——基于六省经验资料的分析》,《社会科学研究》2011年第3期,第91页。

④ 聂洪辉:《金融危机下农民工回流的制约因素、风险及对策》,《中共福建省委党校学报》2009年第7期,第48页。

⑤ 郭星华、郑日强:《农民工创业:留城还是返乡——对京粤两地新生代农民工创业地选择倾向的实证研究》,《中州学刊》2013年第2期,第68页。

提供相同的政策平台。① 虽然研究者已经开始关注新生代农民工城市创业现象,但限于研究主题和研究方法,这方面的研究并没有具体分析新生代农民工城市创业问题。

在农民工就业方面,研究者非常重视社会网络对农民工就业的作用。在格兰诺维特提出"弱关系"假设对就业的作用后,边燕杰通过对中国农民工就业的研究提出了"强关系"假设,认为与西方人找工作的方式不同,中国人找工作依赖的是强关系。当然,也有人认为二者并不矛盾只是侧重点不一样。格兰诺维特侧重的是,同质性的强关系提供的是同质性信息,弱关系可以提供异质性信息。所以,从获得信息找到工作方面来说,"弱关系"可以提供更充分的信息以提升帮助的效果。边燕杰研究显示的是,在中国文化中,人们更易相信熟人,强关系提供帮助的可能性比弱关系提供帮助的可能性要大很多。在农民工就业方面,一系列的研究证明了边燕杰"强关系"假设对农民工就业有较强解释力。李培林通过对济南农民工的调查发现,农民工迁入济南的信息 32.8% 的人来自同乡或朋友,30.8% 的人来源于亲属或朋友,12.5% 的人来源于本村的亲属和朋友,只有 4.9% 的人是通过报纸、广播、电视等渠道获取信息。② 近年来也有少数研究指出,社会网络的再建构对农民工由"他雇"变成"自我雇佣"或"雇主"的转变具有十分重要的作用。③ 农民工在城市中再建构社会网,可以与城市人发生良性互动,扩大资源获取渠道,从而捕捉机会。此文是立足于资源的获取,只是延展了新生代农民工在城市由初级关系越升至次级关系的研究,并没有探讨新生代农民工城市创业的研究。

不过,以上研究已经逐渐有了一个清晰的研究前景,就是研究者已经不仅仅是关注新生代农民工返乡创业,而将研究点转向扩大创业地域的选择及影响因素,在城市中构建社会网络获得资源的途径。这些研究对本章关注的新

---

① 才凤伟、王拓涵:《新生代农民工的城市创业与国家政策》,《经济与管理》2012 年第 7 期,第 29 页。

② 李培林:《流动农民工的社会网络和社会地位》,《社会学研究》1996 年第 4 期,第 45 页。

③ 曹子玮:《农民工的再建构社会网与网内资源流向》,《社会学研究》2003 年第 3 期,第 105 页。

生代农民工城市创业有重要的启示意义。

二、社会资本:对新生代农民工城市创业的理论框架

根据学者的研究,社会资本可分为微观层次的个体网络资源和宏观层次的群体规范、制度和信任。格兰诺维特和林南提出个人的社会网络与拥有的社会资源呈正比关系,社会资本就是人们通过社会关系网络所能获得的各种资源,包括权力、资金、信息和情感支持及合作等。① 布迪厄则将社会资本定义为,个人通过体制化的社会关系网络所能获得的实际与潜在资源的集合,个人社会资本量取决于个人所占资源的多少和网络规模。科尔曼从宏观层次界定了社会资本,认为社会资本是组织或群体中的网络规范和信任及制度。② 一般而言,微观的社会资本对实现情感性和工具性目的有帮助,宏观的社会资本对民主政治、经济发展和社会管理有助益。当然,网络资源也要被个人有效调动起来,不是所有的网络资源都会自动为个体发挥作用,从社会网络中获取资源也是一种能力。因此,菠茨认为,社会资本是个体通过在网络中获取稀有资源的能力,获取能力不是个人所固有,而是与他人的关系中包含着的一种资产。边燕杰也持相同观点。③

为了与本土的"关系"概念相对接,学者讨论了社会资本与中国的关系文化中的"关系"之间的区别与联系。有人认为,普特南、布迪厄、科尔曼和林南的社会资本实际上是嵌入在社会关系中的,离开了关系,社会资本概念就没有意义,社会资本的建立就是关系的达成与维系。④ 实际上,西方的人际交往也不完全是理性的,不掺杂一点感情,因为是人就会有感情,人也有非理性的一面,人际关系不能排除建立私人交情的可能性。只是这种私人感情受规则约

---

① 张广利:《社会资本理论的几个命题的解析》,《华东理工大学学报(社会科学版)》2007年第3期,第1页。
② 赵延东、洪岩壁:《社会资本与教育获得——网络资源与社会闭合视角》,《社会学研究》2012年第5期,第48页。
③ 张峻豪、何家军:《社会资本的重新界定及运行机制分析:一个默契性合约的解释框架》,《华中科技大学学报(社会科学版)》2013年第6期,第106页。
④ 吴海林:《社会资本的感性基础探析》,《中州学刊》2007年第4期,第104页。

束,在公共领域常常受到规范,也很少产生被中国人所谓的为人情所累的现象。这样,学者就从感情维度将中国人的"关系"与社会资本打通了或相互借用了。翟学伟详细地比较了社会资本与中国语境中"关系"的区别与联系,认为中国人的关系更多地用来表示庇护、权力运作、结构之间的权宜和人情式交往等,而社会资本则皆有明确的边界、结构性与制度性的资源控制与交换,具有社会与制度性特征。① 但他也承认,就社会网络而言,二者还是可以相互转化的。那么,我们运用时则要注意克服中国"关系"中的负面意义,因为中国"关系"中的庇护、权力运作,常常会使私人关系侵害公共利益。所以,不能将负面意义上的关系上升到组织和制度层面上去。边燕杰用关系社会资本描述中国关系文化条件下的社会资本,试图与西方学者的社会资本适度区别开来。通过对企业生命周期的三种情况即企业创立、面对生存危机和巩固市场地位的探讨,他认为,如果用一般社会资本解释,西方创业者大多是具有弱连带和结构洞稀疏的人更有创业的优势。在中国关系文化中,创业精神是一种人情交换,然后再获得商业信息、合同、资金支持等,根据人情交换原则,创业者和支持者同属于一个关系网中。在面对经营风险时,因为能及时准确地得到信息,拥有较多关系社会资本的企业更可能渡过危机。在巩固市场地位方面,如果企业与其他企业建立的人际关系亲情程度和互惠义务高,那么就有可能长期占据市场的有利的地位。② 总之,边燕杰用关系社会资本侧重的是中国关系文化中的感情、人情与面子、回报等方面。

从以上分析可以看出,学者们的共识是,社会资本与中国的关系有重合之处,但中国语境中的关系有非正式、非制度化特征,特别是在制度非常模糊和不确定时,中国的关系发挥作用就越大。但无论如何,我们都不应该把通过非正当途径,比如打着感情幌子的贿赂等看成是社会资本。

因此,笔者认为,社会资本其实并不排斥感情维度,在管理学上西蒙对此提出过有限理性的概念,人们在达到功利性目标的时候,也难以排除感性因素

---

① 翟学伟:《从社会资本向"关系"的转化——中国中小企业成长的个案研究》,《开放时代》2009年第6期,第60页。

② 边燕杰、张磊:《论关系文化与关系社会资本》,《人文杂志》2013年第1期,第107页。

的作用。只是在正式制度占主体的语境下,感情因素较为隐蔽,比如,在西方一个人没有在公开场合表达种族歧视,但并不能说明他就不是种族歧视者,只是在公开场合表达其立场会遭受谴责、抵制或处罚。笔者将中国语境下的关系除去非正当、不合法构建的关系外,那些情感与制度规定之间的模糊地带仍然纳入社会资本范畴,同时借用边燕杰的关系社会资本概念,作为本研究的理论框架分析新生代农民工在城市创业的机制。根据新生代农民工关系的来源——先赋性关系和自致性关系的不同,将新生代农民工城市创业过程中发挥作用的关系社会资本分为继承性社会资本、发展型社会资本和迁移式社会资本三类,揭示新生代农民工在城市创业的成功历程和机制。

第二节　新生代农民工利用社会资本在城市创业的成功案例

一、继承型社会资本与新生代农民工城市创业和适应

社会学中有先赋性关系和自致性关系两类,本章的继承性关系立足于社会网络的继承,当然不排除在原有继承性关系上的自我加强与建构。与西方国家不同,在中国文化中,家庭上一代建构起来的关系常常被下一代或下几代所继承,即所谓的"世交"。新生代农民工城市创业最经常用的就是继承型社会资本。当然,本章继承型的社会资本既指继承了父辈的关系,也指在父辈城市创业基础上获得了更大的成功。我们不能否认的是,第一代农民工也有在城市中创业者,并且不少人取得成功,只是这方面的研究比较缺乏。

本章访谈对象上饶的黄先生就是利用继承型社会资本在城市创业成功的。20 世纪 80 年代初,他父亲在福建一个小菜场做手秤,自产自销从小到大的各种手秤。黄先生初中毕业后,就跟他父亲到福建学做手秤。随着时间推移和技术更新,很多小摊贩改用电子秤,大大小小的手秤和磅秤逐渐更新换代。黄先生就跟他父亲学着卖电子秤。后来黄先生发现卖电子秤以后,电子秤坏了客户还会找他修理,他就开始学习维修电子秤。现在,他已经不卖手秤

了,用店面开了一家电子秤店,店中有一般小摊贩卖东西用的电子秤,也有称汽车载重的地磅,从大到小各种各样的"秤"都有,从销售到售后服务一条龙服务,随着业务量的扩大和赢利的增加,就在福建买了房子和店面。创业成功的他在上饶市区也买了房子和店面,开了一家分店,在农村老家还建了别墅。各店都雇用了财会人员和办公室人员,其中不乏大学生,两个店共有负责维修电子秤的专业人员五名。黄先生自己是这样说的:"做生意嘛,难做呢,要兄弟们罩着,这些年头都是我爸的朋友帮着,后来我也有自己的朋友,慢慢就搞出来了。不过,大家捧你,你还要做得好。"

金耀基在论述中国人情关系时,认为中国人情不但普遍存在于个人的意识层面,还外在于个人意识层面,并对社会(人际)关系具有拘束力。① 人们通过经济上的往来常常也会产生交情,在同等情况下,自然会考虑与照顾有交情的人的生意。巩固老关系,扩展新关系,从而一直抢占市场先机,也与上述边燕杰的研究成果相一致,本研究进一步验证边燕杰的企业利用关系社会资本巩固市场地位的结论。学者吴愈晓曾经研究过 1978—1996 年农村精英的代际传承机制。他发现,在改革开放后期,解放前的经济精英与解放后的政治经济精英的后代在非农道路上的分野主要取决于家庭背景或精英文化影响。② 解放前的经济精英的后代大多在经济上较为成功,与其家庭文化因素有非常重要的关系,体现了文化传承的隐秘力量。新生代农民工就是在这种继承关系的基础上,不断地巩固、构建和发展出新的关系,在父辈创业基础上获得自己创业的成功,并最终在城市中扎根成为城市中的中上阶层。

二、发展型社会资本与新生代农民工城市创业和适应

本章所指的发展型社会资本是指,新生代农民工在城市打工,慢慢通过自己的能耐在城市构建了自己的关系,凭借后来建构的自致性关系获得了创业

---

① 金耀基:《人际关系中人情之分析》,见杨国枢主编:《中国人的心理》,中国人民大学出版社 2012 年版,第 61 页。

② 吴愈晓:《家庭背景、体制转型与中国农村精英的代际传承(1978—1996)》,《社会学研究》2010 年第 2 期,第 125 页。

的成功。之所以叫发展型社会资本,是因为这种社会资本是新生代农民工自己在城市打拼,慢慢一点点积累起来的,关系网从小到大,网络资源由低到高,网络位差不断增大,认识掌握资源的人的地位越来越高,最终获得成功,社会资本不断提升,质量不断提高。不是在同质性关系中内卷,而在是异质性关系中提升,因此叫发展型社会资本。

20世纪90年代初,李先生初中毕业后就跟人去杭州打工,从事室内装修的油漆粉刷工作。打工五六年后感觉自己单干更挣钱,于是就自己出来揽活,当时属于自雇。结婚后带着妻子一起来到杭州,他自己在外面找活干,在郊区租了一间小门面,由妻子卖油漆。在卖油漆时,他妻子会顺便向顾客推荐自己的丈夫,要是李先生做不过来,也会推荐其他同乡,但会有部分介绍费。随着房地产市场的火爆,他们的生意越来越好,李先生也由自雇变为了雇主。现在在杭州拥有一栋十几层的楼房,开了油漆专卖店。目前,村里同一家族的人和他的一些亲戚都在他公司里干活。在村上访谈时,听到同村人讲李先生早期在杭州的很多"传奇"故事。他帮人搞油漆时会和雇主拉家常,有次遇到个学校校长。他有意便宜了很多,最后那校长帮他解决了小孩在杭州的上学问题。还有一次帮一个人做工时,听说那个人孩子找工作特别困难,想到某个单位工作,他竟然帮人家找到了工作!原来他曾经帮那个单位的一个领导装修过房子,从中牵线搭桥把这事给解决了。创业要做到人情练达和与人相处的能力。在中国通过联络关系或拉关系可以增强能量,扩展能力。①

三、移植型社会资本与新生代农民工城市创业和适应

所谓移植型社会资本是指新生代农民工进行城市创业主要是靠农村先赋性关系,先赋性关系直接将其带入城市创业,而他们在城市中没有或极少建构新的网络资源,创业成功主要靠的是正式关系。项飚在研究北京"浙江村"时

---

① 乔健:《关系刍议》,见杨国枢主编:《中国人的心理》,中国人民大学出版社2012年版,第87页。

就提出,农民工流入城市是一种链式流动,靠的是初级关系,一个一个带入城市。① 在城市中,新生代农民工的关系呈内卷化和自成体系状态,很少向外扩展,主动建构关系的意愿不强。

王先生初中毕业后读过技校,在城市打过工,结婚后夫妻开过服装店,但都没有成功。在此期间,他姑妈在广东开超市成了老板。2002 年,他在家种田父亲东拼西凑了十几万帮他在姑姑店里搭伙(入股),几年下来挣了不少。但 2008 年金融危机后,很多农民工离开了广东,他们就关了广东的超市,到广西南宁开超市。现在,王先生在南宁买了房买了车,自己开超市当起了老板,有一家超市资产上百万,另外在两家超市入股,股份有近70 万。

王汉生等人在研究农民工流动时指出,农村关系网络是农民工连续流动的路径网络,是他们共同流动的基础。② 王先生在城市创业成功,主要依靠的是农村的关系,在城市中关系网并没有扩大很多。创业的行业不同,有的要与当地处理好关系,有的也不完全要构建当地的关系。即依赖原有的初级网络,在城市中创业时靠正式契约关系也能获得成功。

第三节　对三个新生代农民工城市创业与适应案例的讨论

有学者研究发现,就是在人民公社制度下,浙江一些地区的手工业、商业以及其他非农民经营的传统也没有间断过。③ 另外,国家统计局《2013 年全国农民工监测调查报告》的数据显示,新生代农民工初中以下文化程度的占6.1%,初中文化程度的占60.6%,高中文化程度的占20.5%,整个文化程度虽

---

① 项飚:《跨越边界的社区:北京"浙江村"的生活史》,三联书店 2000 年版,第 27 页。
② 王汉生、刘世定、孙立平、项飚:《"浙江村":中国农民进入城市的一种独特方式》,《社会学研究》1997 年第 1 期,第 59 页。
③ 蒋勤:《人民公社时期"钻空式"非农经济与农民谋生理性——以浙东 N 村为例》,北京大学硕士论文,2006 年;转引自吴愈晓:《家庭背景、体制转型与中国农村精英的代际传承(1978—1996)》,《社会学研究》2010 年第 2 期,第 148 页。

然有所提高,①但从数据来看,文化水平总体还是偏低。因此,新生代农民工很难在需要高文化水平和高技术含量的行业创业。

一、利用和建构社会资本是新生代农民工城市创业与适应的主要机制

本章揭示的三个农民工在城市创业成功案例的创业机制,与西方个人创业并不相同。费孝通曾经用西方人是团体格局,中国人是差序格局来形容二者的差异,团体格局就是以社会组织为基础进行活动,西方人的关系虽然不排除感情因素,但以正式关系为主,并且上一代的关系一般不会"遗传"给下一代。而差序格局则以自己为中心向外推,将人分为自己人和外人,这种关系常以感情为纽带,正式关系都会通过非正式的感情关系发生作用,上一代的关系还会被下一代或下几代所继承。这些复杂的关系会因为新生代农民工在城市创业行业的不同,表现形式也有所差异。根据社会资本发生的作用、先赋与自致关系的不同,本章将促进新生代农民工城市创业的社会资本分为继承型社会资本、发展型社会资本和移植型社会资本。当然,这三个案例只是理论上的划分,属于韦伯所说的理想型,在实际生活中,这三种社会资本会有很多重合之处,或者说常常是三种形式的混合搭配,只是一种为主。他们同时也像藤蔓一样抓住一切有利因素扎根于城市,努力适应城市生活。正是因为中国人关系的复杂性,中国又是人情社会,关系的建构和利用就显得格外重要,因此,新生代农民工为了适应城市生活,就不得不采取各种方式利用、建构关系网络,以期扎根城市并过上体面的生活。而中国人的关系的可伸缩性和弹性大等特点又为他们建构关系创造了机会和条件。正如有学者所指出的,在城市中的各种组织本身也会提供新型人际关系的生成途径,面对城市全新的制度安排和文化氛围,大多数农村流动人口都会去努力适应,只是适应状况的好坏可能

---

① 《新生代农民工三分之一有高中及以上文化》,新华网,2014 年 5 月 12 日,http://news.xinhuanet.com/fortune/2014-05/12/c_1110650719.htm。

会因个体的能力不同而有所差异。①

整个农民工群体城市创业和适应的机制可以用下图来表示。

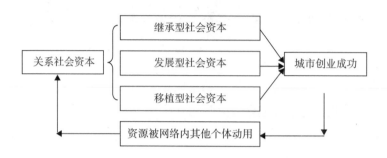

这个图的意思就是,当一个人依靠三种关系社会资本的一种到城市创业,在成功后会成为他关系网络中的资源,然后又会被在农村其他的亲朋好友所动用,或创业成功者主动将资源惠及关系网络中的其他人。他们又会利用这其中一种或几种社会资本在城市创业成功和适应城市,然后,又会成为网络内的资源被他人动用……循环往复,环环相扣。

二、人力资本低是新生代农民工城市创业依赖社会资本的重要原因

新生代农民工在城市创业之所以要靠社会资本,特别是主动建构社会网络,与其人力资本低也有重要关系。和出身于农村的大学生等群体在技术水平高的行业创业不一样,新生代农民工城市创业主要集中在所需人力资本和知识要求低的行业,比如理发店、修脚店、室内装修、开超市、衣服代理商和电器代理商等。但这些行业绝大多数是需要高的情商的——和人相处的能力。这些行业内就业也许对情商要求不高,但要是创业想有一番成就,则一定要高情商。那么,构建关系网络,社会资本就显得尤其重要。本章总结出新生代农民工城市创业与人力资本、社会资本之间的关系框架,基本可以为他们城市创业提供解释(见下表)。

---

① 朱妍、李煜:《双重脱嵌:农民工代际分化的政治经济学分析》,《社会科学》2013 年第 11 期,第 70 页。

	社会资本 存量高	社会资本 存量低
人力资本高	靠本事、靠关系或二者一起利用， 可选择性高	靠本事
人力资本低	靠关系	无所依靠

当然,本章赞成边燕杰在研究中国人找工作利用强关系的结论,同时也认为新生代农民工在城市创业依靠的也是强关系。这可以解释为什么本章案例中黄先生、李先生要和生意伙伴套近乎,相互送礼和人情往来,其实就是要把外人变成自己人,由弱关系变成强关系。费孝通认为,中国人的关系不仅仅取决于血缘与地缘等关系,而是会根据功利需求具有动态特征,具有很大的伸缩性,差序格局由外向内看和由内向外看,自己和外人是变化的,通过各种关系的建构,"外人"可以变成"自己人"。[①] 在生活中,笔者也见过不少生意伙伴结成儿女亲家的事情。这恐怕是将外人变成自己人最好的方法。

三、社会资本是一种能力不能盲目鼓励新生代农民工创业

笔者赞同菠茨和边燕杰将社会资本看成是行动者通过关系网络获取资源的能力的观点。在一个社会网中,资源总是有限的,网内的人们利用网络内的资源也存在相互竞争,只有有能力的人才会在利用网内资源的竞争中胜出。并且,根据上文人力资本和社会资本的表中所显示的,二者有多种组合方式,有的人可以用社会资本,也可以靠自己本事吃饭,或者二者都可利用。在实际生活中也确实如此。有的人并不愿意或不想动用网络资源,因为在中国的环境下,找了关系,就意味着欠了别人的人情,而人情大于债。也有的人因为个人的能力问题,根本不会利用已有的关系资源,属于人们说的有关系不会用的一类。还有的人拉关系的能力特别强,在交往中有意识地掺入人情因素,人情练达或老于世故,通过关系社会资本获得成功。当然,只要方式合法似乎并无

---

① 沈毅:《"差序格局"的不同阐释与再定位——"义""利"混合之"人情"实践》,《开放时代》2007 年第 4 期,第 106 页。

不妥。随着社会转型成功,人们的关系将逐渐正式化。既然社会资本是一种能力,而每个人的能力有高有低,有大有小,那么,我们就不得不承认,不是所有的新生代农民工都适合在城市创业,或者宽泛地说,不是所有的新生代农民工都适合创业。况且,创业作为一项风险性比较高的事情,还取决于对创业商机的把握、市场信息的撷取、对市场规律和知识的掌握等。人格心理学中个人格质理论也认为,成就动机、归因、目标对人的成功也有重要影响,比如人格心理学家认为 A 型行为模式的人,具有竞争性、时间紧迫感,B 型行为模式的人比较松弛、不急迫。① 在经济学中,熊彼特提出过企业家才能概念,他认为创业一定是由创新品质的企业家作出的。那么,我们就应该认为,并非人人都有这种能力。因此,本章认为,不能盲目鼓励新生代农民工创业。并且,在现代社会中,我们应该鼓励多元成功标准,不一定成为大老板就是成功,从事一份体面的工作,有一份稳定的收入也是成功,靠本事吃饭保持尊严也是成功。如果盲目鼓励新生代农民工创业,会导致没能力创业的人创业失败,还会使人们急于想成功产生社会焦虑,增加挫折感和失败感,不利于社会稳定,也不利于他们养成从容优雅的生活习惯。政府目前要做的就是提供公平、优质的创业环境,不管新生代农民工在城市还是农村创业,都应该享有其他群体创业的优惠政策,处于同等竞争水平之上,使那些有能力创业的新生代农民工能够脱颖而出,没有能力创业的通过试错知难而退,去寻找一份稳定、体面的工作。

四、克服新生代农民工城市创业过程中社会资本的负功能

通过三个案例的调查,笔者发现,创业成功的新生代农民工经营的公司和企业管理水平普遍不高,基本是家族式管理。问题是,越缺乏管理知识,他们越会希望在业务关系中利用社会资本。我们不否认,人是有感情的,西方人也是如此,在中国关系文化中更是这样。但仅仅靠利用和建构社会网络,扩大社会资本获得成功,很容易使人专注于关系网络的构建和社会资本的利用。甚至以社会资本的名义发展非正当关系,影响社会风气,阻碍社会技术进步,还

---

① Jerry M.Burger:《人格心理学》,陈会昌等译,中国轻工业出版社 2004 年版,第 141 页。

影响正常的市场竞争。实际上,学者发现,社会资本在西方也存在负功能,所以,不少西方学者依据社会资本作用不同将社会资本分为正社会资本和负社会资本两种类型。波茨具体分析了社会资本的四种负功能,即排斥外来者、过度索求群体成员,限制个人自由和下降规范水准等。① 因此,我们也要防止社会资本在中国关系文化中的负功能:一是要建立健全相关制度,规范社会关系网络的利用;二是要从根本上提高新生代农民工的人力资本,这样,就会像上文的表中所显示的,在创业或就业过程中人力资本与社会资本关系结合,他们在创业过程中选择范围就大。本章案例三也显示,企业或公司发展到一定规模以后还是会靠正式的契约关系,当然这个过程不是一蹴而就或自然形成的,仍然还是要靠制度规范其关系的建构和提高新生代农民工人力资本以增加其可选择性。特别是要以提升新生代农民工的人力资本作为他们城市创业的突破口,使那些有创业潜力的新生代农民工创业有更高的起点,有人力资本为基础,创业也会越来越成功,从而形成现代化公司,也就能更好地融入城市。

---

① 龚虹波:《论"关系"网络中的社会资本——一个中西方社会网络比较分析的视角》,《浙江社会科学》2013 年第 12 期,第 100 页。

第十六章　农民工的终结

本章认为,很多人赋予了农村太多美好的想象,对农民存在太多的认识误区甚至偏见。其实,家庭承包制度、村委会的设立和村民自治都显示了农民的伟大创新精神。新生代农民工返乡置业就是在融入打工的发达地区城市有困难,回乡又不愿意的情况下的理性选择,再次体现了农民的主体能动性。要解决农民工问题,只有允许农民在城乡自由流动,让生产要素在城乡自由流动,权利在城乡之间无缝对接,才能真正实现城乡一体化,实现国家的富强。

从20世纪80年代农民创办乡镇企业的"离土不离乡",到第一代农民工离土又离乡,冲破各种制度藩篱,抓住各种机会获取自身的发展,再到新生代农民工由"生存型的打工"到"发展型的工作"的转向;由"回不了乡"到"基本不回乡"的转变;家庭由"农村留守"到"县城留守"。无不体现着农民和农民工的理性、创业精神和开创精神,只要给予机会,少点限制,他们的理性精神和精干算计并不亚于其他任何群体。解决的办法也很简单,就是城市居民以亚当·斯密的"同情"来看农民,通过换位思考,站在农民的角度看农村,很多农村问题就会迎刃而解。

第一节　城市居民对农村的三重想象

一直以来,在城市中生活的人们,包括从农村中走出来变成城市人的原农村人,实际上都对农村存在着美好的想象。这种想象是从外向内看,是缺乏亚当·斯密所说的同情(情感的同感共鸣),而产生的错误观念。本质上是将自己心中对农村美好的全部想象赋予了远离自己生活并偶尔可以去消遣的现实农村。这种想象的农村是美好的共同体,是农民进城失败后退守之地,农村人没有理性,更需要保护。但是,从农民立场看,特别是站在新生代农民工立场看,农村远不如城市,也是要迈向现代化的,他们自己是理性的,只要给予相同的机会和平等的权利,他们也能把黄沙变成黄金。

一、农村是理想中的共同体

在国外,腾尼斯提出了社区概念,认为传统社会是邻里感情浓厚,相互依赖的共同体。在国内,孟子将百姓和睦状态设想为"乡田同井,出入相友,守望相助,疾病相扶"。陶渊明在《桃花源记》里设想了一个桃花源,生活在里面的人们自由、安宁、和乐。这种想象一直影响着后来的人们,有的在现实生活中还能"发现"这种共同体,更多的人则将现在的农村想象为理想的共同体,并试图将乡村保存下来,或将现在的农村建设成理想的共同体。在《萨摩亚人的成年——为西方文明所做的原始人类的青年心理研究》一书中,美国人类学家玛格丽特·米德将萨摩亚人的社会描绘成田园诗一般,没有等级、没有竞争、没有暴力,人们和睦共处。但后来弗里曼对萨摩亚人进行了重新研究,通过严谨的观察和扎实的证据,证明了那里也有等级、起义和暴力。米德的调查有失偏颇。[1] 当然,米德并不是要有意作假,而是受到已有观念的束缚或现有理论的先入为主的影响,心里想着什么就发现了什么。其心中对人类社会早期的浪漫化和理想化想象昭然若揭。

现在我们很多人至今都认为农村是精神共同体,对村落的消失忧心忡忡,设想不少办法来保持心中的想象图景。甚至有人大代表就曾建议农村小孩不要考大学,留在农村保留传统文化。更多的是希望保留农村村落来实现自己心中的共同体。当然,也不乏希望通过保留农村传统风貌,满足自己城市紧张生活之余的休闲欲望的人。许多学者将农村想象得那么美好,也和米德一样,

---

[1] 张丽梅、胡鸿保:《人类学家的作为和追求——从"米德—弗里曼之争"说起》,社会学视野网,2007 年 10 月 19 日,http://www.sociologyol.org/yanjiubankuai/fenleisuoyin/fenzhishehuixue/she-huirenleixue/2007-10-19/3693.html。

戴着"有色眼镜"看农村,甚至将自己心中的桃花源赋予农村,将古代的治理目标和古人设想的农村看成是现实的农村。其实,古代社会和现代社会的村庄也矛盾重重,并不是想象的那么美好。农村居民日常生活的摩擦、水利纠纷、利益纠葛、家族矛盾不胜枚举。特别是家庭中的婆媳矛盾古今皆然,至今都是影响中国家庭和谐的一大因素。

其根本原因在于,将传统社会想象得非常美好,记忆的美化使人们将想象当成了现实,将生活的理想当成了农村的现实。比如,中国农村也有"无讼"的理想,或是一种倡导,甚至是农村的一种制度规定,但这并不是农村生活的现实。很多人常常将农村生活治理理想与农村现实混为一谈。而且,中国人是非常讲究面子的,长期生活在一个村庄的农村人更是如此,因此,学者到农村做调查时,会受到他们的"欺骗"。这不是农村人有意这样做,而是为了面子。农村是一个集体社会,常常还会把一个人丢脸看成是全村人丢脸,这是讲求村庄祥和的根据。但村庄内部是有矛盾的,只是在外人面前,会掩盖这种矛盾,极力表现出关系融洽的一面。所以,一些不了解农村生活或没有农村生活经验的人,提出的农村生活标准或治理目标与农民感受大相径庭。某些学者的改造农村最终也得不到农民的支持,这和农民的素质高低没有关系。关键是学者改造农村的方案与农村生活相去甚远,乡村建设自然是"上面在动,农民不动"了。

虽然不是所有的村落文化或农村文化都值得保留,但是,有些农村文化确实有保存价值。问题是,到底应该由谁负责保存农村文化? 难道要农村孩子不高考留在农村以保存村落文化或农村文化吗?那些代表农村文化的古村落应该由农民担负保存成本,然后满足城市居民的休闲欲望吗? 这是值得思考的问题。如果由农民担负保存农村文化的代价,他们只能逃离农村。更为重要的是,那些代表传统村落文化的古代建筑,从居住功能的角度看无任何实用价值,让他们住在不宜居住的房子里并不合适。如果仅仅让他们住在里面作为活化石标本,以满足城市居民的休闲和观光需求,无疑是不人道的。既要农村居民承担古村落的维护成本,还要居住在不适宜居住的古屋里,那是对农民正常需求的不公平对待。近年来,国家不断加大对古村落的保护,而且给予了经济和技术的支持,就是对这些错误看法的回应和纠偏。现在,与传统农村社会相比,无论从家庭方面,还是国家层面,农村居民的权利都得到了很好的保护。不过,他们正在离开农村,比如,新生代农民工有回乡意愿的比例已经很低了。此外,现代农村生活表现形式发生了变化,赋予了很多现代气息,人们认为的那种古老的农村传统文化已经衰落,给人感觉农村人的道德素质下降了,或道德败坏了。但是,对农村居民而言,何尝又不是一种进步呢?

把农村设想成美好共同体还面临着很多悖论。见到农村现代化程度越来越高,人们一方面感到欣喜,另一方面又在对保护村落担心;一方面说农村温馨祥和,另一方面又说农民小农意识、自私狭隘。那么这群短视和小农意识的农民是怎么组合成田园诗一般的农村的呢? 中国人历来认为没有用的人才去种田,农村人的口头禅就是"读不出书,就种田"。对农民的歧视和农民对自身的鄙视,又如何让农民重视自己的现有身份? 只有农业规模化、现代化才能使农民变成体面的职业,才能改变农民对自身身份的认知。这都不是仅仅依靠保持传统能实现的。

二、农村是农民进城失败后退守之地

贺雪峰等人认为,在农村应该保留农民工土地,使他们在进城失败后可以回到农村,享受安稳的生活。而更多的人一直将农村称为可以留住"乡愁"的地方。他们都把土地看成是农民最后可以依托的归宿。事实上,随着时代的发展,新生代农民工已经不再将土地看成是物质上必须依赖的根基,精神上必须依恋的世代延续意义,而是将土地看成可以变现的财富。那些将土地看成农民"乡愁"之地,或者将土地看成农民象征意义的学者很难回答以下问题,城市居民或从农村居民变成城市居民的人希望农民在城市失业后回到农村,为什么新生代农民工不回去呢? 甚至反而不断地从农村中逃离呢? 如果在城市融入失败后还能回农村享受安宁生活,他们以前为什么要放弃农村安宁的生活而进城呢? 那不是多此一举? 为什么宁愿进城后干最苦最累的活,也要离开农村,如果进城失业后可以回农村,那一直不离开农村不就好了? 还有,那些整天生活在"乡愁"中的人为什么自己不回到农村去生活,不回去从事农

业,而要新生代农民工回去呢？我们必须跳出留住"乡愁"就必须让农民回农村的思路。这不是说不要乡愁,而是如何更好地留住"乡愁"。"乡愁"不是强迫农民回去,而是要全社会重视农村,重视土地,保护土地,保护农村文化,使社会上的每个人要寻找故乡的时候,可以回农村找到自己理想的家园。城市居民或从农村出来的新城市居民一边说着"乡愁",一边在城市享受现代生活,将自己心中美丽的"乡愁"强加于农民或农民工身上,甚至建立在他们的痛苦之上,要他们回到或留在农村帮自己记住所谓的"乡愁"。无论如何,这都是不正确的。

在转型期农民确实会对土地有依恋之情(观念的转变需要时间),但是,我们就此认为农民离开土地就不是为子女打算,不要根了,则有夸大消极影响的嫌疑。他们出卖土地离开家乡也是为自己和后代有更好的发展,没有土地会活得更好。农业社会农民常常是"父母在不远游"的合理性,在工商业社会,城市化加速,家庭功能要由社会承担,远离家乡是一种常态,有的甚至在国外定居了。土地不能是农民应该留在农村的决定性因素,城里居民没有土地不是一样活得比农村居民好吗？关键是让农民自由流动,并健全他们的社会保障权,在城市获得相同的城市居民权。让更少的人留在农村,实现土地规模化经营,农民生活富裕,生态良好,农村才真正留得住"乡愁"。应该将土地仅仅看成一种资源和生产要素,是一种获取生活资料的手段,而不是一成不变的"根",更不能因此将农民束缚在土地上。只有这样,新生代农民工才不会将农村看成"恶梦"。

更为重要的是,大量新生代农民工出来以后,农村生态环境变得更好了。农村的村庄似乎衰败了,每天有大量村庄在消失,保护古村落也迫在眉睫。随着工业化进程加速,农村人口日益减少,有些村庄的消失不是必然的吗？保护古村落的任务也不能仅仅依靠生活在农村的农民,保护古代村落应该找到更好的办法,那就是依靠政府和全社会,并且不能以牺牲农民利益为代价。不能将古村落的保护与农民绑定在一起,不能把这些农民和村落的复合体看成为城里人厌倦城市生活后的休闲之地,以满足城市居民探新求异的好奇心。

三、农民是需要保护的无理性之人

对农民是理性小农,还是道义小农,一直存在争论。恰亚诺夫认为资本主义的理性计算对小农式家庭农场不适用。家庭农场是为了满足生活需要而不是利润最大化取向。在此基础上,詹姆斯·斯科特提出,农民是坚持生存伦理的,农民的经济行为是嵌入在社会关系之中的。相反,舒尔茨认为农民是理性的,有将"黄沙变成黄金"的能力,经济理性不亚于资本主义的企业家,他们利润最大化的行为将改造传统农业。对此,波普金指出,农民是理性人,不要去怜悯农民,也不要假设他们是天真与简单的,要相信并尊重他们解决资源分配问题的能力,这是前资本主义社会与资本主义社会都要面对的。① 虽然这些争论在中国并不为社会所熟知,但在中国人心里也存在这些矛盾看法,从而导致了许多矛盾行为。在中国的现实生活中,历代统治者都将农民看成是非理性的;社会上很多人潜意识也认为农民鼠目寸光和愚昧无知;学者晏阳初在定县调查,说旧中国四大病"愚、弱、贫、私"主要是指农村。因此,很多人倾向于认为小农是不善于为自己打算的,因此,经常替农民做决定,甚至主张采取各种措施保护农民,将农民看成是未成熟的小孩,不但要他们听话,也要替他们做好一切计划。长期以来,对于土地种什么,政府都要给他们做好安排和规定。但人们又发现,对农业的一些创造来自于农民,又会提倡尊重和保护农民的首创意识。农业"包产到户"和乡镇企业是经常引用的例证。所以,既要注意"最重要的是教育农民",又要"上山下乡接受农民改造"。这些矛盾行为的背后无不反映对农民的矛盾意识。不过,主流的观点还是认为农民是非理性的,不适应市场经济的,农业是弱质的,农民在任何时候都是需要保护的。因此,在市场化的今天,仍然有人主张应该采取各种手段保护他们的利益,土地流转一定不能让农民冒风险。征地以后,钱也不能直接给他们,因为他们不会理财。所有的这些举措不能说一无是处,甚至动机不纯。但是,我们不能忽视

---

① 郭于华:《重读农民学经典论题——"道义经济"还是"理性小农"》,爱思想网,2007年11月21日,http://www.aisixiang.com/data/16654.html。

农民自身的主体性,不能忽视农民在市场经济面前也应该冒一定的风险,因为有收益就一定有风险,否则,农民永远无法适应市场和适应社会变迁。农民素质低可以通过教育,制定有利于他们的政策,但不能替他们包打天下,否则就会形成保护性依赖。自己投资得到好处是自己有能耐,遇到亏损或所有不利于自己的问题,都希望政府出来"主持公道",保护自己的不当利益,为自己的不当行为和不合法行为买单。将农民看成什么样的人,最后,农民就会成为什么样的人。

因此,应该给予农民更多的机会,更少的约束,尊重和相信他们的自我选择。梁漱溟说,乡村建设最大的问题是,号称乡村运动而农民不动,农民动不起来。其主要原因是享受的权利不平等,获得的发展机会相对不足,在农村发展过程中缺乏平等地位和主体地位。政府应该提供公共服务,给农民机会,让他们自己作主。有时候,还可以采取一些倒逼方法让他们适应市场,甚至付出一定代价,都是正常的和必要的,只有这样农民才能成熟起来。相反,过度的保护使他们变成了诉苦者。你认为农民工是弱者,他们就真的会变成弱者。你帮农民打理好一切,农民也就永远无法成长、成熟。到底谁在改变农民?农民又怎么借用他们的话语改变着自身?这确实是值得思考的问题。

其实,农民可能在某些看似非理性的方面背后却是理性的。以农民非常重感情的人情关系为例。农村人情关系实际上是一种延期交换关系,一旦交换不对等,情也就不在了。"人走茶凉"、"红包"等互惠,新生代农民工永久地离开农村,导致这种延期交换不成立,人情具有难以量化的特征,都在交换圈中认为自己吃亏了,不如市场交换那么简单明了,互不相欠。

农民理性既体现在包产到户式的发明,也体现在乡镇企业的创造,还体现在新生代农民工返乡置业——回家乡县城购房居住。新生代农民工返乡置业是综合考量了打工的大城市、农村和家乡县城后的结果,充分体现了他们的理性。他们在发达地区的城市无经济实力购买住房,无法实现权利的顺利接转;无农村生活经验,适应了城市生活,也不愿意回到农村;通过老一代农民工到新生代农民工两代的努力,有能力在家乡县城购买住房居住,实现了城市生活梦想和身份转变。随着越来越多新生代农民工在县城买房,解决自己在城市生活和小孩上学问题,说明农民正在试图通过二代或三代的努力改造自己的身份。在城乡一体化背景下,农民工将在 30 年左右消失,变成城市中有技术或无技术的工人,在农村的农民将变成职业化农民。因此,那种将农民看成非理性甚至无理性,需要替他们包办一切,需要好好保护的思想是错误的,农村扶贫越扶越贫就证明:你把农村人想成弱者,他们最后就真的变成了弱者,成了"自我实现的预言"。

第二节　对农村错误认知的原因及后果

中国城市居民对农村存在许多错误的观点,农村是桃花源,是理想中温情脉脉的共同体,农民是需要保护的无理性之人,农民工进城失败后可以退守农村。这些错误观点产生的原因及存在问题可以做如下分析。

第一,农村的价值凸显。近年来我国食品安全问题、空气污染问题等,城市居民更加渴望绿色有机食品,崇尚空气清新的幽静环境,农村的魅力凸显。更为重要的是,城市化后农村土地不断增值,农村不再是贫穷的代名词,富裕程度超过城市居民,有的城市居民还想将户口转到农村;另外,城市生活竞争加剧,户口的含金量在不断减少,强化了城市居民对农村美好的想象。正在开展秀美乡村、休闲农业、体验农业、旅游农业、田园综合体建设,农村的魅力在增加,农村的环境在某些方面胜过城市。当然,不能只看到田园牧歌式的农村生活,不能只看到"采菊东篱下,悠然见南山"的自给自足和悠闲的文人描写,忽视了农民耕田劳作之苦,收入之微薄。看到农村环境优美,山里空气清新的同时,不能忽视了农村生活不便,蚊虫多,交通不便,基础设施仍然与城市有较大差距。偶尔去旅游还可以,长期生活则就业、就学、就医都非常困难。特别是,还有很多农村地区资源贫瘠,根本就不适合人居住,离城市远城市化惠及不到,通过自身努力难以摆脱贫困,对贫困的绝望和挣扎还备受城市居民指责。

第二,对农村的美好想象。城市居民对农村生活没有经验,常常将想象中的桃花源赋予农村。城市陌生人社会,社区中对门邻居可能都互不相识,人情冷漠;相反,农村还是熟人社会,人们之间的关系比城市社区要融洽或温情得多。但是,人们常常忽视日常生活中,一些农村人之间也有钩心斗角,相互陷害,"红眼病"和"窝里斗"。即使没有矛盾,常常也为人情所累。宗族之间有矛盾,宗族各成员之间也矛盾重重,面和心不和。只是外人没有长期和他们生活在一起不容易发现而已。城市居民描述的农村,是他们想象中的农村,并不是现实的农村。

第三,相对于农村的优越感。城市居民对农民长期以来的权利不平等熟视无睹,甚至满足于城里人的优势地位,从欣赏农村人的困苦中获得幸福和美感。从那些以穷困乡村为摄影题材的相片或影片中就可以看出,城市人在消费农村。在物质生活极大丰富后,又将农村当做休闲之所,希望农村人保留原生态的农村来满足其好奇心和享乐之欲。将城市剥削农村看做理所当然,长期实施的不对等的城乡政治、经济和社会文化政策是城市居民这种错误思想的根源。这些城市居民忽视了农村居民也与他们一样是公民,享有同等的公民权,不能以牺牲农民自由迁徙权,将他们留在农村为代价,以满足城市人的审美。那种替农民作主设计他们"美好未来"的做法,实际上也是城市居民或学者站在高人一等的地位排斥农民进城的具体体现,强行切断农村居民及其后代向上的社会流动的建议和做法,更是置农民于低等地位的不平等观念在作祟,是极端错误的。

对农村三重想象会产生不良的后果。如上所述,有人认为,农村好,主动帮助农民设计农业,从而鼓励农民工退回农村。也有人认为农民工离开以后,对乡村产生了消极影响,从而希望农民工回到农村去发展农村。几种代表性的观点如下:

第一,乡村衰败说。农民工流入城市后,土地荒芜,产生了大量的空心村、空心屋,形成留守现象——留守老人、留守妇女和留守儿童。青壮年的流失使农村衰败,特别是农村中坚人才的流失,给经济社会发展、社会治理带来诸多难题。

第二,人际关系异化说。有两种:一是人情异化,此观点认为,农民工特别是新生代农民工在城市工作生活后,乡村人口流动性增加,原有的社会规范已经不再起约束作用,熟人社会变成半熟人社会,市场经济渗透到村庄中,村民之间互助互惠式微,人情往来都成了经济上的理性算计。这样的一个后果就是,人们之间送礼越来越重,而为了收回送出去的礼,又必须不断地办酒席,村民因此陷入了恶性循环。二是孝道衰落,老年人生活贫困和自杀人数增加。新老农民工进城后,对原有的伦理规范不再熟悉和遵循,也不再受农村伦理规范的约束,在养老问题上最为明显。农民工不回农村,缺乏对父母的照顾,因此,大量老人生活贫困。还有的对老人不闻不问,甚至恶语相向,在贫困与受虐的双重挤压下,农村老人就选择了自杀。

第三,低端人口说。低端人口是最近出现的一个新词。有人认为,超大城市为了控制规模,将低端产业转移出去,结果导致了政策性清理"低端人口"的现象。虽然有人错误地理解了专家的意思,但低端人口一词的使用本身就说明,农民工在城市生活贫困,已经成为城市发展障碍,属低端人口。低端人口一词的使用容易使人产生这种联想,进而认为大城市依靠政策清理这些低端人口是合理的。

农村人口外流后,确实产生了乡村衰败问题和人际关系异化问题。但是,不能将这些问题话题化或特殊化。

首先,乡村不是因为农民流失而衰败,而是本来就落后。中国农村一直以来是落后的代名词,农民是愚昧的化身,小农意识是最形象的表述。农业、农民、农村长期处于不利地位,农民工留在农村也是生活困苦。农民真苦,农村真穷,农业真危险,深刻地反映了这个现实。工农业产品的剪刀差,城乡生产要素交换的不对等,城市对农村的过度汲取,是农村长期落后的体制因素。如果农民选择不流入城市,在人多地少的农村,靠种地的微薄收入,不但难以改变生活状况,也难以让自己的后代实现向上的社会流动。也就是说,如果农民仍然留在农村,靠人多地少的自然条件,价格低廉的农产品,是不可能实现富裕的。即使离土不离乡的乡村工业化,也难以真正实现乡村的富裕。因为农村缺乏技术和管理人才,再加上体制上的原因,大多数农村的乡镇企业发展并不理想,这也是为什么乡镇企业最后衰落,农民选择流入城市的原因。因此,农民流入城市并不是导致农村衰败的根本原因,留在农村是苦,流入城市还有实现富裕和向上流动的希望。事实上,农民流入城市后,打工收入寄回农村,不但改善了住房条件,提高了生活水平,还增长了见识,逐步实现了人的现代化。农村正是因为农民流入城市后,利用了农民工在城市的积蓄,面貌才得到改变。当然,第一代的打工妹、打工仔和老农民在这个过程中作出了巨大的牺牲,付出了巨大代价。只有在农业税免除、新农村建设开展后,才实现了工业反哺农业,城市支持农村。现在的美丽乡村建设、现代农业、休闲农业、古村落的保护、乡村旅游和田园综合体的建设,更增加了农村魅力。这从侧面也证明,农村要得到发展,不是限制农民流动,而是要建立城乡均衡发展的制度,健全城乡生产要素自由流动的体制和机制。

其次,农村人际关系异化也并不是农村的全部现实,这种观点仍然是城市居民居于优越感而得出来的。在市场经济环境下,人口流动加快,社会变迁导致人与人之间关系陌生化。即使在人口流动增加的城市,也出现了同样的问题。城市中人情往来同样是金钱化、物质化,仍然陷入了人情关系的恶性循环。这是由中国文化或者说社会大环境决定的,人际关系异化并不是农村的特有现象。在人际关系异化方面,城市不亚于农村,比如吸毒、卖淫等。有人将城市的这些问题归因于大量农民工涌入城市,但是,这种观点是错误的。在孝道衰落方面,农村确实比城市严重。在一些人的意识中,城市的孝道似乎不需要研究,好像城市不受中国传统文化影响一样。其原因主要是因为城市居民收入高,老人有退休金,社会保障比农村健全,养老问题不严重。相反,农村养老问题严重,是因为农村老人没有退休金,社会保障不健全,而且,农村老人年事已高还要以种地为生,种地收入却难以支付生活支出。农村居民的家庭有一个"亦农亦工"的安排,为了整个家庭的幸福,青壮年出去打工,老人和小孩留守,在农村种地,以实现家庭利益的最大化。农村养老问题就是这种家庭安排下的产物,完全归咎于孝道衰落恐怕值得商榷。因为农民工进城后自己生活困苦,节衣缩食把积蓄寄回家,更为重要的是,留守妇女和留守儿童生活同样非常困难,难道农村青壮年既不养老人,也不养自己小孩吗?显然,农村老人的生活困苦不全是孝道衰落导致的,这是农民工家庭为了将来或下一代牺牲的理性决策,或对未来有良好预期的表现。农村养老问题的困境,一定程度上还需要依赖国家。现行的政策设计有所突破,新农保,普惠式的养老金,但还有进一步提升的空间。

最后,将农民工视为低人一等是一种赤裸裸的歧视。长期以来,因为农村人地位低下,城市居民出于优越感,自农民进城的那一刻起,就对农民怀着异样的眼光,一些歧视性的词就开始出现,比如,盲流、打工仔、打工妹、棒棒,甚至农民工这个词本身就是歧视性的。我们应该承认农民工在城市中的贡献,在城市分工体系中的地位。将农民工视为低人一等有悖于伦理,是没有平等精神的表现,更不能将他们进行工具性利用,应该将其当做享有各种完整权利的公民,充分发挥他们在城市中应有的作用,给予他们应有的尊重。每一个农民都有权利在城市和农村之间自由流动,这也是实现城乡生产要素自由流动,实现我国现代化的必由之路。

那么,农民工在城市又有哪些好处呢?

农民工流入城市,即使最开始住在贫民窟,有经济实力后都会在城市买房和买车。他们融入城市,为城市做了巨大贡献,成了城市分工体系的一部分,而且还是从事城市居民不愿意干的工作,年轻的优秀人才为城市经济发展提供了巨大动力。对农民工自身来说,在经济上,收入比农村高,家庭成员亦农亦工,兼业收入多样化,可以改善经济条件;在文化上,农民工进城可以见多识广,受城市文化熏陶,实现再社会化,逐渐成为现代人;在机会上,可以充分利用城市的聚集效应,发现更多的就业机会、创业机会和学习机会,在此基础上,还可以挖掘自己的潜能,发现自己身上的天赋,为成功创业创造条件。即使农民工住在城市贫民窟也不一定是坏事。流动人口在贫民窟是一个向上流动的阶梯,待在农村机会更少,更贫困,更无法向上流动。住在城市贫民窟可以改善经济状况,增长见识,发现机会,挖掘自己的潜能。这一点是不容忽视的。

新生代农民工在县城买房,效果同样不可忽视。不但具有以上居住在城市的优点,而且满足了他们居住在城市,变成市民的愿望,是实现向上流动的标志,更为他们实现代际向上流动提供了坚实基础。另外,他们进入城市后,流转出了土地,为现代化农业提供了契机,可以实现农业规模化。他们的子代已经生活在城市,符合我国城市化的大趋势。相反,城市居民也可以在乡下流转土地从事农业生产,租用农房经营。这实质上正在打通城乡生产要素的流通管道,正在实现城乡一体化。不管是城市居民,还是农村居民,愿意从事农业的都有机会去从事农业,愿意在城市工作的都有机会在城市工作,实现公民在城乡间自由流动,也可以实现生产要素的最优配置。农民工这个词也就可以消失了。

近几年,国家组织了保障农民工权益的各种活动,开展了促进农民工就业的"春风行动",加强了就业培训和劳动维权(治理欠薪)工作,保证农民工享受均等的教育和医疗等市民化的公共服务。并且,出台了大量对农民工利好的政策,比如,2012 年颁布了《关于做好进城务工人员随迁子女接受义务教育后在当地参加升学考试工作的意见》,解决了农民工子女的异地入学与高考问题。2014 年颁布了《城乡养老保险制度衔接暂行办法》,解决了职工养老保险和新农保或城居保的重复参保、转移接续困难等问题。2014 年国务院颁布的《国务院关于进一步做好为农民工服务工作的意见》更是从总体上为农民工融入城市奠定基础,显示国家在城乡一体化有了明确的方向,完全可以期待农民工问题会逐渐得到解决。

第三节　城乡一体化是农民工终结的根本出路

很多城市居民对农民工进城很不理解,曾经有政协委员竟然建议农村孩子不要高考,认为回不了农村是悲剧。城市精英对农民工进入城市都存在诸多误区,更遑论被农民工抢占工作的普通城市居民了。其实,费孝通对此就有深刻的洞见。他认为要通过农村工业化,提高生活水平,发展小城镇解决农村落后问题,解决农村问题要靠工业化和现代化。显然,有些人的认识远不如几十年前的费孝通。

很多人对农民工进城特别苦,家庭留在农村同样也苦,感到特别不解。甚至还从农村衰败,农村精英流失,农村"空心化",农业老龄化和妇女化来说明农民工进城的"危害"。其实,这都是站在城市人的角度来看农村,是不自觉的城市优越感的流露,缺乏对农民的"同情式"理解。所谓的同情,是亚当·

斯密意义上的同情,既指换位思考,站在农民角度看进城,也要从公正的旁观者角度,看农民的处境。城市历来就是财富和地位的象征,从城市的诞生起就是富贵人居住的地方。新中国成立后,形成的城乡二元结构,城市通过"剪刀差"剥夺农村。城市工人无论生活水平、就业、就医、就学,还是退休养老,都不知道比农民好多少倍。城市居民享受的经济和社会权利远非农民可比,慢慢就形成了一种天然的优越感,并且认为城市是自己的城市,和农民无关,而恰恰忽视了农民也是这个国家的公民,有自由流动的权利。无论城乡,所有公民都有自由流动权,在其间选择自己生活的地方。谁的城市,谁的农村? 在人们的观念中是需要明晰的。生产要素在城乡间畅通无阻地自由流动,是确保人们自由流动和选择的前提条件。

农民工进城住得差,工作条件差,但是,如果他们待在农村更苦。虽然导致了留守儿童、留守老人和留守妇女问题,且要遭受家庭亲人的分离的痛苦,但为了生活更好,他们必须承担这些代价。这都是他们理性选择和再三权衡的结果,就像他们再苦也要培养小孩,再累也要让孩子上大学一样,以摆脱农村困苦生活,有个好的前程。曾经城乡经济和社会发展之间巨大的差距,农村人与城里人社会地位的落差,给农村人留下了深刻的记忆。农村人要脱离农村曾经只有参军、招工和考大学三条路。改革开放后,增加了流入城市打工的门槛低代价小的途径,农民工就涌入城市,去寻找更多的机会,更光明的前途,创造美好的生活。赵旭东等研究者,只看到了桃花源般的农村,却忽视了农村落后和农民地位低的另一面。当然,他们在注意到农村落后时,似乎又忽视了桃花源般的一面。毫无疑问,研究者在谈论这些问题时是有选择性的。希望农民工回到农村时,会夸大农村美好的一面,希望解决农村问题时,又强调农村落后的一面。更为重要的是,不管是桃花源般的生活,还是守望相助的社区共同体,农村美好的一面也是城市居民建构出来或想象出来的。农村生活设施总体比不上城市,和偶尔去农村旅游的体验有天壤之别。农村人际关系也比想象的复杂,内部矛盾错综复杂,只是因为面子而掩盖。城市人羡慕农村是因为可以来去自由,自由流动使城市人对农村有美好想象的空间,农民工现在来去自由,生活水平提高以后也认为农村不错,有的人老了会想回到农村生活,但这都是以权利平等和经济发展为前提的。他们在城市打拼后,生活宽裕了,经济富足了,在城市也可以买房了,土地可以流转了,农村也得到了发展,经济水平不断提高,自然环境变得更优美,但是,他们反而不愿意轻易放弃农村利益了。这些都说明自由流动和权利保证对农民的重要性,对农村发展的重要性。也说明,农村文化的传承与保护不能以牺牲农村人自由流动为代价,否则,既保护不好,也传承不了。

农村是让喜欢农村生活的人生活在农村,城市是让喜欢生活在城市的人生活在城市,这就需要生产要素在城乡间自由流动。无论生活在农村,还是生活在城市,只有人们都生活富足、流动自由,才是城乡一体化的要义,这也是国家繁荣和社会进步的标志。

参考文献

1. 2010 年中央一号文件:《国务院关于加大统筹城乡发展力度　进一步夯实农业农村发展基础的若干意见》,新华网,2010 年 1 月 31 日,http://news.qq.com/a/20100131/001379.htm。

2.《80 后的养老危机:可能是史上最悲剧一代》,腾讯网,2016 年 3 月 20 日,http://finance.qq.com/a/20160320/006669.htm。

3.《38.2% 深圳新生代农民工希望未来一年创业当老板》,人民网,2010 年 7 月 15 日,http://news.sohu.com/20100715/n273531898.shtml。

4.《2015 年中国外出农民工 1.68 亿人　平均工资 2864 元》,中商情报网,2015 年 2 月 28 日,http://www.askci.com/news/2015/02/28/17461806t5.shtml。

5.《85% 小区没有业主委员会》,《北京日报》2005 年 11 月 4 日。

6.《"80 后"新生代农民工成流动人口主体　关注新需求》,《光明日报》2012 年 8 月 7 日。

7. 艾莉森·贾格:《性别差异与男女平等》,王政、杜芳琴主编:《社会性别研究选译》,三联书店 1998 年版。

8. 白天亮:《招工难、用工贵,部分企业用机器替换人力——"机器换人"会影响就业吗?》,《人民日报》2014 年 6 月 6 日,第 17 版。

9. 班保申、宫娜:《和谐社会构建中的社区文化建设》,《学术交流》2007 第 4 期,第 29 页。

10. 边燕杰、张磊:《论关系文化与关系社会资本》,《人文杂志》2013 年第 1 期,第 107 页。

11. 包蕾萍:《生命历程理论的时间观探析》,《社会学研究》2005 年第 4 期,第 121—124 页。

12. 包晓霞:《社会学关于现代社会管理和社会建设的理论》,《甘肃社会科学》2010 年第 5 期,第 197 页。

13. 卞冬梅:《社会现代化进程中我国乡土社会的解构与重建》,《内蒙古农业大学学报(社会科学版)》2009 年第 5 期,第 241 页。

14. 布赖恩·贝利:《比较城市化:20 世纪的不同道路》,顾朝林译,商务印书馆 2010 年版。

15. 才凤伟、王拓涵:《新生代农民工的城市创业与国家政策》,《经济与管理》2012 年第 7 期,第 29 页。

16.《财经》综合报道:《佛山一工厂工人为能加班集体罢工 称想多挣钱》,财经网,2011 年 12 月 20 日,http://finance.sina.com.cn/china/dfjj/20111220/125011024802.shtml。

17. 常伟、张雪婷:《新生代农民工定居意愿研究:基于安徽的经验分析》,《统计与决策》2017 年第 3 期,第 121 页。

18. 曹子玮:《农民工的再建构社会网与网内资源流向》,《社会学研究》2003 年第 3 期,第 105 页。

19. 曹广忠、边雪、赵金华:《农村留守家庭的结构特征与区域差异——基于 7 省 30 县抽样调查数据的分析》,《人口与发展》2013 年第 4 期,第 2—10 页。

20. 曹锦清:《黄河边的中国》,上海文艺出版社 2013 年版。

21. 曹瑛:《中国农民退休制度创新研究》,《河北大学学报(哲学社会科学版)》2014 年第 5 期,第 24 页。

22. 曹锐:《新生代农民工婚恋模式初探》,《南方人口》2010 年第 5 期,第 53 页。

23. 陈群:《大公报:农民能够"退休"解中华民族后顾之忧》,中国新闻网,2010 年 1 月 6 日,http://www.chinanews.com/hb/news/2010/01-06/2056236.shtml。

24. 陈峰:《分利秩序与基层治理内卷化——资源输入背景下的乡村治理逻辑》,《社会》2015 年第 3 期,第 95—120 页。

25. 陈锋:《"闪婚"与"跨省婚姻":打工青年婚恋选择的比较研究》,《西北人口》2012 年第 4 期,第 52—57 页。

26. 陈柏峰:《乡村混混与农村社会灰色化》,华中科技大学中国乡村治理研究中心博士论文,2008 年。

27. 陈柏峰:《代际关系变动与老年人自杀——对湖北京山农村的实证研究》,《社会学研究》2009 年第 4 期,第 173 页。

28. 陈光裕、徐琴:《租、住区隔:城市中的二元社区及其生成——以产权为视角的个案研究》,《学海》2014 年第 6 期,第 75 页。

29. 陈娟:《新型农村社会养老保险制度的微观解析——以苏北农村为例》,《江西财经大学学报》2009 年第 3 期,第 29—32 页。

30. 陈黎:《外来工社会排斥感探析:基于社会网络的视角》,《社会》2010 年第 4 期,第 172 页。

31. 陈琦、何静:《农村留守妇女社会支持研究综述——兼论社会工作的介入策略》,《妇女研究论丛》2015 年第 2 期,第 106—112 页。

32. 陈建兰:《经济较发达地区农村空巢老人养老问题实证研究——以苏州农村为例》,《中国农村观察》2009 年第 4 期,第 47 页。

33. 陈墨:《"高龄农民工":干到何时才能安心养老》,《中国青年报》2015 年 5 月 13 日,第 9 版。

34. 陈强:《新生代农民工春节假期回家闪婚彩礼钱底价 16 万》,《羊城晚报》2014 年 2 月 17 日。

35. 陈涛:《政治与社会:基于对〈论法的精神〉的诠释》,《社会》2015 年第 6 期,第 51 页。

36. 城市社区文化建设课题组:《新时期中国城市社区文化建设的理论思考》,《江淮论坛》2001 年第 2 期,第 76 页。

37. 程令国、张晔、刘志彪:《"新农保"改变了中国农村居民的养老模式吗?》,《经济研究》2013 年第 8 期,第 42 页。

38. 崔烨、靳小怡：《家庭代际关系对农村随迁父母心理福利的影响探析》，《中国农村经济》2016 年 6 期，第 15 页。

39. 戴卫东、孔庆洋：《农村劳动力转移就业对农村养老保障的双重效应分析——基于安徽省农村劳动力转移就业状况的调查》，《中国农村经济》2005 年第 1 期，第 40 页。

40. 戴卫东：《中国农村社会养老保险制度研究述评》，《中国农村观察》2007 年第 1 期，第 71 页。

41. 邓圩、张文：《机器换人　农民工向西向东？》，《人民日报》2014 年 6 月 22 日，第 10 版。

42. 邓春凤、刘宝成：《乡土重建——村庄可持续发展的模式》，《小城镇建设》2009 年第 7 期，第 79 页。

43. 邓飞、吴军：《调查称河南八成农民愿进城落户　9 市出台购房补贴政策》，《河南商报》2015 年 12 月 29 日。

44. 邓宗豪、甘悦：《城镇化进程中农民工的城市融入问题》，《甘肃社会科学》2014 年第 6 期，第 18 页。

45. 邸志永、宋文雅：《保定"最原始山村"或将消失　老人成"末代村民"》，《保定晚报》2015 年 10 月 26 日。

46. 杜宾宾、白雪：《论纠正城市化偏态发展的新型城市化变革》，《经济体制改革》2014 年第 2 期，第 5 页。

47. 董敬畏：《贿选、恩庇与基层治理——以 Y 村为例》，《浙江学刊》2015 年第 1 期，第 194 页。

48. 段成荣：《我国流动和留守儿童的几个基本问题》，《中国农业大学学报（社会科学版）》2015 年第 1 期，第 46—50 页。

49. 段江丽：《男权的失落：从〈醒世姻缘传〉看明清小说中的"女尊男卑"现象》，《浙江社会科学》2002 年第 6 期，第 147—151 页。

50. 段新星、王秋月：《青年婚姻市场中的彩礼定价——以南方 G 县城的婚姻市场为例》，《中国青年研究》2016 年第 9 期，第 29 页。

51. 方巍：《发展型社会政策：理论、渊源、实践及启示》，《广东工业大学学报（社会科学版）》2013 年第 1 期,第 5 页。

52. 范可:《流动性与风险:当下人类学的课题》,《中南民族类大学学报（人文社会科学版）》2014 年第 5 期,第 36 页。

53. 范成杰、杨燕飞:《"无媒不婚":家庭策略下的农村打工青年婚配模式研究》,《华南农业大学学报（社会科学版）》2013 年第 1 期,第 67 页。

54. 费孝通:《行行重行行》,宁夏人民出版社 1992 年版;转引自宋林飞:《费孝通小城镇研究的方法与理论》,《南京大学学报（哲学·人文科学·社会科学）》2000 年第 5 期,第 13—16 页。

55. 费孝通:《乡土中国》,上海世纪出版集团 2013 年版。

56. 费孝通:《小城镇 大问题》,1983 年,http://www.71.cn/2013/0328/708152_2.shtml。

57. 风笑天:《农村外出打工青年的婚姻与家庭:一个值得重视的研究领域》,《人口研究》2006 年第 1 期,第 60 页。

58. 冯志刚:《江西南坑村:一个村庄只剩下一个人》,《都市快报》2012 年 10 月 28 日,第 10 版。

59. 冯小、陈靖:《闪婚—闪离:农村青年的婚姻异化及其社会基础——赣南 B 村的新型婚姻模式》,《南方人口》2012 年第 1 期,第 34 页。

60. 弗里德里希·奥古斯特·冯·哈耶克:《致命的自负》,中国社会科学出版社 2013 年版。

61. 符平、唐有财:《倒"U"型轨迹与新生代农民工的社会流动——新生代农民工的流动史研究》,《浙江社会科学》2009 年第 12 期,第 41 页。

62. 符晓波:《村庄消失,城市能繁荣吗》,《中国新闻周刊》2012 年 11 月 5 日,http://opinion.huanqiu.com/opinion_china/2012-11/3244669.html。

63. 高珮君:《外媒:城市化中消失的中国村庄》,《青年参考》2013 年 12 月 4 日, http://qnck.cyol.com/html/2013-12/04/nw.D110000qnck_20131204_1-26.htm。

64. 葛晓巍、叶俊涛:《刘易斯拐点下农民工就业结构及产业结构变化——基于苏、浙、粤的调查》,《经济学家》2014 年第 2 期,第 67 页。

65. 龚贻洲:《论社区文化及其建设》,《华中师范大学学报(哲学社会科学版)》1997 年第 5 期,第 1 页。

66. 龚虹波:《论"关系"网络中的社会资本——一个中西方社会网络比较分析的视角》,《浙江社会科学》2013 年 12 期,第 100 页。

67. 顾仲阳:《人民日报谈户籍改革要让农民进退有路》,《人民日报》2014 年 8 月 25 日。

68. 贵州省人民政府研究室:《从"刘易斯拐点"看欠发达地区劳动力红利的释放——以贵州省为例》,《经济社会体制比较》2014 年第 4 期,第 17 页。

69. 桂华、余练:《婚姻市场要价:理解农村婚姻交换现象的一个框架》,《青年研究》2010 年第 3 期,第 35 页。

70. 桂华:《论法治剩余的行政吸纳——关于"外嫁女"上访的体制解释》,《开放时代》2017 年第 2 期,第 168 页。

71. 郭星华、郑日强:《农民工创业:留城还是返乡——对京粤两地新生代农民工创业地选择倾向的实证研究》,《中州学刊》2013 年第 2 期,第 68 页。

72. 郭淑芬、吴卫民:《购房成本大幅下降　上饶楼市新政惠民力度空前》,《上饶日报》2009 年 5 月 26 日。

73. 郭俊霞:《农村社会转型中的婚姻关系与妇女自杀——鄂南崖村调查》,《开放时代》2013 年第 6 期,第 82 页。

74. 郭晓鸣、廖祖君:《中国城郊农村新型城市化模式探析——来自成都市温江区的个案》,《中国农村经济》2012 年第 6 期,第 40 页。

75. 郭于华:《重读农民学经典论题——"道义经济"还是"理性小农"》,爱思想网,2007 年 11 月 21 日,http://www.aisixiang.com/data/16654.html。

76. 郭于华:《代际关系中的公平逻辑及其变迁》,应星、周飞舟、渠敬东主编:《中国社会学文选》(下),中国人民大学出版社 2011 年版。

77. 国务院印发:《关于调整城市规模划分标准的通知》,新华网,2014 年 11 月 20 日,http://news.xinhuanet.com/2014-11/20/c_1113330964.htm。

78. 国家统计局课题组:《城市农民工生活质量状况调查报告》,《调研世界》2007 年第 1 期,第 25 页。

79. 国虹、毛丹:《交换关系的断裂与重塑——关于"民工荒"的政治社会学分析》,《浙江社会科学》2006 年第 4 期,第 82 页。

80. 关璐、朱启臻:《中国农民"善分不善合"心理机制分析》,《长治学院学报》2009 年第 6 期,第 6 页。

81. 关信平:《朝向更加公平、平等和高效的社会政策——对我国社会政策公平性的理论思考》,《广东工业大学学报(社会科学版)》2013 年第 3 期,第 5 页。

82.《杭州工厂老板:开价七千为何招不到一个技术工?》,《新京报》2016 年 9 月 23 日, http://finance. sina. com. cn/china/2016 – 09 – 23/doc – ifxwevmc5236282. shtml。

83. 韩德强:《有谁懂得农村? ——读〈黄河边的中国〉有感》,社会学视野网,2009 年 12 月 13 日, http://www. sociologyol. org/shehuibankuai/shuping/2009–12–13/9300.html。

84. 韩德强:《中国农民善分不善合?》,《天涯》2001 年第 3 期,第 44 页。

85. 韩光亮:《董家口,一个村庄的消失与新生》,《青岛日报》2009 年 6 月 11 日,第 3 版。

86. 韩启民:《城镇化背景下的家庭农业与乡土社会:对内蒙赤峰市农业经营形式的案例研究》,《社会》2015 年第 5 期,第 122 页。

87. 郝寿义、王家庭、张换兆:《工业化、城市化与农村土地制度演进的国际考察——以日本为例》,《上海经济研究》2007 年第 1 期,第 40 页。

88. 何军:《代际差异视角下农民工城市融入的影响因素分析——基于分位数回归方法》,《中国农村经济》2011 年第 6 期,第 15 页。

89. 何晓红:《新生代女性农民工城市融入的个案素描——基于生命历程理论研究的视角》,《湖北文理学院学报》2013 年第 12 期,第 32 页。

90. 何晓红:《一个女性农民工的 30 年进城打工生活史——基于生命历程理论研究的视角》,《中国青年研究》2011 年第 5 期,第 37 页。

91. 何增科:《我国社会管理体制的现状分析》,《甘肃行政学院学报》2009 年第 4 期,第 101 页。

92. 何斌:《关于社区文化建设的思考》,《人民论坛》2011 年第 5 期(中),第 150 页。

93. 贺聪志、叶敬忠:《农村留守老人研究综述》,《中国农业大学学报(社会科学版)》2009 年第 2 期,第 24—34 页。

94. 贺雪峰:《中国式城乡二元结构与农民工返乡》,社会学视野网,2010 年 11 月 13 日,http://www. sociologyol. org/yanjiubankuai/fenleisuoyin/fenzhishehuixue/nongcunshehuixue/2010-11-13/11462. html。

95. 贺雪峰:《评"增人不增地、减人不减地"》,《三农中国》2012 年 5 月 13 日,http://www.snzg.cn/article/2012/0513/article_28682. html。

96. 贺雪峰:《农村代际关系论:兼论代际关系的价值基础》,《社会科学研究》2009 年第 5 期,第 84—92 页。

97. 贺雪峰:《农村家庭代际关系的变动及其影响》,《江海学刊》2008 年第 4 期,第 108 页。

98. 贺雪峰:《农村家庭代际关系的变动及其影响》,《江海学刊》2008 年第 4 期,第 108—103 页。

99. 贺雪峰:《土地确权应当慎行》,《决策》2014 年第 7 期,第 15 页。

100. 贺雪峰:《未来农村社会形态:半熟人社会》,《中国社会科学报》2013 年 4 月 19 日,第 8 版。

101. 贺雪峰、郭俊霞:《试论农村代际关系的四个维度》,《社会科学》2012 年第 7 期,第 78 页。

102. 华生、周其仁:《华生和周其仁到底在争论什么?》,共识网,2014 年 10 月 2 日,http://www. 360doc. com/content/14/1023/10/185514_419334766. shtml。

103. 黄斌欢:《双重脱嵌与新生代农民工阶级形成》,《社会学研究》2014 年第 2 期,第 179 页。

104. 黄庆玲、张广胜:《新生代农民工中小城市定居意愿探析——基于辽宁市县的调查》,《调研世界》2013 年第 7 期,第 29 页。

105. 黄庆明:《赣西北空心村:不亡而待尽》,《都市快报》2012 年 10 月 28

日,第 11 版。

106. 黄盛、胡晓鸣、马佳:《城市化进程中的财富回流现象》,《城市问题》2010 年第 5 期,第 7 页。

107. 黄小星:《内地村庄大量消亡,因农村没有挣钱的机会》,《都市快报》2012 年 10 月 28 日。

108. 黄延廷、武玉:《台湾农业政策的调整及其对大陆农地规模化经营的启示》,《浙江农业学报》2014 年第 1 期,第 235—240 页。

109. 黄兆信、曾纪瑞、曾尔雷:《新生代农民工城市创业的职业教育初探》,《东南学术》2012 年第 6 期,第 317 页。

110. 黄振荣、郑英隆:《农民工回乡创业:我国农村工业化的内涵扩展》,《学术研究》2009 年第 9 期,第 72 页。

111. 黄宗智:《华北的小农经济与社会变迁》,法律出版社 2014 年版。

112. 黄宗智:《超越左右:从实践历史探寻农村发展出路》,法律出版社 2014 年版。

113. 胡怀邦:《助力实现"三个 1 亿人"目标》,求是理论网,2014 年 2 月 16 日,http://www. qstheory. cn/zxdk/2014/201404/201402/t20140213_320446.htm。

114. 黄俊辉、李放:《农村养老保障政策的绩效考察——基于 27 个省域的宏观数据》,《人口学刊》2013 年第 1 期,第 15 页。

115. 黄进:《价值冲突与精神皈依——社会转型期新生代农民工价值观研究》,南京师范大学出版社 2010 年版。

116. 黄锐、李其聪:《"工业机器人产业"与"机器换人"齐飞》,《东莞日报》2014 年 8 月 7 日。

117. 黄小军:《社区文化建设中居民幸福感影响因素实证研究》,《福建论坛(人文社会科学版)》2014 年第 10 期,第 170 页。

118. 黄兴国:《发展中等城市是我国农村城市化的重点》,《理论前沿》1997 年第 16 期,第 8 页。

119. 黄艳、陈悦悦:《民俗文化在城乡社区文化建设中的作用——以三峡地区为例》,《社会科学家》2010 年第 4 期,第 108 页。

120. 黄祖辉:《泥潭县农村土地制度改革的实践、贡献与启示》,《中国乡村发现》2012 年第 4 期,第 20 页。

121. 胡湛、彭希哲:《家庭变迁背景下的中国家庭政策》,《人口研究》2012 年第 2 期,第 3 页。

122. 胡珍、程静:《青年农民工恋爱及婚前性行为状况研究报告——基于成都市服务行业青年农民工的调查》,《中国青年研究》2008 年第 1 期,第 42 页。

123. 加布里埃尔·A.阿尔蒙德:《公民文化——五个国家的政治态度和民主制》,张明澍译,商务印书馆 2014 年版。

124. 江赛清:《论我国城市社区文化的兴起及建设思路》,《求实》2002 年第 7 期,第 12 页。

125. 江立华、陈文超:《返乡农民工创业的实践追求——基于六省经验资料的分析》,《社会科学研究》2011 年第 3 期,第 91 页。

126. 江涛:《乡村共同体的衰落——从赣南山区自然村庄的消亡看农村社区的变迁》,《广西民族大学学报(哲学社会科学版)》2007 年第 S1 期,第 23—27 页。

127. 贾丽萍:《"新农保"下农民退休年龄的调整及其可适性研究》,《中国社会学会 2010 年年会——"社会稳定与社会管理机制研究"论坛论文集》,2010 年。

128. 贾莉丽:《正在消失的村庄》,《甘肃经济日报》2014 年 1 月 6 日。

129. 姜义华:《百年蹒跚——小农中国的现代觉醒》,(香港)三联书店 1992 年版;转引自张敦福:《"消遣经济"的迷失:兼论当下中国生产、消费与休闲关系的失衡》,《社会科学》2015 年第 10 期,第 53 页。

130. 蒋伏心、谈巧巧:《民工荒、刘易斯拐点和人口红利拐点——基于经济学角度的再认识》,《江苏社会科学》2014 年第 2 期,第 35 页。

131. 蒋勤:《人民公社时期"钻空式"非农民经济与农民谋生理性——以浙东 N 村为例》,北京大学硕士论文,2006 年;转引自吴愈晓:《家庭背景、体制转型与中国农村精英的代际传承(1978—1996)》,《社会学研究》2010 年第 2 期,第 148 页。

132.《结婚首选老乡　新生代农民工婚恋观传统》,中国新闻网,2010 年 5 月 8 日,http://news.ifeng.com/mainland/detail_2010_05/08/1497292_0.shtml。

133. 金一虹:《也谈男女平等的收获与代价》,《社会学研究》1995 年第 1 期,第 101 页。

134. 金一虹:《城市化——妇女发展的又一机遇与挑战》,《妇女研究论丛》2001 年第 6 期,第 4 页。

135. 金一虹:《流动的父权:流动农民家庭的变迁》,《中国社会科学》2010 年第 4 期,第 151 页。

136. 金一虹:《离散中的弥合——农村流动家庭研究》,《江苏社会科学》2009 年第 2 期,第 98 页。

137. 金耀基:《人际关系中人情之分析》,《中国人的心理》,杨国枢主编,中国人民大学出版社 2012 年版。

138. 金太军、王军洋:《村民选举过程的家族博弈——集体行动的视角》,《社会科学战线》2011 年第 2 期,第 168 页。

139. 康子兴:《商业与道德:亚当·斯密理论中的社会维度》,《社会学研究》2015 年第 4 期,第 56 页。

140. 康鹏:《武汉一工厂减 7000 工人产能反增　机器换人告别用工荒》,长江网,2015 年 11 月 11 日,http://hb.ifeng.com/dfzx/detail_2015_11/11/4546786_0.shtml。

141. [德]柯武刚、史漫飞:《制度经济学——社会秩序与公共政策》,韩朝华译,商务印书馆 2004 年版。

142. 克莱姆·布鲁克斯、杰夫·曼扎:《发达的民主国家中社会政策的回应性》,季蕾译,《经济社会体制比较》2011 年第 3 期,第 53 页。

143. 孔祥利、卓玛草:《农民工城市融入的非制度途径——社会资本作用的质性研究》,《陕西师范大学学报(哲学社会科学版)》2016 年第 1 期,第

116 页。

144. 赖晓飞、胡荣:《论社会资本与农村社区文化建设——基于 CGSS2005 调查数据的分析和思考》,《西北政法大学学报》2008 年第 6 期,第 116 页。

145. 郎秀云:《确权确地之下的新人地矛盾》,《探索与争鸣》2015 年第 9 期,第 44 页。

146. 郎友兴:《从小区到新故乡:社区文化与中国城市社区建设》,《浙江社会科学》2013 年第 5 期,第 76 页。

147. 李刚:《工资上升、劳动力短缺与刘易斯拐点幻觉》,《人口与经济》2012 年第 6 期,第 39 页。

148. 李秉奎:《婚介、择偶与彩礼:人民公社时期农村青年的婚姻观念及行为》,《当代中国史研究》2012 年第 4 期,第 70 页。

149. 李飞龙:《国家权力与农村私人生活领域的变革(1949—1978)——以农村婚姻的解体为考察中心》,《山西师范大学学报(社会科学版)》2012 年第 5 期,第 97 页。

150. 李金来:《我国城市化应走优先发展中等城市的道路》,《城市问题》1990 年第 2 期,第 30 页。

151. 李培林、渠敬东、杨雅彬编:《中国社会学典导读》,社会科学文献出版社 2009 年版。

152. 李培林:《流动农民工的社会网络和社会地位》,《社会学研究》1996 年第 4 期,第 45 页。

153. 李培林、沈关宝等:《小城镇关系大问题》,《光明日报》2013 年 12 月 8 日,第 6 版。

154. 李培林、田丰:《中国农民工社会融入的代际比较》,《社会》2012 年第 5 期,第 1 页。

155. 李培林:《理性选择理论面临的挑战及其出路》,《社会学研究》2001 年第 6 期,第 43 页。

156. 李培林:《城市化与我国新成长阶段——我国城市化发展战略研究》,《江苏社会科学》2012 年第 5 期,第 44 页。

157. 李强、邓建伟、晓筝:《社会变迁与个人发展:生命历程研究的范式与方法》,《社会学研究》1999 年第 6 期,第 1—2 页。

158. 李强、葛天任:《社区的碎片化——Y 市社区建设与城市社会治理的实证研究》,《学术界》2013 年第 12 期,第 40 页。

159. 李迎生:《关于现阶段我国城市化模式的探讨》,《社会学研究》1988 年第 2 期,第 36 页。

160. 李迎生、刘艳霞:《社会政策与农民工群体的社会保护》,《社会科学研究》2006 年第 6 期,第 100 页。

161. 李晟赟:《乡土社区文化——中国现代社区文化建设之根》,《石河子大学学报(哲学社会科学版)》2009 年第 3 期,第 78 页。

162. 李文溥、熊英:《"刘易斯拐点"的一个理论证伪——基于产品市场的视角》,《经济研究》2015 年第 5 期,第 134 页。

163. 李义波:《论"农民不善合":兼论生活世界里的农民合作问题》,《社会主义研究》2010 年第 4 期,第 79 页。

164. 李永萍、杜鹏:《婚变:农村妇女婚姻主导权与家庭转型——关中 J 村离婚调查》,《中国青年研究》2016 年第 5 期,第 86 页。

165. 李友梅、肖瑛、黄晓春:《当代中国社会建设的公共性困境及其超越》,《中国社会科学》2012 年第 4 期,第 126 页。

166. 李友梅:《中国社会管理新格局下遭遇的问题——一种基于中观机制分析的视角》,《学术月刊》2012 年第 7 期,第 13 页。

167. 李长灿:《机器换人勾勒"工业 4.0"实践路径》,《杭州日报》2014 年 12 月 10 日,第 A10 版。

168. 李丹:《理解农民中国——社会科学哲学的案例研究》,张天虹、张洪云、张胜波译,江苏人民出版社 2008 年版。

169. 李东坡:《我国农民工婚姻问题研究——以豫东地区为例》,《兰州学刊》2012 年第 7 期,第 169 页。

170. 李国珍、张应良:《村庄衰落的多维表现及有效治理:258 个样本》,《改革》2013 年第 5 期,第 88—96 页。

171. 李美锋:《全国政协委员谢德体建议设立农民"退休"制度》,中国新闻网,2009 年 4 月 23 日,http://news.xinhuanet.com/politics/2009 – 04/23/content_11240942.htm。

172. 李明德:《一个村庄的消失与一个现代化城市的嬗变》,《郑州日报》2008 年 6 月 3 日,第 11 版。

173. 李晚成:《昔日红红火火的千人大村,如今冷冷清清仅 60 人留守》,《江西日报》2012 年 3 月 13 日,第 C1 版。

174. 李小云:《乡村的衰落无法避免》,人民论坛网,2015 年 4 月 18 日,http://theory.rmlt.com.cn/2015/0420/382839.shtml。

175. 李志江:《"返乡置业"背后的新二元变局》,《城市开发》2012 年第 1 期,第 36 页。

176. 栗志强:《农村男青年婚姻移民推动下的"城镇化"问题——基于豫北 L 县的调查》,《理论探索》2011 年第 6 期,第 86 页。

177. 廖丹清:《中国城市化道路与农村改革和发展》,《中国社会科学》1995 年第 1 期,第 53 页。

178. 黎民、杨惠:《民工潮、民工荒与中国农村劳动力的战略转移》,《社会科学战线》2006 年第 3 期,第 206 页。

179. 黎慧玲:《多地提出财政补贴农民工买房》,财新网,2016 年 1 月 28 日,http://finance.qq.com/a/20160128/049527.htm。

180. 梁波、王海英:《城市融入:外来农民工的市民化——对已有研究的综述》,《人口与发展》2010 年第 4 期,第 73 页。

181. 梁漱溟:《中国文化要义》,上海人民出版社 2014 年版。

182. 梁宏:《生命历程视角下的"流动"与"留守"——第二代农民工特征的对比分析》,《人口研究》2011 年第 4 期,第 17 页。

183. 梁发芾:《村庄消失不必过分惋惜》,《中国经营报》2012 年 11 月 12 日。

184. 梁海艳:《流动人口的返乡与外出意愿研究——基于安徽、四川、河南、湖南、江西、贵州六省数据的分析》,《南方人口》2015 年第 1 期,第 58—

69 页。

185. 林燕、张忠根:《农民工的两部门生存:劳动力转移与家庭留守悖论的制度考察》,《理论学刊》2011 年第 2 期,第 58—61 页。

186. 林如珏:《温州数百人村庄逐渐消失只剩一对老人,大学生拍〈孤村〉记录》,网易新闻,2015 年 10 月 8 日,http://news.163.com/15/1008/12/B5DFBU8400014AED.html。

187. 刘晓、徐珍珍:《“机器换人”与职业教育发展:挑战与应对》,《教育发展研究》2015 年第 12 期,第 13 页。

188. 刘庆龙、冯杰:《论社区文化及其在社区建设中的作用》,《清华大学学报(哲学社会科学版)》2002 年第 5 期,第 19 页。

189. 刘守英:《湄潭土地改革:实践意义与未来走向》,中国乡村发现网,2012 年 11 月 27 日,http://www.zgxcfx.com/Article/51707.html。

190. 刘守英、邵夏珍:《贵州湄潭实行“增人不增地,减人不减地”24 年的效果与启示》,《中国乡村发现》2012 年第 4 期,第 32 页。

191. 刘淑华:《家乡的“归根”抑或城市的“扎根”——新生代农民工婚恋取向问题的研究》,《中国青年研究》2008 年第 1 期,第 47 页。

192. 刘尔铎:《城市劳动力市场结构性短缺与“民工荒”》,《人口学刊》2006 年第 1 期,第 3 页。

193. 刘燕舞:《婚姻中的贱农主义与城市拜物教——从农村光棍的社会风险谈起》,《社会建设》2015 年第 6 期,第 66 页。

194. 刘燕舞:《要反思湄潭土地试验经验——基于贵州鸣村的个案研究》,《学习与实践》2009 年第 6 期,第 116 页。

195. 刘小流:《城市社区文化建设新思考》,《理论月刊》2008 年第 4 期,第 60 页。

196. 刘斌:《追寻正在消失的山西村庄,山村最后的留守者》,《山西晚报》2011 年 3 月 2 日。

197. 刘光明、宋洪远:《外出劳动力回乡创业:特征、动因及其影响——对安徽四川两省四县 71 位回乡创业者的案例分析》,《中国农村经济》2002 年第

3 期,第 65 页。

198. 刘旺洪:《社会管理创新:概念界定、总体思路和体系建构》,《江海学刊》2011 年第 5 期,第 138 页。

199. 刘望保:《国内外生命历程与居住选择研究回顾和展望》,《世界地理研究》2006 年第 2 期,第 101—103 页。

200. 刘霞:《生命历程视角下新生代农民工的返乡选择》,《中共青岛市委党校 青岛行政学院学报》2014 年第 2 期,第 80 页。

201. 刘英团:《逐步建立职业农民退休制度》,《农民日报》2015 年 6 月 26 日。

202. 刘雨龙:《生命历程视角下的农民工社会融入研究——在京农民工的案例分析》,《社会发展研究》2016 年第 3 期,第 129 页。

203. 龙翠红、洪银兴:《城市发展模式转型过程中的"民工荒"问题研究》,《经济问题探索》2012 年第 2 期,第 73 页。

204. 卢汉龙:《经济多元化发展中的社区文化建设》,《江苏社会科学》2000 年第 4 期,第 89 页。

205. 陆铭:《中国大城市的生与死》,《东方早报》2014 年 12 月 9 日。

206. 卢海阳、梁海兵、钱文荣:《农民工的城市融入:现状与政策启示》,《农业经济问题》2015 年第 7 期,第 26 页。

207. 马常艳:《周其仁贺雪峰辩论:土地增值归政府还是农民?》,新华网,2015 年 6 月 8 日,http://www.ce.cn/xwzx/gnsz/gdxw/201506/08/t20150608_5582822.shtml。

208. 马力:《北京 2015 年前所有小区要建业主大会》,中国新闻网,2011 年 9 月 28 日,http://www.chinanews.com/estate/2011/09-28/3359341.shtml。

209. 马榕:《20 余省鼓励农民买房去库存 山西支持开发商降价》,中新网,2016 年 7 月 8 日,http://news.xinhuanet.com/politics/2016 - 07/08/c_129126849.htm。

210. 马广、周建忠:《农业领域机器换人存在的问题及对策探讨》,《现代化农业》2014 年第 11 期,第 45 页。

211.马燕:《富士康重庆厂区工人罢工:因"加班时间减少了"》,《京华时报》2014年10月13日。

212.毛丹:《村庄大转型》,《浙江社会科学》2008年第10期,第2页。

213.蒙焕琴、詹仕飞:《湄潭跻身全国新一轮第二批农村改革试验区行列》,《贵州日报》2014年11月28日。

214.[法]孟德拉斯:《农民的终结》,李培林译,社会科学文献出版社2010年版。

215.苗苗:《聚焦养老保障制度:农民参保年龄结构高 选择档次低》,中国经济网,2012年2月14日,http://www.ce.cn/xwzx/gnsz/gdxw/201202/14/t20120214_23071309.shtml。

216.穆怀中、沈毅、樊林昕、施阳:《农村养老保险适度水平及对提高社会保障水平分层贡献研究》,《人口研究》2013年第3期,第56页。

217.聂洪辉:《返乡购房:新生代农民工城市融入的调查分析》,《桂海论丛》2014年第4期,第116页。

218.聂洪辉:《与土地确权相连的三大责任》,《社会科学报》2017年5月18日,第2版。

219.聂洪辉、周斌:《新生代农民工返乡置业动因及评析》,《科学社会主义》2014年第2期,第121页。

220.聂洪辉:《返乡购房:新生代农民工城市融入的调查分析》,《桂海论丛》2014年第4期,第116—120页。

221.聂洪辉:《金融危机下农民工回流的制约因素、风险及对策》,《中共福建省委党校学报》2009年第7期,第48页。

222.樊殿华、王萍:《资本下乡VS村社互助 农地流转的两派试验》,《南方周末》2014年1月16日。

223.潘华、卓瑛:《理性与感性的双重变奏:新生代农民工定居县城行为研究》,《兰州学刊》2010年第5期,第65页。

224.潘泽泉:《中国农民工社会政策调整的实践逻辑——秩序理性、结构性不平等与政策转型》,《经济社会体制比较》2011年第5期,第55页。

225. 彭希哲、胡湛:《当代中国家庭变迁与家庭政策重构》,《中国社会科学》2015 年第 12 期,第 113 页。

226. 彭小辉、史清华:《中国村庄消失之谜:一个研究概述》,《新疆农垦经济》2014 年第 12 期,第 1—5 页。

227. 秦阿琳:《从"流动政治"到"移民政治"——农民工城市融入的代际变迁》,《中国青年研究》2013 年第 8 期,第 5 页。

228. 戚迪明、张广胜:《空间隔离与农民工城市融入》,《华南农业大学学报(社会科学版)》2017 年第 2 期,第 81 页。

229. 乔健:《关系刍议》,杨国枢主编:《中国人的心理》,中国人民大学出版社 2012 年版,第 87 页。

230. [美]乔治·瑞泽尔:《古典社会学理论》,王建民译,世界图书出版公司 2014 年版。

231. 秦晖:《"优化配置"?"土地福利"?——关于农村土地制度的思考》,《新财经》2001 年第 9 期,第 66 页。

232. 秦晖:《关于穷人住房问题的思考》,《乡音》2006 年第 9 期,第 12 页。

233. 秦晖:《城市新贫民的居住权问题——如何看待"棚户区""违章建筑""城中村"和"廉租房"》,《社会科学论坛》2012 年第 1 期,第 195 页。

234. 秦晖:《农民地权六论》,《社会科学论坛》2007 年第 5 期,第 122 页。

235. 秦晖:《使"进城农民"融入城市的社会发展过程中》,《探索与争鸣》2003 年第 5 期,第 12 页。

236. 丘海雄、张应祥:《理性选择理论述评》,《中山大学学报(社会科学版)》1998 年第 1 期,第 122 页。

237. 全国总工会新生代农民工问题课题组:《关于新生代农民工问题的研究报告》,人民网,2010 年 6 月 21 日,http://acftu. people. com. cn/GB/11921899.html。

238. 全国妇联联合调查组:《农村婚姻彩礼上升的社会成因——福建省清流县婚姻彩礼情况调查分析》,《福建论坛(经济社会版)》1987 年第 4 期,第 53 页。

239. 人口计生委发布:《中国流动人口发展报告 2012》,新华网,2012 年 8 月 7 日,http://www.gov.cn/jrzg/2012-08/07/content_2199409.htm。

240.《人民日报谈户籍改革要让农民进退有路》,《人民日报》2014 年 8 月 25 日。

241. 商春荣、王曾惠:《农民工家庭式迁移的特征及其效应》,《南方农村》2014 年第 1 期,第 55—60 页。

242. 申端锋:《从大都市到小县城:80 后农民工返乡的一个路径》,《学习与实践》2009 年第 3 期,第 128 页。

243. 申革联:《返乡置业:梦里不知身是客》,《城市开发》2012 年第 1 期,第 46 页。

244. 沈君彬:《促进新生代农民工城市融入的积极社会政策体系:理念、特征、实践》,《中共福建省委党校学报》2011 年第 11 期,第 63 页。

245. 沈君彬:《社会政策视阈下的新生代农民工城市融入:一个分析的框架》,《中共福建省委党校学报》2012 年第 10 期,第 93 页。

246. 沈毅:《"差序格局"的不同阐释与再定位——"义""利"混合之"人情"实践》,《开放时代》2007 年第 4 期,第 106 页。

247. 盛亦男:《中国的家庭化迁居模式》,《人口研究》2014 年第 3 期,第 41 页。

248. 石发勇:《业主委员会、准派系政治与基层治理——以一个上海街区为例》,《社会学研究》2010 年第 3 期,第 142 页。

249. 石智雷:《家庭禀赋、家庭决策与农村迁移劳动力回流》,《社会学研究》2012 年第 3 期,第 179 页。

250. 宋婧、杨善华:《经济体制变革与村庄公共权威的蜕变——以苏南某村为案例》,《中国社会科学》2005 年第 6 期,第 129—142 页。

251. 宋阳、闫宏微:《新生代农民工心理问题与价值观变迁研究述评》,《南京理工大学学报(社会科学版)》2011 年第 3 期,第 67 页。

252. 宋月萍、张龙龙、段成荣:《传统、冲击与嬗变——新生代农民工婚育行为探析》,《人口与经济》2016 年第 6 期,第 8 页。

253. 宋健:《农村养老问题研究综述》,《人口研究》2001 年第 6 期,第 64 页。

254. 宋青宜:《我国农村建设出现新乡绅阶层　大学生成主力军》,新浪网,2010 年 5 月 5 日,http://news. sina. com. cn/c/sd/2010 - 05 - 05/151320210050.shtml。

255. 疏仁华:《结构性流动与青年农民工婚姻行为的变迁》,《南通大学学报(社会科学版)》2009 年第 5 期,第 112 页。

256. 疏仁华:《青年农民工婚恋观的城市化走向》,《南通大学学报(社会科学版)》2011 年第 3 期,第 59 页。

257. 孙健、田明:《留守家庭对外出劳动力的回流期望研究》,《北京师范大学学报(社会科学版)》2014 年第 6 期,第 135—144 页。

258. 孙文中:《殊途同归:两代农民工城市融入的比较——基于生命历程的视角》,《中国农业大学学报(社会科学版)》2015 年第 3 期,第 68 页。

259. 孙震、樊祥叙:《年轻劳动力大量离开,村庄高速消失到底是好事还是坏事》,《中国青年报》2015 年 8 月 27 日,第 7 版。

260. 孙新华:《湄潭贡献还是湄潭教训?——与周其仁教授商榷"增人不增地,减人不减地"》,《三农中国》2014 年 10 月 14 日。

261. 孙隆基:《中国文化的深层结构》,中信出版社集团 2015 年版。

262. 索小军、孙姣:《"湄潭试验":树立农业现代化标杆》,《贵州政协报》2013 年 1 月 25 日。

263. 陶然:《中国农村土地改革的误区与进路》,《中国改革论坛》2014 年 12 月 23 日,http://www. chinareform. org. cn/Economy/Agriculture/Practice/201412/t20141223_214879.htm。

264. 谭深:《中国农村留守儿童研究述评》,《中国社会科学》2011 年第 1 期,第 138—150 页。

265. 唐灿、马春华、石金群:《女儿赡养的伦理与公平——浙东农村家庭代际关系的性别考察》,《社会学研究》2009 年第 6 期,第 18 页。

266. 唐钧:《农村"留守家庭"与基本公共服务均等化》,《长白学刊》2008

年第 2 期,第 96—103 页。

267. 唐亮:《成都:土地换社保　农民变居民》,《成都日报》2007 年 8 月 26 日。

268. 田春丹、田茉莉:《新生代农民工择偶难的原因及建议——以武汉市为例》,《民族论坛》2014 年第 1 期,第 110 页。

269. 田丰:《城市工人与农民工的收入差距研究》,《社会学研究》2010 年第 2 期,第 103 页。

270. 田艳平:《家庭化与非家庭化农民工的城市融入比较研究》,《农业经济问题》2014 年第 12 期,第 53 页。

271. 田毅鹏:《村庄过疏化与乡土公共性的重建》,《社会科学战线》2014 年第 6 期,第 8 页。

272. 童星、张海波:《"两维四分"与"三位一体"——关于农民工社会政策的建构》,《学习与实践》2006 年第 8 期,第 111 页。

273. 闾兴侠、戴媛媛:《日本农地制度的变迁对我国农地制度改革的启示》,《经济师》2010 年第 10 期,第 25 页。

274. 汪国华:《移植、解构与抽空:新生代农民工对中国传统文化的实践逻辑》,《人文杂志》2010 年第 3 期,第 171 页。

275. 汪远忠:《农民工留守家庭的结构变迁及其功能分析——以河北赵村为对象》,《学习与实践》2013 年第 3 期,第 108—114 页。

276. 王川兰:《重新理解社会管理——基于社会政策与社会组织的视角》,《探索与争鸣》2011 年第 2 期,第 43 页。

277. 王春超、张呈磊:《子女随迁与农民工的城市融入感》,《社会学研究》2017 年第 2 期,第 119 页。

278. 王春光:《农村流动人口的"半城市化"问题研究》,《社会学研究》2006 年第 5 期,第 110 页。

279. 王春光:《新生代农村流动人口的社会认同与城乡融合的关系》,《社会学研究》2001 年第 3 期,第 63 页。

280. 王春光:《新生代农村流动人口的外出动因与行为选择》,《中国党政干部论坛》2002 年第 7 期,第 30 页。

281. 王春光:《对新生代农民工城市融合问题的认识》,《人口研究》2010
年第 2 期,第 34 页。

282. 王春光:《新生代农民工城市融入进程及问题的社会学分析》,《青年
探索》2010 年第 3 期,第 5 页。

283. 王东亮等:《辉县凤凰山村——正在消亡的村庄》,《河南日报(农村
版)》2013 年 12 月 12 日。

284. 王鹤、尹来盛、冯邦彦:《从传统城市化到新型城市化——我国城市
化道路的未来选择》,《经济体制改革》2013 年第 1 期,第 17 页。

285. 王嘉顺:《区域差异背景下的城市居民对外来人口迁入的态度研究:
基于 2005 年全国综合社会调查数据》,《社会》2010 年第 6 期,第 172 页。

286. 王建民、张璐:《城乡关系、乡土危机与社会重组—费孝通的〈乡土重
建〉及其当代意义》,《新视野》2015 年第 2 期,第 124 页。

287. 王珏、邓勇:《农民"退休"之路渐行渐近》,《中国财经报》2009 年 8
月 10 日,第 5 版。

288. 王培刚、庞荣:《都市农民工家庭化流动的社会效应及其对策初探》,
《湖北社会科学》2003 年第 6 期,第 67—68 页。

289. 王彤:《中国一亿新生代农民工首次进入中央正式文件》,中国新闻
网,2010 年 2 月 1 日,http://news.qq.com/a/20100201/002590.htm。

290. 王伟、陈杰、艾玮依:《新生代农民工在三四线城市定居意愿及其影
响机制研究——基于 2014 年长三角地区流动人口动态监测数据的考察》,
《华东师范大学学报(哲学社会科学版)》2016 年第 4 期,第 37 页。

291. 王小章:《费孝通小城镇研究之"辩证"——兼谈当下中心镇建设要
注意的几个问题》,《探索与争鸣》2012 年第 9 期,第 44—48 页。

292. 王晓易:《一旦经济下滑大规模失业 新生代农民工很难回农村》,
中国经济网,2016 年 8 月 1 日,http://money.163.com/16/0801/10/
BTCJ4QL700253B0H.html。

293. 王玉君:《农民工城市定居意愿研究——基于十二个城市问卷调查

的实证分析》,《人口研究》2013 年第 4 期,第 19 页。

294.王泽:《我国人均耕地降至 1.52 亩不足世界人均水平一半》,人民网,2013 年 12 月 30 日,http://news.sohu.com/20131230/n392648100.shtml。

295.王旭:《芝加哥:从传统城市化典型到新型城市化典型》,《史学集刊》2009 年第 6 期,第 84 页。

296.王国柱:《新娘新婚之夜　前男友用高音喇叭高喊"还钱"》,新浪网,2017 年 3 月 23 日,http://news.sina.com.cn/s/wh/2017-03-23/doc-ifyc-sukm3259926.shtml。

297.王会、欧阳静:《"闪婚闪离":打工经济背景下的农村婚姻变革——基于多省农村调研的讨论》,《中国青年研究》2012 年第 1 期,第 56 页。

298.王晶:《农村市场化、社会资本与农民家庭收入机制》,《社会学研究》2013 年第 3 期,第 141 页。

299.王平:《社区文化建设的多维度思考》,《毛泽东邓小平理论研究》2006 年第 7 期,第 43 页。

300.王兴周:《结构转型、期望值与工作满意——对民工荒成因及对策的新视角》,《南方人口》2006 年第 2 期,32 页。

301.王阳、李宽、曹东勃:《社区中的职业农民——基于上海市金山区贡村的调查》,见曹东勃主编:《职业农民的兴趣——对长三角地区"农民农"研究》,中国政法大学出版社 2013 年版,第 195 页。

302.王颖:《城市发展研究的回顾与前瞻》,《社会学研究》2000 年第 1 期,第 69 页。

303.王雨林、黄祖辉:《从"民工荒"看农民工权利问题》,《南京社会科学》2005 年第 9 期,第 82 页。

304.王跃生:《当代中国城乡家庭结构变动比较》,《社会》2006 年第 3 期,第 118 页。

305.王跃生:《当代中国家庭结构变动分析》,《中国社会科学》2006 年第 1 期,第 96 页。

306.王跃生:《家庭结构转化和变动的理论分析——以中国农村的历史

和现实经验为基础》,《社会科学》2008年第7期,第90页。

307. 王跃生:《中国家庭代际关系的理论分析》,《人口研究》2008年第4期,第13页。

308. 王跃生:《中国家庭代际关系的维系、变动和趋向》,《江淮论坛》2011年第2期,第122页。

309. 王跃生:《中国城乡家庭结构变动分析——基于2010年人口普查数据》,《中国社会科学》2013年第12期,第60页。

310. 王政:《农民工就业现"短工化"趋势　短视阻碍个人发展》,人民网,2012年3月19日,http://finance.people.com.cn/GB/70846/17423844.html。

311. 王汉生、刘世定、孙立平、项飚:《"浙江村":中国农民进入城市的一种独特方式》,《社会学研究》1997年第1期,第59页。

312. 王俊斌:《20世纪50年代农村婚姻家庭的变迁》,《兰州学刊》2012年第10期,第77页。

313. 王国辉、穆怀中:《民工荒、技工短缺与农民工社会保障制度建立的临界点》,《人口与经济》2005年第4期,第13页。

314. 王晓玲:《新型城市化:研究述评、内涵及路径》,《学习与实践》2014年第7期,第46页。

315. 王小龙、兰永生:《劳动力转移、留守老人健康与农村养老公共服务供给》,《南开经济研究》2011年第4期,第21页。

316. 王丽霞、王连伟、堵琴囡:《文化认同、社区融入与市民化:新生代农民工城市融入的有效路径》,《晋阳学刊》2013年第2期,第101页。

317. 韦艳、杨大为:《婚姻支付对农村夫妻权力的影响:全国百村调查的发现》,《人口学刊》2015年第5期,第32页。

318. 魏程琳、赵晓峰:《"闪婚闪离":农村青年婚姻变革的社会基础及趋势——基于赣南Y村个案调查》,《西南石油大学学报(社会科学版)》2013年第1期,第15页。

319. 魏万青:《从职业发展到家庭完整性:基于稳定城市化分析视角的农民工入户意愿研究》,《社会》2015年第5期,第196页。

320. 魏国学、熊启泉、谢玲红:《转型期的中国农村人口高彩礼婚姻——基于经济学视角的研究》,《中国人口科学》2008 年第 4 期,第 30 页。

321. 文军、唐亚林:《变迁与创新:我国城市社区文化建设的历史考察与现实分析》,《求索》2001 年第 2 期,第 46 页。

322. 温乐平、程宇昌:《农民退休制度:失地农民养老保障的制度创新》,《江西社会科学》2009 年第 11 期,第 217 页。

323. 温铁军、温厉:《中国的"城镇化"与发展中国家城市化的教训》,《中国软科学》2007 年第 7 期,第 28 页。

324. 温铁军:《中国的城镇化道路与相关制度问题》,《开放导报》2000 年第 5 期,第 23 页。

325. 温铁军:《中国农村的小城镇建设》,香港中文大学中国研究服务中心网,1997 年,http://www. usc. cuhk. edu. hk/PaperCollection/Details. aspx? id=459。

326. 温铁军:《推进新型城镇化重点要发展县域经济》,中国经济导报网,2013 年 12 月 12 日,http://www.ceh.com.cn/llpd/2013/12/281265.shtml。

327. 温铁军:《为何我国不能实行农村土地私有化》,《红旗文稿》2009 年第 2 期,第 15 页。

328. 温铁军:《中国的城镇化道路与相关制度问题》,《开放导报》2000 年第 5 期,第 23 页。

329.《我国新生代农民工三分之一有高中及以上文化》,新华网,2014 年 5 月 12 日,http://news. xinhuanet. com/fortune/2014 - 05/12/c _ 1110650719. htm。

330.《无奈的"延迟退休":中国 50 岁以上民工达 4600 万》,腾讯网,2015 年 10 月 23 日,http://news.qq.com/a/20151023/049650.htm。

331. 吴思红、李韬:《村"两委"选举中派系贿选现象研究》,《政治学研究》2015 年第 1 期,第 104 页。

332. 吴晓燕:《从文化建设到社区认同:村改居社区的治理》,《华中师范大学学报(人文社会科学版)》2011 年第 5 期,第 9 页。

333. 吴惠芳、饶静:《农村留守妇女研究综述》,《中国农业大学学报(社会科学版)》2009 年第 2 期,第 18—23 页。

334. 吴记峰、吴晓燕:《"村改社"过程中的社区文化建设:困境与出路》,《天府新论》2010 年第 6 期,第 97 页。

335. 吴晓喻:《富士康开启"机器换人" 昆山厂区员工减少 6 万》,腾讯网,2016 年 5 月 26 日,http://finance.qq.com/a/20160526/012872.htm。

336. 吴愈晓:《家庭背景、体制转型与中国农村精英的代际传承(1978—1996)》,《社会学研究》2010 年第 2 期,第 125 页。

337. 吴宗友:《当代中国婚姻文化嬗变之探析》,《安徽大学学报(哲学社会科学版)》2008 年第 3 期,第 40 页。

338. 吴海林:《社会资本的感性基础探析》,《中州学刊》2007 年第 4 期,第 104 页。

339. 吴新慧:《传统与现代之间——新生代农民工的恋爱与婚姻》,《中国青年研究》2011 年第 1 期,第 16 页。

340. 吴敬斌:《从"湄潭试验"反思农村土地承包权的真正内涵》,中国乡村发现网,2012 年 6 月 20 日,http://www.zgxcfx.com/Article/47479.html。

341. 吴思红:《村民委员会选举中贿选的内在逻辑》,《东南学术》2010 年第 2 期,第 21 页。

342. [美]西奥多·W.舒尔茨:《改造传统农业》,梁小民译,商务印书馆 2010 年版。

343. [美]西奥多·W.舒尔茨:《经济增长与农业》,中国人民大学出版社 2015 年版。

344. 夏小辉、张贝:《农村留守家庭与就近就业的经济布局》,《农村经济》2006 年第 8 期,第 92—94 页。

345. 向德平:《发展型社会政策及其在中国的建构》,《河北学刊》2010 年第 4 期,第 115 页。

346. 肖唐镖、戴利朝:《村治过程中的宗族——对赣、皖 10 个村治理状况的一项综合分析》,《福建师范大学学报(哲学社会科学版)》2003 年第 5 期,第 17 页。

347. 肖唐镖:《村民选举"宗族势力干扰论"可以休矣》,《人民论坛》2011 年第 8 期,第 31 页。

348. 肖唐镖:《当前中国农村宗族及其与乡村治理的关系——对新近研究的评论和分析》,《文史哲》2006 年第 4 期,第 156—163 页。

349. 肖瑛:《差序格局与中国社会的现代转型》,《探索与争鸣》2014 年第 6 期,第 48—54 页。

350. 肖瑛:《重建公共性的核心议题——转型期个人主义与公共性建设的关系探讨》,《人民论坛(中旬刊)》2014 年第 11 期,第 14 页。

351. 萧琛、胡翠、石艾:《"民工荒"的原因、应对与劳工市场制度变革前景》,《社会科学战线》2010 年第 11 期,第 44 页。

352. 谢雅楠:《促进城镇化与经济结构同转型》,《中国经济时报》2014 年 12 月 29 日。

353. 谢舜、周鸿:《科尔曼理性选择理论评述》,《思想战线》2005 年第 2 期,第 70 页。

354. 辛允星:《农村社会精英与新乡村治理术》,《华中科技大学学报(社会科学版)》2009 年第 5 期,第 92 页。

355.《新生代农民工春节假期回家闪婚彩礼钱底价 16 万》,《羊城晚报》2014 年 2 月 17 日。

356.《新生代农民工三分之一有高中及以上文化》,新华网,2014 年 5 月 12 日,http://news.xinhuanet.com/fortune/2014-05/12/c_1110650719.htm。

357. 项飚:《跨越边界的社区:北京"浙江村"的生活史》,三联书店 2000 年版,第 27 页。

358. 熊凤水、慕良泽:《婚姻偿付·婚姻资助·姻亲互惠——对农村婚姻支付实践的尝试性解读》,《新疆社会科学》2009 年第 1 期,第 101 页。

359. 熊跃根:《社会政策的比较研究:概念、方法及其应用》,《经济社会体制比较》2011 年第 3 期,第 18 页。

360. 徐道稳:《社会政策的四维视角》,《社会科学研究》2005 年第 3 期,第

114 页。

361. 徐捷、楚国清:《北京市新生代农民工城市融入意愿研究》,《北京青年政治学院学报》2013 年第 3 期,第 44 页。

362. 徐静、徐永德:《生命历程理论视域下的老年贫困》,《社会学研究》2009 年第 6 期,第 125 页。

363. 徐兴祥:《理性选择理论的演变与法经济学的发展》,《吉林师范大学学报(人文社会科学版)》2008 年第 6 期,第 22 页。

364. 徐谷明、江宜航:《增人不增地,减人不减地   贵州湄潭土地制度改革成效调查》,中国经济新闻网,2015 年 8 月 24 日,http://www.cet.com.cn/ycpd/sdyd/1618657.shtml。

365. 徐小霞:《介入与嵌入:社会工作在农村养老中的现实困境和策略研究》,《重庆工商大学学报(社会科学版)》2011 年第 6 期,第 12 页。

366. 许传新:《新生代农民工与市民通婚意愿及影响因素研究》,《青年研究》2006 年第 9 期,第 38 页。

367. 许荣漫、贾志科:《青年农民工的"闪婚"现象研究——以豫西南 M 村的个案为例》,《社会科学论坛》2010 年第 19 期,第 180 页。

368. 许亚敏:《我国农村养老保障事业发展的历程、现状与政策取向研究——基于制度分析的视角》,《社会保障研究》2009 年第 6 期,第 18 页。

369. 许传新:《农村留守妇女研究:回顾与前瞻》,《人口与发展》2009 年第 6 期,第 54—61 页。

370. 许传新:《家庭教育:"流动家庭"与"留守家庭"的比较分析》,《中国青年研究》2012 年第 5 期,第 59—62 页。

371. 许圣义、许昌浩:《调查称农民工犯罪率 5 年升 2 成   近 7 成因一时冲动》,《检察日报》2011 年 1 月 26 日。

372. 亚当·斯密:《国富论》,章莉译,译林出版社 2012 年版。

373. 严双唯:《农民工在城市购置商品房的趋势分析——以湖北省为例》,《中国集体经济》2012 年第 18 期,第 192—194 页。

374. 阎云翔:《礼物的流动—— 一个中国村庄中的互惠原则与社会网

络》,李放春、刘瑜译,上海人民出版社 2000 年版。

375.阎云翔:《私人生活的变革》,上海世纪出版集团 2006 年版。

376.阎云翔:《中国社会的个体化》,陆洋译,上海译文出版社 2016 年版。

377.央视《新闻 1+1》:《工资占 GDP 比重连续 22 年下降　工人称不信任工会》,网易新闻,2010 年 5 月 15 日,http://news.163.com/10/0515/00/66MEHTOM0001124J.html。

378.杨国勇、朱海伦:《"新乡绅"主政与农村民主政治建设》,《社会科学战线》2006 年第 6 期,第 177 页。

379.杨菊华、何炤华:《社会转型过程中家庭的变迁与延续》,《人口研究》2014 年第 2 期,第 36 页。

380.杨立、疏仁华:《新生代农民工婚恋观的现代性研究》,《山西农业大学学报(社会科学版)》2010 年第 3 期,第 279 页。

381.杨敏:《历史视域下的社区文化建设新趋势》,《华中师范大学学报(人文社会科学版)》2015 年第 5 期,第 29 页。

382.杨重光:《新型城市化是必由之路》,《理论参考》2010 年第 2 期,第 38 页。

383.杨洁:《嘉兴"机器换人"全面提速》,《嘉兴日报》2014 年 3 月 18 日,第 3 版。

384.杨达:《中国乡村的一个分析界面:农民家庭收入结构——兼谈促进农民家庭增收的政策调控手段》,《江西社会科学》2011 年第 3 期,第 65 页。

385.杨华:《乡村混混与村落、市场和国家的互动——深化理解乡村社会性质和乡村治理基础的新视阈》,《青年研究》2009 年第 3 期,第 1 页。

386.杨洁、阮虎祥:《今年"机器换人"扩面升级将释放更大红利》,《嘉兴日报》2015 年 1 月 31 日,第 2 版。

387.杨善华、孙飞宇:《"社会底蕴":田野经验与思考》,《社会》2015 年第 1 期,第 81 页。

388.杨善华:《改革以来中国农村家庭三十年——一个社会学的视角》,《江苏社会科学》2009 年第 2 期,第 72 页。

389. 杨世朋、张沙默:《陕西一村庄仅有两人,500 多亩地随意耕种》,网易新闻,2015 年 3 月 18 日,http://news. 163. com/photoview/00AP0001/86479. html#p = AKVPSD8600AP0001。

390. 杨挺:《贵州山区即将消失的村庄》,人民网,2014 年 8 月 7 日,http://env.people.com.cn/n/2014/0807/c1010−25419664.html。

391. 杨团:《社会政策研究范式的演化及其启示》,《中国社会科学》2002 年第 4 期,第 135 页。

392. 杨团:《中国社会政策演进、焦点与建构》,《学习与实践》2006 年第 11 期,第 79 页。

393. 尧强、孙震:《村庄自然消亡是人们用脚投票的结果》,《中国青年报》2015 年 8 月 27 日,第 7 版。

394. 叶木全、黄重、周晓景:《构建和谐社会视野中的社区文化建设和发展探究——基于对闽东社区文化建设的调研与思考》,《东南学术》2011 年第 3 期,第 203 页。

395. 叶敬忠、贺聪志:《农村劳动力外出务工对留守老人经济供养的影响研究》,《人口研究》2009 年第 4 期,第 44—53 页。

396. 叶鹏飞:《农民工的城市定居意愿研究——基于七省(区)调查数据的实证分析》,《社会》2011 年第 2 期,第 153 页。

397. 叶琦:《中国日均近百村庄消亡,城镇化催生空心村前路何在》,《人民日报》2014 年 6 月 13 日。

398.《因高额彩礼起争执　新郎在洞房之夜锤杀新娘》,凤凰网,2017 年 1 月 21 日,http://news.ifeng.com/a/20170121/50611498_0.shtml。

399. 应星、周飞舟、渠敬东:《中国社会学文选》(下),中国人民大学出版社 2011 年版。

400. 应星:《农户、集体与国家——国家与农民关系的六十年变迁》,中国社会科学出版社 2016 年版。

401. 尹子文:《第二代农民工婚姻家庭问题探析》,《中国农村观察》2010 年第 3 期,第 13 页。

402. 余彪:《公私不分:富人治村的实践逻辑》,《南京农业大学学报(社会科学版)》2014 年第 4 期,第 17 页。

403. 喻名峰、廖文:《城市化进程中农民工社会政策的变迁与建构逻辑》,《湖南社会科学》2012 年第 4 期,第 86 页。

404. 于祥明:《农业十三五主攻现代化 不再单纯追求产量增长》,新浪网,2015 年 10 月 27 日,http://finance. sina. com. cn/china/20151027/060523587855.shtml。

405. 约翰·奈特、邓曲恒、李实:《中国的民工荒与农村剩余劳动力》,《管理世界》2011 年第 11 期,第 12 页。

406.《越秀区去年离婚率高达 45% 多半是 90 后、80 后》,腾讯网,2017 年 3 月 17 日,http://gd.qq.com/a/20170317/003161.htm。

407. 翟学伟:《再论"差序格局"的贡献、局限与理论遗产》,《中国社会科学》2009 年第 3 期,第 153 页。

408. 翟学伟:《从社会资本向"关系"的转化——中国中小企业成长的个案研究》,《开放时代》2009 年第 6 期,第 60 页。

409. 张川川、陈斌开:《"社会养老"能否替代"家庭养老"?——来自中国新型农村社会养老保险的证据》,《经济研究》2014 年第 11 期,第 102 页。

410. 张广利:《社会资本理论的几个命题的解析》,《华东理工大学学报(社会科学版)》2007 年第 3 期,第 1 页。

411. 张峻豪、何家军:《社会资本的重新界定及运行机制分析:一个默契性合约的解释框架》,《华中科技大学学报(社会科学版)》2013 年第 6 期,第 106 页。

412. 张慧:《羡慕嫉妒恨——一个财富观的人类学研究》,社会科学文献出版社 2016 年版。

413. 张娟:《城市社区文化建设的政府管理模式:转换及其实践》,《云南行政学院学报》2012 年第 6 期,第 26 页。

414. 张明斗、王雅莉:《中国新型城市化道路的包容性发展研究》,《城市发展研究》2012 年第 10 期,第 6 页。

415. 张鸣:《历史的碎片:侧击辛亥革命》,当代中国出版社 2011 年版。

416. 张时玲:《中日农村养老保险制度的比较及其启示》,《经济社会体制比较》2008 年第 4 期,第 125 页。

417. 张笑秋:《基于参照点依赖的新生代农民工"民工荒"成因分析》,《福建论坛(人文社科版)》2011 年第 2 期,第 157 页。

418. 张兆曙:《农民日常生活视野中的城乡关系及其出路》,《福建论坛》2009 年第 2 期,第 170 页。

419. 张晖、何文炯:《中国农村养老模式转变的成本分析》,《数量经济技术经济研究》2007 年第 12 期,第 83 页。

420. 张丽梅、胡鸿保:《人类学家的作为和追求——从"米德—弗里曼之争"说起》,社会学视野网,2007 年 10 月 19 日,http://www.sociologyol.org/yan-jiubankuai/fenleisuoyin/fenzhishehuixue/shehuirenleixue/2007 - 10 - 19/3693.ht-ml。

421. 张岭泉、邬沧萍、段世江:《解读农村老年人的"零消费"现象》,《甘肃社会科学》2008 年第 1 期,第 212 页。

422. 张庆宇、侯双:《新生代农民工婚恋模式探析——基于南漳县 5 村新生代农民工婚恋意识和行为的调查》,《长春理工大学学报(社会科学版)》2012 年第 10 期,第 59 页。

423. 张红:《职业教育与农民工市民化——一种生命历程理论的分析视角》,《湖北社会科学》2008 年第 8 期,第 175 页。

424. 张超:《新生代农民工城市融入指标体系及其评估——基于江苏吴江的调查分析》,《南京社会科学》2015 年第 11 期,第 63 页。

425. 张军扩、张云华:《关于深化农村宅基地制度改革的思考》,《中国经济时报》2017 年 4 月 27 日,第 1 版。

426. 张开云、张兴杰:《社会管理体制的困境及其未来框架建构》,《江海学刊》2012 年第 1 期,第 120 页。

427. 张明军、陈朋:《社会管理研究在中国:进路与焦点》,《学术界》2012 年第 1 期,第 209 页。

428. 张世勇：《新生代农民工逆城市化流动：转变的发生》，《南京农业大学学报（社会科学版）》2014 年第 1 期，第 9 页。

429. 张文宏、雷开春：《城市新移民社会融合的结构、现状与影响因素分析》，《社会学研究》2008 年第 5 期，第 117 页。

430. 张秀兰、徐晓新：《社区：微观组织建设与社会管理——后单位制时代的社会政策视角》，《清华大学学报（哲学社会科学版）》2012 年第 1 期，第 31 页。

431. 张振宇、陈岱云、高功敬：《流动人口城市融入度及其影响因素的实证分析——基于济南市的调查》，《山东社会科学》2013 年第 1 期，第 28 页。

432. 章雨晴、郑颂承：《农民工城市定居意愿的代际比较——基于南京市 284 位农民工的调查》，《湖南农业大学学报（社会科学版）》2013 年第 2 期，第 41 页。

433. 赵延东、洪岩璧：《社会资本与教育获得——网络资源与社会闭合视角》，《社会学研究》2012 年第 5 期，第 48 页。

434. 赵新平、周一星：《改革以来中国城市化道路及城市化理论研究述评》，《中国社会科学》2002 年第 2 期，第 132 页。

435. 赵晔琴、梁翠玲：《融入与区隔：农民工的住房消费与阶层认同——基于 CGSS2010 的数据分析》，《人口与发展》2014 年第 2 期，第 31 页。

436. 赵俊臣：《贺雪峰"评'增人不增地，减人不减地'"的论据错在哪？》，中国乡村发现网，2012 年 6 月 1 日，http://www.zgxcfx.com/Article/46902.html。

437. 赵丽江、吴雪芹：《文化建设：城市社区治理的路径选择——基于武汉市 T 社区的实证分析》，《江汉大学学报（社会科学版）》2015 年第 4 期，第 64 页。

438. 赵秀铃：《当前中国村民自治的难题及突破》，《社会科学辑刊》2003 年第 6 期，第 8 页。

439. 赵立、郭蒙蒙：《新生代农民工城市融入意愿分析》，《杭州师范大学学报（自然科学版）》2015 年第 2 期，第 138 页。

440. 赵晓峰：《"被束缚的村庄"：单向度的国家基础权力发展困境》，《学习与实践》2011 年第 11 期，第 71 页。

441. 赵晓林：《中国自然村庄"空心化"》，中国乡村发现网，2013 年 12 月 2 日，http://www.zgxcfx.com/Article/61727.html。

442. 赵晔琴：《"居住权"与市民待遇：城市改造中的"第四方群体"》，《社会学研究》2008 年第 2 期，第 125 页。

443. 查志强：《试论中国城市社区文化建设的变迁与创新》，《中共杭州市委党校学报》2001 年第 1 期，第 46 页。

444. 郑凤田：《新生代农民工犯罪率高城市亦应检讨》，《东方早报》2010 年 1 月 20 日。

445. 郑凤田、丁冬：《未来，村庄会消失吗》，《社会科学报》2012 年 5 月 24 日，第 2 版。

446. 郑杭生：《"理想类型"与本土特质——对社会治理的一种社会学分析》，《社会学评论》2014 年第 3 期，第 5 页。

447. 郑杭生：《社会学视野中的社会建设与社会管理》，《中国人民大学学报》2006 年第 2 期，第 1 页。

448. 郑杭生主编：《社会学概论新修》，中国人民大学出版社 2014 年版。

449. 郑卫东：《农民工维权意愿的影响模式研究——基于长三角地区的问卷调查》，《社会》2014 年第 1 期，第 122 页。

450. 郑萍：《文化民生视野下的城市社区文化建设研究》，《城市发展研究》2011 年第 11 期，第 115 页。

451. 中国社会科学院语言研究所词典编辑室编：《现代汉语词典》，商务印书馆 2011 年版，第 1760 页。

452. 中共中央国务院印发：《国家新型城镇化规划（2014—2020 年）》，新华网，2014 年 3 月 17 日，http://news.xinhuanet.com/city/2014-03/17/c_126276532.htm。

453.《中央一号文件首提"新生代农民工"》，《重庆晚报》2010 年 2 月 1 日。

454. 周其仁:《湄潭的贡献》,《经济观察报》2013 年 4 月 15 日,第 47 版。

455. 周其仁:《辨"土地涨价要归公"》,《经济观察报》2014 年 3 月 24 日,第 47 版。

456. 周伟文、侯建华:《新生代农民工阶层:城市化与婚姻的双重困境——S 市新生代农民工婚姻状况调查分析》,《社会科学论坛》2010 年第 18 期,第 151 页。

457. 周燕、佟家栋:《"刘易斯拐点":开放经济与中国二元经济转型》,《南开经济研究》2012 年第 5 期,第 3 页。

458. 周雪光:《一叶知秋:从一个乡镇村庄选举看中国社会的制度变迁》,《社会》2009 年第 3 期,第 1 页。

459. 周长城:《理性选择理论:社会学研究的新视野》,《社会科学战线》1997 年第 4 期,第 224 页。

460. 周大鸣、杨小柳:《社会转型与中国乡村权力结构研究——传统文化、乡镇企业和乡村政治》,《思想战线》2004 年第 1 期,第 111 页。

461. 邹倜然:《"机器换人"正在浙江兴起》,《工人日报》2013 年 7 月 12 日,第 3 版。

462. 朱力:《中国民工潮》,福建人民出版社 2002 年版。

463. 朱力、赵璐璐、邬金刚:《"半主动性适应"与"建构型适应"——新生代农民工的城市适应模型》,《甘肃行政学院学报》2010 年第 4 期,第 4 页。

464. 朱力:《论农民工阶层的城市适应》,《江海学刊》2002 年第 6 期,第 82 页。

465. 朱明芬:《农民工家庭人口迁移模式及影响因素分析》,《中国农村经济》2009 年第 2 期,第 67—77 页。

466. 朱永华:《对消亡的村庄可否留下一碑解乡愁》,中国青年网,2014 年 6 月 14 日,http://pinglun.youth.cn/zjjp/201406/t20140614_5363822.htm。

467. 朱明宝、杨云彦:《城市规模与农民工的城市融入——基于全国 248 个地级及以上城市的经验研究》,《经济学动态》2016 年第 4 期,第 48 页。

468. 朱妍、李煜:《双重脱嵌:农民工代际分化的政治经济学分析》,《社会科学》2013 年第 11 期,第 70 页。

469. 祝惠春、温济聪:《"机器换人"撬动产业升级——来自浙江省宁波市北仑区的调研》,《经济日报》2013 年 9 月 26 日。

470.《专家普遍认为中国应选择适合国情的城市化发展道路》,新华网,2008 年 3 月 22 日,http://news.xinhuanet.com/newscenter/2008-03/22/content_7839061.htm。

471. 庄道元:《新生代农民工定居中小城镇意愿的实证分析》,《西北农林科技大学学报(社会科学版)》2016 年第 4 期,第 96 页。

472. Jerry M.Burger:《人格心理学》,陈会昌等译,中国轻工业出版社 2004年版,第 141 页。

473. Clark W A V , DeurlooM.C&Dieleman F.M. 2003.*Housing Careers in the Unite States , 1968 - 1993: Modelling the Sequencing of Housing States* , Urban Studies,40(1):pp.143-160.

474. Clark W.A.V , DeurlooM.C& Diele man F.M. 1994.*Tenure Changes in the Context of Micro-level Family and Macro-level Economic Shifts* , Urban Studies , 31(1) ,pp. 131-154.

475. Paw son , H. ,&Bramley. 2000.*Understanding Recent Trends in Residential Mobility in Council Housing in England* ,Urban Studies 37(8) ,pp. 1231-1359.

476. RossiP.H. 1955.*Why Families Move: a Study of the Social Psychology of Urban Residential Mobility*(Sage , London).

后　记

2014年，我申报的国家社科基金项目"中部地区新生代农民工返乡置业研究"获得立项，此时离发表第一篇农民工研究的文章已过去了10年。从读研究生开始，我便在硕士生导师青连斌教授指导下从事农村问题研究。到上饶师范学院工作后，每次申报都得到了校长詹世友和当时的科技处长徐公喜的指导，他们还特意从南昌大学请来刘耀彬教授给申报国家社科基金的老师进行一对一专门指导，这是我能获得立项的最有力的支持和帮助。项目立项后，我和课题组成员就开展了研究。要特别感谢课题组成员提供的调查资料，感谢师弟周斌同学一直以来的友谊和通力合作，感谢那些和我们一起调查的同学们。为了更好地完成项目并将项目做成精品，我花了大量的时间从事文献研究和社会调查，一年最少有3个月时间在外面奔波，感谢父母和妻子的大力支持，感谢妻子帮助整理资料和修改稿件。要特别感谢那些对我稿件发表付出了辛勤劳动的各位编辑，每篇文章的发表也离不开编辑老师的关心与严格要求，在发表文章的过程中，我们也结下了深厚的友谊。从项目批准到即将出版，时间过去已经整整5年。感谢国家社科基金提供的平台，在做课题的时间里，我的科研水平得到了较大的提高。感谢恩师、领导、师友，期待自己也能桃李满天下。

本书到结题为止共发表文章和调研报告17篇，共计约15万字，全部由课题主持人主笔完成。发表的文章经整合成为一部专著，应该是浑然一体。调研报告《"新留守"现象及其应对建议》发表在国家社科基金《成果要报》2015年第32期，作者聂洪辉，部分内容收入第四章。论文《形式理性与实质理性：新生代农民工家庭"新留守"》发表在《桂海论丛》2015年第6期，作者聂洪辉,作为第四章。《村庄自然消失、重组与新生代农民工返乡置业》发表在《福建行政学院学报》2016年第2期,作者聂洪辉,作为第五章。《角色转换与农业换班:从新生代农民工到新生代农民》发表在《当代青年研究》2016年第3期,作者聂洪辉和刘义程,作为第六章。《男权视角下的新生代农民工闪婚:农村婚姻的变与不变》发表在《当代青年研究》2019年第2期,作者聂洪辉,作为第七章。《新生代农民工婚姻与农村家庭形态变迁》发表在《中共福建省委党校学报》2017年第8期,作者聂洪辉,作为第八章。《代际支持过度与代际回馈断裂:农村养老的代际结构性困境》发表在《广西社会科学》2017年第6期,作者聂洪辉,作为第九章。《土地确权与新生代农民工土地权益保护》发表在《福建行政学院学报》2017年第1期,作者聂洪辉,作为第十章上半部分。《土地规划与土地所有权孰轻孰重?——以土地确权中权责对称为例》发表在《上饶师范学院学报》2017年第5期,作者聂洪辉,作为第十章下半部分。《与土地确权相连的三大责任》发表在《社会科学报》2017年5月18日,作者聂洪辉,作为第十章的部分内容。《生命历程视角下新生代农民工定居研究》发表在《福建行政学院学报》2018年第1期,作者聂洪辉,作为第十一章。《差序格局、善分不善合与城市社区建设——以中部地区某县城A小区为例》发表在《湖北社会科学》2016年第7期,作者聂洪辉,作为第十二章。《"机器换人"对新生代农民工就业与社会稳定的影响》发表在《广西社会科学》2017年第4期,作者聂洪辉和朱源,作为第十三章。《中部地区城市化道路与新生代农民工返乡置业》发表在《中共福建省委党校学报》2015年第8期,作者聂洪辉,作为第十四章。《社会资本视角下新生代农民工的城市创业与适应》发表在《中共杭州市委党校学报》2015年第3期,作者聂洪辉,作为第十五章。《村民选举市场的形成机制及影响》最早发表在《中国社会科学内部文稿》2016年第2期,并以《村民贿选的形成机制及其影响——对赣东北L村的调查》为题公开发表在《甘肃行政学院学报》2016年第4期,作者聂洪辉和刘义程;《业主维权、公民精神与公民社会》发表在《宜宾学院学报》2015年第9期,作者聂洪辉,两文虽然属于本课题的重要研究成果,但未收入本书。

课题主持人独立撰写并发表的调研报告分别为:《加快农业换班　促进

江西农业现代化发展》发表在《决策咨询要报》2016 年第 3 期。《关于江西省"机器换人"挤占新生代农民工就业岗位的调研报告》发表在《决策咨询要报》2016 年第 11 期。《遏制借土地确权滥占耕地建房的政策建议》发表在《决策咨询要报》2017 年第 4 期。《决策咨询要报》是教育部人文社科重点研究基地南昌大学中国中部经济社会发展研究中心主办,送江西省委和省政府领导和职能部门。相关调研成果《"机器换人":江西如何换》发表在江西省社会科学联合会主办的《内部论坛》2017 年第 3 期,本报告获得时任江西省委副书记姚增科的肯定性批示,也是在国家社科基金课题调研过程中获得的成果。

责任编辑：洪　琼

图书在版编目（CIP）数据

中部地区新生代农民工返乡置业研究/聂洪辉 著. —北京：人民出版社，
　2019.12
　ISBN 978－7－01－021454－2

Ⅰ.①中…　Ⅱ.①聂…　Ⅲ.①民工-创业-研究-中国　Ⅳ.①F249.214
　②D669.2

中国版本图书馆 CIP 数据核字（2019）第 234507 号

中部地区新生代农民工返乡置业研究
ZHONGBU DIQU XINSHENGDAI NONGMINGONG FANXIANG ZHIYE YANJIU

聂洪辉　著

人民出版社 出版发行
（100706　北京市东城区隆福寺街 99 号）

北京中科印刷有限公司印刷　新华书店经销

2019 年 12 月第 1 版　2019 年 12 月北京第 1 次印刷
开本：710 毫米×1000 毫米 1/16　印张：20.5
字数：320 千字

ISBN 978－7－01－021454－2　定价：69.00 元

邮购地址 100706　北京市东城区隆福寺街 99 号
人民东方图书销售中心　电话（010）65250042　65289539